高等职业教育产教融合新形态精品教材　　　　　　　活页式

基础会计

主　编　王红娟
副主编　蔡理强
参　编　李孟珂　马秋玲　周婉茹
　　　　董　琳　孙　甜　呼延秋蕊
　　　　陈　臻

北京理工大学出版社
BEIJING INSTITUTE OF TECHNOLOGY PRESS

版权专有 侵权必究

图书在版编目（CIP）数据

基础会计 / 王红娟主编. -- 北京：北京理工大学出版社，2024.10.
ISBN 978-7-5763-4539-1

Ⅰ.F230

中国国家版本馆 CIP 数据核字第 20243EM485 号

责任编辑：王俊洁　　　**文案编辑**：王俊洁
责任校对：周瑞红　　　**责任印制**：施胜娟

出版发行 /	北京理工大学出版社有限责任公司
社　　址 /	北京市丰台区四合庄路 6 号
邮　　编 /	100070
电　　话 /	(010) 68914026（教材售后服务热线）
	(010) 63726648（课件资源服务热线）
网　　址 /	http://www.bitpress.com.cn

版 印 次 /	2024 年 10 月第 1 版第 1 次印刷
印　　刷 /	河北盛世彩捷印刷有限公司
开　　本 /	787 mm × 1092 mm　1/16
印　　张 /	16.25
字　　数 /	382 千字
定　　价 /	58.00 元

图书出现印装质量问题，请拨打售后服务热线，负责调换

前　言

随着大数据、人工智能等信息技术的发展，智能会计理论、方法和管理模式也在不断发展，为了满足新形势下高职财务会计类专业"基础会计"课程的教学需要以及学生参加初级会计职称考试的需求，我们特编写了《基础会计》教材。

本书内容设计紧扣《初级会计职称考试大纲》，按照"项目导向、任务驱动"的教学模式组织编写，可满足高职学生"理实一体化"的教学需要。本书通过"素养目标""知识目标""能力目标""案例导入""案例分析""知识导航""拓展阅读""项目化集中训练"等模块，重在增强学生应用能力的培养，力争体现以下四个特点：

1. 课证融合，紧扣《初级会计职称考试大纲》

本书内容紧扣《初级会计职称考试大纲》（以下简称《考试大纲》），从架构设计、内容编排到知识点的分布覆盖，都与《考试大纲》趋同，有助于学生通过初级会计职称考试，实现"课证融合"。

2. 理实一体，注重技能训练

本书以"项目导向、任务驱动"为要求，将理论知识与实际会计岗位经济业务相结合，并适度融入实训内容，使学生在"做中学、学中做"，真正做到"理实一体化"。

3. 通俗易懂，阐述深入浅出

本书充分考虑高职学生的学习特点，在编写中力求做到通俗易懂、深入浅出，大量采用案例教学，将晦涩的会计理论、方法融入实际案例中，以期提高学生对知识的理解能力。

4. 数智融入，资源丰富实用

本书采用纸质资源与数字化资源双轨并行的方式，将拓展阅读、案例引入、在线课堂、仿真实训、智能测试等内容以数智资源形式嵌入，实现了线上与线下资源的有机结合，初步体现了立体化教材建设。

本书既可供高职院校大数据与会计、大数据与审计、大数据与财务管理、会计信息管理、金融科技应用及其他财经商贸类专业学生学习使用，也可作为企业财会人员、管理人员及参加初级会计职称考试人员的培训和自学用书。

本书由陕西职业技术学院王红娟教授负责全书写作大纲的拟定和编写组织工作，并对全书进行总纂。厦门网中网软件有限公司蔡理强负责提供拓展阅读资料及审核实训内容。王红娟编写项目一、项目五（任务一、任务二、任务三）；李孟珂编写项目二、项目三、项目四；马秋玲编写项目五（任务四、任务五、任务六、任务七）；周婉茹编写项目六；董琳编写项目七、项目八；孙甜编写项目九；呼延秋蕊编写项目十；陈臻编写项目十一。

由于编者水平有限，尽管我们在编写时精心撰写、认真审校、力求精准，但仍难免有疏漏和不足之处，敬请广大师生、同人和读者在使用中不吝赐教，提出宝贵意见，我们将进一步修订完善。

在本书的编写中，我们借鉴和参阅了大量文献、书刊及互联网资料，在此，谨向所有相关作者表示诚挚的感谢！

编　者

目　录

项目一　总论 …………………………………………………………………………… 1
- 任务一　认识会计 …………………………………………………………………… 3
- 任务二　会计的职能、目标和方法 ……………………………………………… 4
- 任务三　会计基本假设和会计核算基础 ………………………………………… 8
- 任务四　会计信息质量要求 ……………………………………………………… 11

项目二　会计对象、会计要素与会计等式 ………………………………………… 18
- 任务一　会计对象 ………………………………………………………………… 19
- 任务二　会计要素 ………………………………………………………………… 21
- 任务三　会计等式 ………………………………………………………………… 28

项目三　会计科目与会计账户 ……………………………………………………… 37
- 任务一　会计科目 ………………………………………………………………… 38
- 任务二　会计账户 ………………………………………………………………… 43

项目四　会计记账方法 ……………………………………………………………… 51
- 任务一　会计记账方法的种类 …………………………………………………… 52
- 任务二　借贷记账法 ……………………………………………………………… 53

项目五　借贷记账法下典型经济业务的账务处理 ………………………………… 68
- 任务一　生产经营过程的经济业务 ……………………………………………… 70
- 任务二　资金筹集业务的账务处理 ……………………………………………… 71
- 任务三　固定资产业务的账务处理 ……………………………………………… 78
- 任务四　材料采购业务的账务处理 ……………………………………………… 84

任务五　生产业务的账务处理 …………………………………………………… 90
　　任务六　销售业务的账务处理 …………………………………………………… 98
　　任务七　期间费用的账务处理 …………………………………………………… 106
　　任务八　利润形成与分配业务的账务处理 ……………………………………… 108

项目六　会计凭证 ………………………………………………………………… 125
　　任务一　会计凭证概述 …………………………………………………………… 127
　　任务二　原始凭证 ………………………………………………………………… 128
　　任务三　记账凭证 ………………………………………………………………… 137
　　任务四　会计凭证的传递和保管 ………………………………………………… 145

项目七　会计账簿 ………………………………………………………………… 151
　　任务一　会计账簿概述 …………………………………………………………… 153
　　任务二　会计账簿的设置和登记 ………………………………………………… 155
　　任务三　对账和结账 ……………………………………………………………… 162
　　任务四　错账查找与更正 ………………………………………………………… 167
　　任务五　会计账簿的启用、更换与保管 ………………………………………… 171

项目八　账务处理程序 …………………………………………………………… 180
　　任务一　账务处理程序的意义和种类 …………………………………………… 181
　　任务二　记账凭证账务处理程序 ………………………………………………… 182
　　任务三　科目汇总表账务处理程序 ……………………………………………… 183
　　任务四　汇总记账凭证账务处理程序 …………………………………………… 185

项目九　财产清查 ………………………………………………………………… 193
　　任务一　财产清查概述 …………………………………………………………… 194
　　任务二　财产物资盘存制度 ……………………………………………………… 197
　　任务三　财产清查的方法 ………………………………………………………… 198
　　任务四　财产清查结果的处理 …………………………………………………… 202

项目十　财务会计报告 …………………………………………………………… 210
　　任务一　认识财务会计报告 ……………………………………………………… 211
　　任务二　资产负债表 ……………………………………………………………… 214
　　任务三　利润表 …………………………………………………………………… 222
　　任务四　现金流量表 ……………………………………………………………… 228

项目十一　会计工作组织与管理 ……………………………………………………… 237

任务一　会计工作组织概述 ………………………………………………………… 238
任务二　会计机构与会计人员 ……………………………………………………… 240
任务三　会计档案管理与会计工作交接 …………………………………………… 243
任务四　内部会计管理制度 ………………………………………………………… 247

项目一

总 论

素养目标

◇ 培养学生坚定"四个自信"、弘扬社会主义核心价值观的意识
◇ 培养学生"坚持诚信,守法奉公;坚持准则,守责敬业;坚持学习,守正创新"的会计职业道德
◇ 培养学生勤勉踏实、勤奋学习、努力工作的劳动精神

知识目标

◇ 了解会计的产生和发展
◇ 理解会计的概念及特征
◇ 理解会计职能和会计目标
◇ 掌握会计核算方法和会计基本前提
◇ 掌握会计核算基础
◇ 掌握会计信息质量要求

能力目标

◇ 能正确理解会计的概念及特征
◇ 能初步判断会计核算内容
◇ 能正确运用权责发生制确认收入和费用
◇ 能初步了解会计信息质量要求在会计核算中的体现

案例导入

小张、小王、小李、小赵四个好朋友在一起聚会,大家天南海北畅聊中,聊起了"什么是会计"的话题,四人各执一词,谁也说服不了谁。

小张:"什么是会计?这还不简单,会计就是一个人,比如我们公司的陈会计,是我们公司的会计人员,会计不就是一个人吗?"

小王:"才不是呢,会计不是指人,会计是一项工作,比如我们常常这样问一个人:'你是干什么的?'他说:'我是我们单位的会计。'这儿的会计不就指的是一项工作吗?"

小赵:"不对,你们说的不全面,会计不是一个人,也不是一项工作,会计是一个部门、一个机构,你们看看,大家所在的公司是不是都有财务部,或者财务处,这里的财务部(处)就是会计部门。"

小赵:"你们说的都不对,太片面,会计不是你们说的那样,会计是一门学科,我妹妹是西安交通大学学会计的,所以会计显然是一门学科。"

案例分析

同学们,如果让你来谈谈什么是会计?你会怎么说呢?思考以下问题:
◇ 会计是什么?会计有什么特征?
◇ 会计的职能是什么?有哪些会计方法?
◇ 如何保障会计信息质量要求?

知识导航

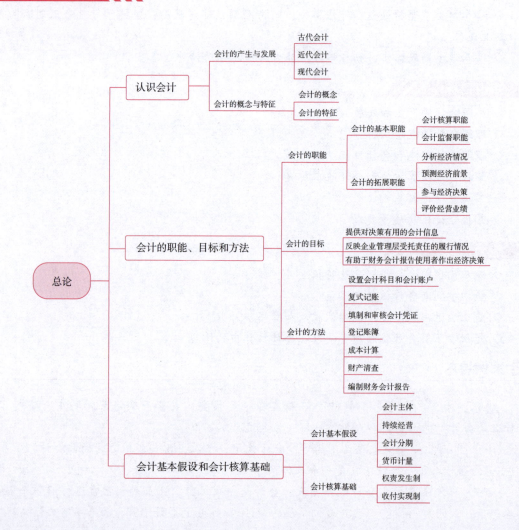

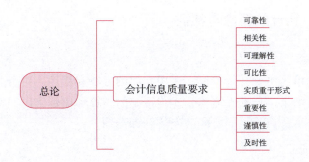

任务一 认识会计

【任务解析1】会计的产生与发展

会计是一门既古老又年轻的科学，早在公元前的古巴比伦、古埃及、中国和古希腊就因私有财富的积累而有了受托责任会计的产生。而现代意义上的会计是在20世纪50年代以后，在市场经济发达的国家发展起来。会计是社会生产发展到一定阶段的产物，是随着人类社会的需要和生产管理的要求而产生的，随着生产的发展而发展，其内容和方法在不断完善，职能也在不断扩大，经历过古代会计、近代会计和现代会计三个阶段。

（一）古代会计

15世纪以前的会计，习惯上称为古代会计。古代会计以官厅会计为主，以民间会计为辅，人们对于官厅会计的一般认识是指主要服务于奴隶主的封建王室赋税征收、财政支出、财产保管的会计。

（二）近代会计

近代会计是以1494年意大利数学家卢卡·帕乔利提出的复式簿记为标志，复式簿记系统的产生是一个划时代的革命，是会计发展史上的一个里程碑，标志着会计由古代会计进入近代会计。

（三）现代会计

现代会计是指20世纪50年代以后，在发达的市场经济国家，特别是在美国发展起来的。随着现代数学方法和电子计算机在会计领域的应用，引发会计的深刻变化，形成会计的两大分支：财务会计（对外）和管理会计（对内）。财务会计侧重为国家实行宏观调控和为企业的投资人、债权人等进行决策提供企业的财务状况、经营成果、现金流量等信息，虽然它也向企业内部管理者提供财务信息，但它的服务主要是对外的，故称对外报告会计；管理会计侧重为企业的经营者和内部管理人员进行经营管理提供信息，其信息不对外公开，故称对内报告会计。

本书主要介绍财务会计的基本理论与方法，不涉及管理会计。

【任务解析2】 会计的概念与特征

（一）会计的概念

会计，是指以货币为主要计量单位，运用专门的方法和程序，对企业和行政、事业单位的经济活动过程及其结果进行准确完整、连续系统的核算和监督，以如实反映受托责任履行情况和提供有用的经济信息为主要目的的经济管理活动。

（二）会计的特征

1. 会计以货币为主要计量单位

经济活动存在多种计量单位，如货币、实物数量、重量、长度、面积等，其中货币是商品的一般等价物，是衡量商品价值的共同尺度，具有综合性。会计对经济活动计量和记录时，以货币为主要计量单位，实施对经济活动的价值管理。同时还以实物计量（千克、千米、件、吨等）或劳动计量（工时、工作日等）为辅助计量单位。

2. 会计以合法的会计凭证为核算依据

会计凭证是记录经济业务事项发生或完成情况的书面证明，是会计核算的原始资料和重要依据，也是登记账簿的重要依据。为了使会计核算客观、真实，企业必须以审核无误的、合法的会计凭证为依据进行会计核算。

3. 会计拥有一系列专门的核算方法

会计核算必须遵循会计准则。会计核算方法就是财务会计的方法，是对经济活动进行全面、综合、连续、系统的记录和计算，为经营管理提供必要的信息所应用的方法。

4. 具有全面、综合、连续、系统性

全面是指对企业发生的经济活动都要核算和监督，不得遗漏。综合是指以货币作为经济活动统一的计量单位。连续是指按照经济活动发生的时间顺序连续不间断地进行记录。系统是指对经济活动的记录采用专门的方法，按照一定的处理程序，提供分门别类的有用信息。

任务二　会计的职能、目标和方法

【任务解析1】 会计的职能

会计的职能是指会计在经济管理活动中所具有的功能或能够发挥的作用。《会计法》规定："会计机构、会计人员依照本法规定进行会计核算，实行会计监督。"从法律上明确了会计的基本职能是会计核算和监督。会计的职能随着会计的发展而发展，在历史上，会计的重大发展总是要引起会计职能的扩大和发展。会计的基本职能是核算与监督，分析经济情况、预测经济前景、参与经济决策、评价经营业绩则是会计进一步发展延伸的职能。

（一）会计的基本职能

1. 会计核算职能

1) 会计核算的概念

会计核算是指会计以货币为主要计量单位,对特定主体的经济活动进行确认、计量、记录和报告。会计核算贯穿于经济活动的全过程,是会计最基本的职能。

会计确认是指定性判断发生的经济业务是否为会计核算的内容、属于哪种性质的业务、涉及哪些账户的变动等。会计计量是在会计确认的基础上,进一步定量确定各账户所反映的金额多少。会计记录是运用专门的方法将会计确认、计量的结果连续、系统地记载下来的过程。会计报告是指通过归纳和整理,将会计确认、计量、记录的结果以财务报告的形式提供给会计信息使用者。

2)会计核算的内容

2024 年 7 月 1 日修订实施的《中华人民共和国会计法》第 10 条规定:各单位应当对下列经济业务事项办理会计手续,进行会计核算:

(1)资产的增减和使用,如原材料的取得和领用,库存商品的取得和发出,固定资产的增加和使用等。

(2)负债的增减,如向银行借入款项和偿还借款、因经济活动暂欠或偿还其他企业的款项、应付职工薪酬的增加或减少等。

(3)净资产(所有者权益)的增减,如企业创立时投资者投入的资金、企业盈利后提取的盈余公积等。

(4)收入、支出、费用、成本的增减,如主营业务实现的收入和发生的成本,因销售、管理、筹资等发生的费用等。

(5)财务成果的计算和处理,收入扣减成本费用后形成的利润或亏损。

(6)需要办理会计手续、进行会计核算的其他事项。

2. 会计监督职能

1)会计监督的概念

会计监督是指会计按照一定的目的和要求,利用会计核算信息,对各单位经济活动的合法性、合理性进行审查、控制,使之达到预期目标的职能。

2)会计监督的分类

会计监督可分为单位内部监督、国家监督和社会监督三部分。单位内部监督是指会计机构、会计人员对其特定主体经济活动和相关会计核算的真实性、完整性、合法性和合理性进行审查,使之达到预期经济活动和会计核算目标的功能;国家监督是指财政、审计、税务、人民银行、证券监管、保险监管等部门依照有关法律、行政法规规定对各有关单位会计资料的真实性、完整性、合法性等实施的监督检查;社会监督是指以注册会计师为主体的社会中介机构等实施的监督活动。

3. 会计监督的内容

(1)对原始凭证进行审核和监督。

(2)对伪造、变造、故意毁灭会计账簿或者账外设账行为,应当制止和纠正。

(3)对实物、款项进行监督,督促建立并严格执行财产清查制度。

(4)对指使、强令编造、篡改财务报告的行为,应当制止和纠正。

(5)对财务收支进行监督。

(6)对违反单位内部会计管理制度的经济活动,应当制止和纠正。

(7) 对单位制定的预算、财务计划、经济计划、业务计划的执行情况进行监督等。

会计监督贯穿于会计核算各项经济活动的全过程，包括事前监督、事中监督和事后监督。事前监督是指在经济活动发生前进行的监督，主要是对未来经济活动是否符合法规政策的规定、是否在经济上可行进行分析判断，以及为未来经济业务制定定额、编制预算等；事中监督是指对正在发生的经济活动过程及其核算资料进行审查，并据以纠正经济活动过程中的偏差和失误，使其按预定计划进行。事后监督是指对已经发生的经济活动及其核算资料进行审查。

3. 会计核算职能和会计监督职能的关系

会计的核算职能和监督职能是会计的两大基本职能，两者是相辅相成、辩证统一的。会计核算是会计监督的基础，会计监督是会计核算的质量保证。如果没有可靠、完整的会计核算资料，会计监督就没有客观依据。反之，没有会计监督，会计所提供的信息将很难做到客观真实，会计信息质量将得不到保证。因此，在经济管理活动中，会计核算和会计监督必须有机结合起来，才能正确、及时、完整地反映经济活动，有效提高经济利益。

（二）会计的拓展职能

随着经济的发展，会计参与经济管理的范围不断扩大，从事后的核算和报告，逐步扩展到事前预测、事后控制、分析评价经济效果、业绩考核、参与决策等。会计职能随之也出现了会计的分析经济情况、预测经济前景、参与经济决策、评价经营业绩等职能，它们和会计的基本职能构成一个有机的会计职能体系。

【任务解析2】会计的目标

会计的目标是指要求会计工作完成的任务或达到的标准。财务会计作为对外报告会计，其目的就是要满足各方面对于信息的需要，而承担这一信息载体和功能的便是企业编制的财务报告，它是财务会计确认和计量的最终成果。因此，财务会计的目标就是财务会计报告的目标。根据《企业会计准则——基本准则》的规定，我国财务会计报告的目标是向财务会计报告使用者提供与企业财务状况、经营成果和现金流量等有关的会计信息，反映管理层受托责任的履行情况，有助于财务会计报告使用者作出经济决策。

（一）提供对决策有用的会计信息

财务会计报告要有助于财务会计报告使用者了解企业财务状况、经营成果和现金流量等有关的会计信息。财务会计报告的使用者主要包括投资者、债权人、政府及有关部门、客户、雇员以及社会公众等，他们都从不同的角度和层次需要了解和掌握企业经济活动的信息，以便作出经济决策。

（二）反映企业管理层受托责任的履行情况

现代企业制度强调企业所有权和经营权相分离。企业管理层是受委托人之托经营管理企业及其各项资产的，自然负有受托责任。企业投资者和债权人需要及时或者经常性地了解企业管理层保管、使用资产的情况，以便于评价管理层的责任情况和业绩情况，以决定是否需要调整投资或信贷政策、是否需要加强企业内部控制和其他制度建设、是否需要更换管理层等。

（三）有助于财务会计报告使用者作出经济决策

财务会计报告有助于企业管理层加强经营管理，提高经济效益，并据以作出经济决策，进行内部经济管理。财务会计的服务对象主要是企业外部，但将外部的财务会计报告使用者作为直接的服务对象，并不否认企业管理当局对财务会计信息的运用。企业管理当局在日常管理活动中不可避免地利用财务会计信息，进行日常经营管理，为提高企业的经济效益服务。当然企业管理当局除了利用财务会计报告的信息外，还能够通过其他形式的报告取得企业管理所需的信息资料。

【任务解析3】 会计的方法

会计的方法是指用来核算和监督会计内容，实现会计目标的手段。会计的方法包括会计核算方法、会计分析方法、会计预测方法和会计决策方法等。会计核算方法是最基本、最主要的方法，会计分析方法、会计预测方法和会计决策方法等都是在会计核算方法的基础上，利用会计核算资料进行的。这里主要讲述会计核算方法。

会计核算方法是指在会计确认、计量、记录和报告过程中所采用的一系列最基本、最主要、专门的方法。会计核算方法一般包括设置会计科目和账户、复式记账、填制和审核会计凭证、登记账簿、成本计算、财产清查、编制财务会计报告等。

（一）设置会计科目和会计账户

会计科目是对会计对象的具体内容进行科学分类的名称。由于会计核算的内容纷繁复杂，通过设置若干会计科目和账户，对会计对象的具体内容进行分类核算，这样才能全面、连续、系统地反映企业的经济活动。

企业可以选用国家统一会计制度设置会计科目，也可根据统一会计制度规定的内容自行设置和使用会计科目。会计科目和账户的设置，对复式记账、填制和审核会计凭证、登记账簿、成本计算、编制财务会计报告等具有重要意义。

（二）复式记账

复式记账是对每一笔经济业务都以相等的金额，在两个或两个以上相关账户中进行记录的一种专门方法。采用复式记账方法，可以通过账户的对应关系完整地反映经济业务事项的来龙去脉，还可以通过一笔经济业务事项所涉及的两个或两个以上的账户之间的平衡关系，检查会计分录的正确性。

（三）填制和审核会计凭证

会计凭证是记录经济业务事项发生或完成情况的书面证明，是会计核算的原始资料和重要依据，也是登记账簿的重要依据。填制和审核会计凭证是保证会计资料真实、正确的有效手段，有利于保证会计信息的可靠性。

（四）登记账簿

会计账簿是由具有规定格式的账页所组成的，用以全面、系统、连续地记录经济业务事项的簿籍。登记账簿，是指根据会计凭证，在账簿上连续、系统、完整地记录交易或事项，是会计核算的一种专门方法。通过登记账簿并定期进行对账、结账，可以提供完整的、系统的会计资料,也为编制会计报表提供依据。

(五) 成本计算

成本计算是将经营过程中发生的全部费用,按照一定的对象进行归集,借以明确各对象的总成本和单位成本的专门方法。成本计算实质是一种会计计量活动。通过正确计算成本,可以反映企业生产经营过程中所发生的各项费用支出情况,促使企业加强核算和监督,合理降低成本,进而为成本控制、价格决策和经营成果的确定提供有用资料,不断提高经济效益。

(六) 财产清查

财产清查是指通过对货币资金、实物资产和往来款项的盘点和核对,确定其实存数。查明实存数与账存数是否相符的一种专门方法。若账实不符,应该及时调整账簿记录,使账存数与实存数保持一致,并查明账实不符的原因,明确责任。财产清查不仅是保证会计核算资料真实、正确的有效手段,而且有利于保护企业财产物资的安全与完整。

(七) 编制财务会计报告

编制财务会计报告是定期向财务报告使用者提供与企业财务状况、经营成果和现金流量等有关的会计信息,反映企业管理层受托责任履行情况的一种专门方法。通过编制和报送财务会计报告,可以为信息使用者提供总括的、集中的会计信息。

会计核算方法反映会计核算过程,各种方法相互联系、密切配合,形成一个完整的核算方法体系。当经济业务事项发生时,首先,填制和审核会计凭证,按照设置的会计科目和账户,运用复式记账法,编制记账凭证;其次,根据记账凭证登记账簿,根据会计账簿和有关资料,对生产经营过程中发生的各项费用进行成本计算,并定期或不定期地开展财产清查,对账簿记录进行核实;最后,在账实相符的基础上,根据账簿资料编制财务会计报告。填制和审核会计凭证是会计核算工作的开始,编制财务会计报告是最终结果。

任务三 会计基本假设和会计核算基础

【任务解析1】会计基本假设

会计基本假设,是对会计核算所处的时间、空间范围等所做的合理假设,是进行会计核算的前提条件。由于会计所处的社会经济环境极为复杂,为了使会计业务能够正常处理,需要对变幻不定的社会经济环境进行必要合理的假设。会计基本假设是人们在长期的会计实践中逐步认识和总结形成的,主要包括会计主体、持续经营、会计分期、货币计量。

(一) 会计主体

会计主体是指会计所核算和监督的特定单位或者组织。会计主体假设的意义在于,其一,界定了从事会计工作和提供会计信息的空间范围。由于社会经济关系的错综复杂,企业本身的经济活动也总是与其他企业或单位的经济活动相联系。其二,确定了会计的独立性。会计主体假设要求会计人员只能核算和监督所在主体的经济业务,即必须分清本企业的经济活动与其他单位的经济活动，分清企业的经济活动与企业所有者和职工个人的经济活动。

会计主体与法律主体并不是同一概念。一般来说，法律主体必然是会计主体，但会计主体并不一定就是法律主体。任何企业，无论是独资、合资还是合伙，都是一个会计主体。在企业规模较大的情况下，为了便于掌握其分支机构的生产经营活动和收支情况，可以将分支机构作为一个会计主体，要求其定期编制会计报表。此外，在控股经营的情况下，母公司及其控制的子公司均为独立的法律主体，各为独立的会计主体，但在编制合并会计报表时，也可将母公司和子公司这些独立的法律主体组成的企业集团视为一个会计主体，将其各自的会计报表予以合并，以反映企业集团整体的财务状况和经营成果。也就是说，会计主体，可以是独立法人，也可以是非法人（如合伙经营活动）；可以是一个企业，也可以是企业内部的某一单位或企业中的一个特定的部分（如企业的分公司、企业设立的事业部）；可以是单一企业，也可以是由几个企业组成的企业集团。

（二）持续经营

持续经营是指会计主体在可预见的未来，将根据正常的经营方针和既定的经营目标持续经营下去。即在可预见的未来，该会计主体不会破产清算，所持有的资产将正常营运，所负有的债务将正常偿还。

会计核算上所使用的一系列会计原则和会计处理方法都建立在会计主体持续经营的基础之上。例如，企业对于其所使用的机器设备、厂房等固定资产，只有在持续经营的前提下才可以在机器设备的使用年限内，按照其价值和使用情况，确定采用某一折旧方法计提折旧。只有在持续经营的前提下，企业在会计信息的核算和处理上所使用的会计处理方法才能保持稳定。企业的资产和负债才能区分为流动和非流动，企业的资产才能采用历史成本计量，企业才有必要确立以权责发生制为会计核算基础。

我国《企业会计准则——基本准则》第六条规定："企业会计确认、计量和报告应当以持续经营为前提。"

（三）会计分期

会计分期也称会计期间假设，是指为及时提供企业财务状况和经营成果的会计信息，将连续不断的经营活动人为划分为若干相等的期间（月、季、年）来反映。按年划分的称为会计年度。年度以内，称为会计中期，包括半年度、季度、月份。会计年度可采用公历年制，即与日历年度保持一致，如我国及法、德、俄、韩国。也可采用非公历年制，如英、日为4月1日，澳、意为7月1日，美国为10月1日。我国会计年度与财政年度一致，以自然公历年份为准。

我国《企业会计准则——基本准则》第七条规定："企业应当划分会计期间，分期结算账目和编制财务会计报告。"

（四）货币计量

货币计量是指会计主体在会计核算过程中采用货币作为统一的计量单位，记录、反映会计主体的经营情况。在商品经济条件下，货币是商品的一般等价物，是衡量商品价值的共同尺度，会计核算选择货币作为其计量单位，使会计核算的对象表现为资金运动，从而全面完整地反映企业的经营成果和财务状况及其变动情况。

我国企业会计核算以人民币作为记账本位币。业务收支以外币为主的单位也可以选择某种外币作为记账本位币，但编制的财务会计报告应当折算为人民币。在境外设立的中国企业向国内报送的财务会计报告，应当折算为人民币。

我国《企业会计准则——基本准则》第八条规定："会计核算以人民币为记账本位币……"这为确定历史成本计量、会计信息具有可比性提供了条件。

会计核算的四项基本假设，具有相互依存、相互补充的关系，会计主体确立了会计核算的空间范围，持续经营与会计分期确立了会计核算的时间范围，货币计量为会计核算提供了必要手段。

【任务解析2】会计核算基础

会计核算基础是指会计确认、计量、记录和报告会计主体的收入和费用的标准，目的是更加真实、科学地反映企业的财务状况和经营成果。企业的资金运动会引起货币资金的流动，但由于存在会计分期，经常发生收入和费用的归属期间与款项实际流入流出的期间不一致的情况。这样，在确认资产、负债、收入和费用时，就可能出现两种交易记录的选择基础：权责发生制和收付实现制。

（一）权责发生制

权责发生制，是指以取得收取款项的权利和支付款项的义务为标志来确定本期收入和费用的会计核算基础。

在权责发生制下，凡是属于本期实现的收入和发生的费用，不论款项是否实际收到或实际付出，都应作为本期的收入和费用入账，计入利润表；凡是不属于本期的收入和费用，即使款项在本期收到或付出，也不作为本期的收入和费用处理。

（二）收付实现制

收付实现制，是以实际收到现金或付出现金为标志来确定本期收入和费用的会计核算基础。采用收付实现制的会计核算基础，凡是本期实际收到的款项，不论其是否属于本期实现的收入，都作为本期的收入处理；凡是本期付出的款项，不论其是否属于本期负担的费用，都作为本期的费用处理。反之，本期没有实际收到的款项和付出的款项，即使应归属于本期，也不作为本期收入和费用处理。这种会计核算基础的优点是核算手续简单，期末不需要对账簿记录进行账项调整。其缺点表现为收入和费用不能正确地反映当前的经营成果。目前，我国政府会计中的预算会计采用的是收付实现制，国务院另有规定的，从其规定。

【任务示例1-1】 企业于3月10日销售商品一批，3月25日收到货款，存入银行。

分析：这笔业务由于在3月份销售形成，取得收款权利，按照权责发生制的会计基础，应作为3月份的收入入账。

【任务示例1-2】 企业于3月10日销售商品一批，4月10日收到货款，存入银行。

分析：这笔业务属于3月份实现的收入，按照权责发生制的会计基础，应将其作为3月份的收入入账。

【任务示例1-3】 企业于3月10日收到某购货单位一笔款项，存入银行，但按合同规定于5月份交付商品。

分析： 这笔业务由于属于 5 月份交付商品销售形成实现的收入，按照权责发生制的会计基础，应将其作为 5 月份的收入入账。

【任务示例 1-4】 企业于 12 月 30 日以银行存款预付来年全年的保险费。

分析： 这笔款项属于来年各月应负担的费用，按照权责发生制的会计基础，应将其分摊计入来年每月的费用。

【任务示例 1-5】 企业于 12 月 30 日购入办公用品一批，但款项在来年的 3 月份支付。

分析： 这笔费用属于本年 12 月份负担的费用，按照权责发生制的会计基础，应将其作为本年 12 月份的费用入账。

【任务示例 1-6】 企业于 12 月 30 日用银行存款支付本月水电费。

分析： 这笔费用属于本年 12 月份的费用，按照权责发生制的会计基础，应作为本年 12 月份的费用入账。

由上述任务示例可见，在权责发生制下，必须考虑预收、预付和应收、应付。由于企业日常的账簿记录不能完全地反映本期的收入和费用，需要在会计期末对账簿记录进行调整，使未收到款项的应计收入和未付出款项的应付费用，以及收到款项而不完全属于本期的收入和付出款项而不完全属于本期的费用，归属于相应的会计期间，以便正确地计算本期的经营成果。

采用权责发生制核算比较复杂，但反映本期的收入和费用比较合理、真实，所以适用于企业。《企业会计准则——基本准则》第九条规定："企业会计应当以权责发生制为基础进行会计确认、计量和报告。"目前，我国企业会计、政府会计中的财务会计、民间非营利组织会计均采用权责发生制。

任务四　会计信息质量要求

会计信息作为企业向社会提供的一种产品，是企业通过财务报告向投资者、债权人或其他信息使用者揭示企业财务状况和经营成果的信息。会计信息的质量要求是企业所提供的会计信息的质量标准，具体表现为会计信息对于信息使用者决策有用的性质或特性，是会计对交易或事项进行确认、计量和报告的指南。

会计信息质量要求由多个质量标准构成，从不同的角度规范会计信息的质量要求，我国《企业会计准则——基本准则》规定："会计信息质量要求主要包括可靠性、相关性、可理解性、可比性、实质重于形式、重要性、谨慎性和及时性八个方面。"

（一）可靠性

可靠性也称真实性、客观性，要求企业应当以实际发生的交易或者事项为依据进行确认、计量和报告，如实反映符合确认和计量要求的各项会计要素及其他相关信息，保证会计信息真实可靠、内容完整。

可靠性是会计信息质量的基本要求，如果财务报告所提供的会计信息不可靠，就会使投资者等财务报告使用者的决策产生误导甚至损失。为了贯彻可靠性要求，企业应当做到以下几点：

1. 以实际发生的交易或者事项为依据进行确认、计量

不得根据虚构的、没有发生的或者尚未发生的交易或者事项进行确认、计量和报告。

2. 保证会计信息的完整性

在符合重要性和成本效益原则的前提下,编报的报表及其附注内容等应当保持完整,不能随意遗漏或者减少应予披露的信息,与财务报告使用者决策相关的有用信息都应当充分披露。

3. 会计信息应当是中立的、无偏的

如果企业在财务报告中为了达到事先设定的结果或效果,通过选择或列示有关会计信息以影响决策和判断的,这样的财务报告信息就不是中立的。

【任务示例1-7】 某公司在202×年年末发现公司销售萎缩,无法实现年初确定的销售收入目标,但考虑到在次年春节前后,公司销售可能会出现较大幅度的增长,公司为此提前预计库存商品销售,在202×年年末制作了若干存货出库凭证,并确认销售实现收入。

分析: 该公司这种处理不是以其实际发生的交易事项为依据的,而是虚构的交易事项,违背了会计信息质量要求的可靠性原则,也违背了我国《会计法》的规定。

(二)相关性

相关性要求企业提供的会计信息应当与投资者等财务报告使用者的经济决策需要相关,有助于投资者等财务报告使用者对企业过去、现在或者未来的情况作出评价或者预测。

会计信息质量的相关性要求,需要企业在确认、计量和报告会计信息的过程中,充分考虑财务报告使用者的决策模式和信息需要。我国企业的会计信息必须满足以下三个方面的需要:

(1)符合国家宏观经济管理的要求;
(2)满足外部信息使用者了解企业财务状况和经营成果的需要;
(3)满足企业内部经营管理的需要。

但是,相关性是以可靠性为基础的,两者之间并不矛盾,不应将两者对立起来。也就是说,会计信息要在可靠性前提下,尽可能地做到相关性,以满足投资者等财务报告使用者的决策需要。

(三)可理解性

可理解性要求企业提供的会计信息应当清晰明了,便于投资者等财务报告使用者理解和使用。

企业编制财务报告、提供会计信息的目的在于使用,要使财务报告使用者有效使用会计信息,就要求财务报告所提供的会计信息应当清晰明了,易于理解。从而提高会计信息的有用性,实现财务报告的目标,满足向投资者等财务报告使用者提供决策有用信息的要求。

(四)可比性

可比性要求企业提供的会计信息应当相互可比。这主要包括两层含义:

1. 纵向可比(同一企业不同时期可比)

为了便于投资者等财务报告使用者了解企业财务状况、经营成果和现金流量的变化趋势,比较企业在不同时期的财务报告信息,全面、客观地评价过去、预测未来,从而作出决策。会计信息质量的可比性要求同一企业不同时期发生的相同或者相似的交易或事项，应当采用一致的会计政策，不得随意变更。但是，满足会计信息可比性要求，并非表明企业不得变更会计政策，如果按照规定或者在会计政策变更后可以提供更可靠、更相关的会计信息，可以变更会计政策。有关会计政策变更的情况，应当在附注中予以说明。

2. 横向可比（不同企业相同会计期间可比）

为了便于投资者等财务报告使用者评价不同企业的财务状况、经营成果和现金流量及其变动情况，会计信息质量的可比性要求不同企业同一会计期间发生的相同或者相似的交易或者事项，应当采用规定的会计政策，确保会计信息口径一致、相互可比，以使不同企业按照一致的确认、计量和报告要求提供有关会计信息。

（五）实质重于形式

实质重于形式要求企业应当按照交易或者事项的经济实质进行会计确认、计量和报告，不仅仅以交易或者事项的法律形式为依据。

企业发生的交易或事项在多数情况下，其经济实质和法律形式是一致的。但在有些情况下，会出现不一致。

例如，以融资租赁方式租入的资产虽然从法律形式上来讲企业并不拥有其所有权，但是由于租赁合同中规定的租赁期相当长，接近于该资产的使用寿命；租赁期结束时承租企业有优先购买该资产的选择权；在租赁期内承租企业有权支配资产并从中受益等，因此，从其经济实质来看，企业能够控制融资租入资产所创造的未来经济利益，在会计确认、计量和报告上就应当将以融资租赁方式租入的资产视为企业的资产，列入企业的资产负债表。

又如，企业按照销售合同销售商品但又签订了售后回购协议，虽然从法律形式上实现了收入，但如果企业没有将商品所有权上的主要风险和报酬转移给购货方，没有满足收入确认的各项条件，即使签订了商品销售合同或者已将商品交付给购货方，也不应当确认为销售收入。

（六）重要性

重要性要求企业提供的会计信息应当反映与企业财务状况、经营成果和现金流量有关的所有重要交易或者事项。

在实务中，如果会计信息的省略或者错报会影响投资者等财务报告使用者据此作出决策的，该信息就具有重要性。重要性的应用需要依赖职业判断，企业应当根据其所处环境和实际情况，从项目的性质和金额大小两方面加以判断。

例如，我国上市公司要求对外提供季度财务报告，考虑到季度财务报告披露的时间较短，从成本效益原则考虑，季度财务报告没有必要像年度财务报告那样披露详细的附注信息。因此，中期财务报告准则规定，公司季度财务报告附注应当以年初至本中期末为基础编制，披露自上年度资产负债表日之后发生的、有助于理解企业财务状况、经营成果和现金流量变化情况的重要交易或者事项。这种附注披露，就体现了会计信息质量的重要性要求。

又如，低值易耗品采用一次摊销法或分次摊销法，尚未摊销的部分不作为单独项目列报，而作为周转材料合并列入资产负债表的存货项目。企业发生的研发支出中研究阶段的支出，作为期间费用计入当期损益核算并列报，均体现了重要性会计信息质量要求。

对重要交易或事项,必须按照规定的会计方法和程序进行处理,并在财务报告中予以充分、准确地披露。对于不重要的会计交易或事项,在不影响会计信息真实性和不误导财务报告使用者作出正确判断的前提下,可适当简化处理。

(七) 谨慎性

谨慎性要求企业对交易或者事项进行会计确认、计量和报告时应当保持应有的谨慎,不应高估资产或者收益、低估负债或者费用。例如,要求企业对可能发生的资产减值损失计提资产减值准备、对售出商品可能发生的保修义务等确认预计负债、对固定资产采用加速折旧法计提折旧等,就体现了会计信息质量的谨慎性要求。

谨慎性的应用也不允许企业设置秘密准备,如果企业故意低估资产或者收益,或者故意高估负债或者费用,将不符合会计信息的可靠性和相关性要求,损害会计信息质量,扭曲企业实际的财务状况和经营成果,从而对财务报告使用者的决策产生误导,这是会计准则所不允许的。

(八) 及时性

及时性要求企业对于已经发生的交易或者事项,应当及时进行确认、计量和报告,不得提前或者延后。

在会计确认、计量和报告过程中贯彻及时性,一是要求及时收集会计信息,即在经济交易或者事项发生后,及时收集整理各种原始单据或者凭证;二是要求及时处理会计信息,即按照会计准则的规定,及时对经济交易或者事项进行确认或者计量,并编制出财务报告;三是要求及时传递会计信息,即按照国家规定的有关时限,及时地将编制的财务报告传递给财务报告使用者,便于其及时使用和决策。

在实务中,为了及时提供会计信息,可能需要在有关交易或者事项的信息全部获得之前即进行会计处理,这样就满足了会计信息的及时性要求,但可能会影响会计信息的可靠性;反之,如果企业等到与交易或者事项有关的全部信息获得之后再进行会计处理,这样的信息披露可能会由于时效性问题,对于投资者等财务报告使用者决策的有用性将大大降低。这就需要在及时性和可靠性之间作相应权衡,以最好地满足投资者等财务报告使用者的经济决策需要为判断标准。

【拓展阅读】

《中华人民共和国会计法》　　　　《会计人员职业道德规范》

【项目化集中训练】

一、单项选择题

1. 会计所使用的主要计量单位是（　　）。
   A. 实物单位　　　　　　　　B. 劳动单位
   C. 货币单位　　　　　　　　D. 实物单位和货币单位

2. 会计的基本职能是（　　）。
   A. 核算和管理　　B. 控制和监督　　C. 核算和监督　　D. 核算和分析

3. 会计主体假设规定了会计核算的（　　）。
   A. 时间范围　　B. 空间范围　　C. 期间费用范围　　D. 成本开支范围

4. 下列要求中不属于会计信息质量要求的是（　　）。
   A. 客观性　　B. 可比性　　C. 配比性　　D. 相关性

5. 下列各项会计处理中，以权责发生制为基础的是（　　）。
   A. 预收商品销售货款时确认为收入
   B. 销售商品以实际收到货款的时间确认收入
   C. 预付下一年度的保险费时确认为当年费用
   D. 销售商品在客户取得商品控制权时确认收入

6. 某企业202×年3月销售A产品一批，价款10 000元，款未收；销售B产品一批，取得转账支票一张，价款5 000元；收到2月份所欠货款3 000元。按照权责发生制确定该企业3月份的销售收入应为（　　）元。
   A. 13 000　　B. 15 000　　C. 5 000　　D. 3 000

7. 企业进行会计核算采用权责发生制，依据的会计核算基本前提是（　　）。
   A. 会计主体　　B. 持续经营　　C. 会计分期　　D. 货币计量

8. 企业分期核算经营成果，采用的会计核算基础是（　　）。
   A. 收付实现制　　B. 实收实付制　　C. 权责发生制　　D. 币值不变制

9. 以下（　　）不是我国常见的会计期间。
   A. 1月1日起至12月31日　　B. 1月1日起至6月30日
   C. 6月1日起至10月31日　　D. 2月1日起至2月28日

10. 下列会计处理中，不符合谨慎性要求的是（　　）。
    A. 计提存货跌价准备　　　　B. 计提"秘密准备"
    C. 确认预计负债　　　　　　D. 不高估资产或收益

二、多项选择题

1. 企业在组织会计核算时，应作为会计核算基本前提的是（　　）。
   A. 会计主体　　B. 持续经营　　C. 货币计量　　D. 会计分期

2. 下列可以作为一个会计主体的有（　　）。
   A. 某有限责任公司　　　　　　B. 某高校
   C. 某公司及其各子公司　　　　D. 某公司财务部

3. 根据权责发生制的会计核算基础，下列各项中应计入本期收入和费用的是（ ）。
   A. 本期销售货款收存银行　　　　　B. 上期销售货款本期收存银行
   C. 计提本期固定资产折旧费　　　　D. 以银行存款支付下期的报纸杂志费
4. 下列属于会计信息质量要求的是（ ）。
   A. 相关性　　　B. 权责发生制　　　C. 谨慎性　　　D. 客观性
5. 下列各项中，（ ）运用了会计核算专门方法。
   A. 编制会计凭证　　　　　　　　　B. 登记现金和银行存款日记账
   C. 编制资产负债表　　　　　　　　D. 聘请注册会计师对报表进行审核
6. 下列属于持续经营前提下进行的会计处理方法有（ ）。
   A. 资产分为流动资产和非流动资产
   B. 资产采用历史成本计量
   C. 企业以权责发生制为核算基础
   D. 企业以收付实现制为核算基础
7. 根据《会计法》的规定，下列属于会计核算内容的有（ ）。
   A. 资产的增减和使用　　　　　　　B. 负债的增减
   C. 净资产的增减　　　　　　　　　D. 财务成果的计算和处理
8. 下列各项中，关于会计职能的表述，正确的有（ ）。
   A. 监督职能是核算职能的保障
   B. 核算职能是监督职能的基础
   C. 预测经济前景、参与经济决策是拓展职能
   D. 核算和监督是基本职能
9. 下列各项中，关于会计信息质量要求的可靠性的表述，不正确的有（ ）。
   A. 企业进行会计核算应与财务报告使用者的经济决策需要相关
   B. 企业应当以实际发生的交易或事项为依据进行会计核算
   C. 不同企业同一会计期间发生相同的交易，应当采用同一会计政策
   D. 企业进行会计核算应便于财务报告使用者理解和使用
10. 下列各项中，不符合谨慎性会计信息质量要求的有（ ）。
    A. 对固定资产采用年限平均法计提折旧
    B. 在确认收入时不考虑很可能发生的保修义务
    C. 对可能发生减值的资产计提减值准备
    D. 对符合条件的或有应付金额确认为负债

三、判断题

1. 会计分期不同，对利润总额会产生影响。　　　　　　　　　　　　　　　　　　（ ）
2. 我国所有企业的会计核算都必须以人民币作为记账本位币。　　　　　　　　　（ ）
3. 权责发生制是以权益、责任是否发生为标准来确定本期收益和费用。　　　　　（ ）
4. 我国所有单位包括行政、事业、企业单位的会计确认、计量和报告应以收付实现制为基础。　　　　　　　　　　　　　　　　　　　　　　　　　　　　　　　　　（ ）
5. 凡是会计主体都应进行独立核算。　　　　　　　　　　　　　　　　　　　　（ ）

6. 会计核算应当区分自身的经济活动与其他单位的经济活动。（   ）

7. 会计主体与法人主体是同一概念。（   ）

8. 谨慎性会计信息质量要求是指在会计核算中应尽量低估企业的资产和可能发生的损失、费用。（   ）

9. 货币量度是唯一的会计计量单位。（   ）

10. 会计只有核算和监督两个职能。（   ）

【参考答案】

项目二

会计对象、会计要素与会计等式

素养目标

◇ 培养学生对财务数据敏感性的职业判断
◇ 培养学生勇担责任、履职尽责的意识

知识目标

◇ 掌握会计对象的基本特征
◇ 掌握会计要素的含义、确认条件及分类
◇ 理解设置会计科目的原则
◇ 掌握会计科目的内容
◇ 理解会计基本等式的意义
◇ 理解会计对象、会计要素与会计等式之间的关系

能力目标

◇ 能够正确理解各会计要素的概念和特征
◇ 能够判断经济业务的类型及其对会计等式变动的影响

案例导入

202×年,陈平创办了一家玩具销售公司,6月发生如下经济业务:将10万元个人存款投入公司用于生产毛绒玩具;新租一间门面房,年租金为60 000元;支付了各种办公费用10 000元;购入80 000元的生产设备;销售商品取得货款150 000元,已经存入银行;支付员工工资80 000元……

案例分析

根据以上案例,请分析以下问题:
1. 案例中所涉及的会计要素有哪些?举例说明。
2. 经过上述经济活动之后,会计等式有哪些变化?

项目二 会计对象、会计要素与会计等式

知识导航

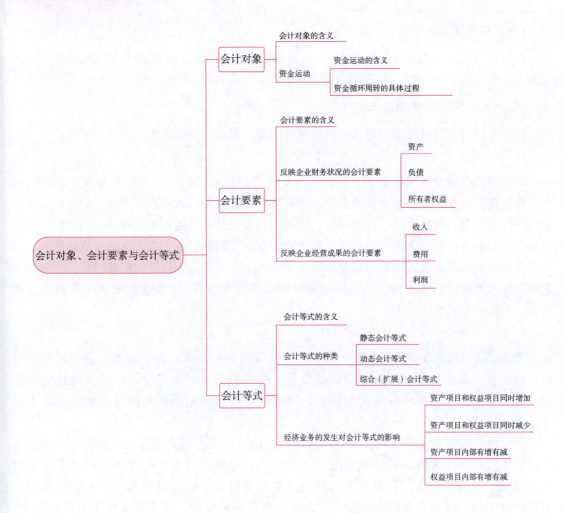

任务一 会计对象

【任务解析1】会计对象的含义

会计对象是会计活动的客体，是指会计核算和监督的内容。社会再生产过程是由生产、分配、交换和消费四个相互联系的环节构成的，包括各种各样的经济活动，但是，在再生产过程中有些经济活动是不能用价值形式来表现的，所以会计并不能核算和监督再生产过程中的全部经济活动，而只能核算和监督再生产过程中可以用货币表现的那部分经济活动。因此，凡是特定主体能够以货币表现的经济活动，都是会计核算和监督的内容，即会计对象。

【任务解析2】资金运动

(一) 资金运动的含义

在社会再生产过程中,能够以货币表现的经济活动,通常称为资金运动或价值运动。

(二) 资金循环周转的具体过程

就企业而言,其资金运动通常表现为资金筹集、资金运用和资金退出三个过程。

1. 资金筹集

资金筹集是指企业向投资者、债权人筹集生产经营所需资金的过程,是资金运动的起点。资金进入企业,是指企业投资者投入资金或向债权人借入款项而筹集资金的过程。企业取得的权益资金,根据生产经营的需要,以不同的形态分布并运用于企业供应、生产、销售以及经营管理过程的各个阶段和环节,形成货币资金、储备资金、生产资金、成品资金、固定资金等资金形态。投入或取得资金来源主要有两个:一是企业接受投资者投入,在会计要素中表现为所有者权益增加;二是从金融机构或其他方面借款,在会计要素中表现为负债增加。

2. 资金运用

资金运用是指企业将筹集的资金用于生产经营的各个方面、各个环节。资金的循环过程一般从货币资金开始,依次经历储备资金、生产资金、成品资金,最后又回到货币资金。资金周而复始地循环称为资金周转。资金在企业内部的循环和周转主要包括以下三个过程:

供应过程是生产准备过程,企业用货币资金购置厂房、机器设备和原材料等并储备待用,货币资金转化为储备资金和固定资金。生产过程是劳动者运用劳动资料对劳动对象进行加工生产出新产品,同时发生各种生产费用的过程。通过材料领用、工资计算和固定资产折旧等,储备资金转化为生产资金。产品完工入库后,生产资金转化为成品资金。销售过程是出售产品、发生销售费用、取得销售收入的过程,由成品资金转化为货币资金。

3. 资金退出

资金退出是指企业资金退出生产经营过程,使企业的资金总量发生减少的过程。企业在生产经营过程中必须依法缴纳各种税费,如增值税、消费税、企业所得税等;企业赚取的税后利润还需进行分配,一部分以分配利润或支付现金股利的形式发放给企业的投资者(或股东);对于到期的债务,企业还需要筹措新的资金加以偿还。上述经济事项的发生,都会减少企业现有的资金存量,使部分资金退出企业的资金循环与周转,这是资金退出的主要原因。

资金循环周转的具体过程如图2-1所示。

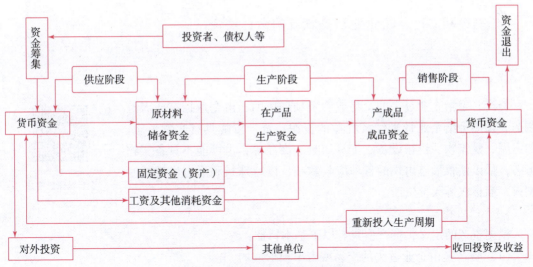

图 2-1 资金循环周转的具体过程

任务二 会计要素

【任务解析1】会计要素的含义

会计要素是会计对象按经济特征所做的最基本的分类,也是会计核算对象的具体化。我国《企业会计准则》将会计要素分为资产、负债、所有者权益、收入、费用、利润六大类。其中,资产、负债、所有者权益反映企业在特定日期的财务状况,称作静态会计要素,是资产负债表的构成要素;收入、费用和利润反映企业在一定会计期间的经营成果,称作动态会计要素,是利润表的构成要素。会计要素的构成如图2-2所示。

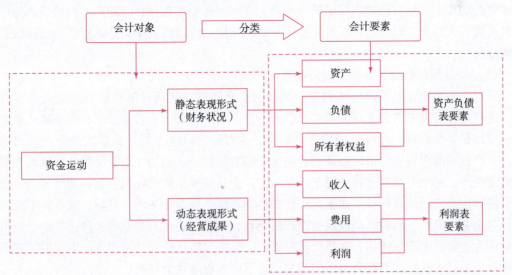

图 2-2 会计要素的构成

【任务解析2】反映企业财务状况的会计要素

（一）资产

1. 资产的定义

资产，是指企业过去的交易或者事项形成的、由企业拥有或者控制的、预期会给企业带来经济利益的资源。资产可能具有实物形态，如房屋、建筑物、机械设备、工具用具、商品等，也可能不具备实物形态，如以债权形态出现的各种应收款项，以特殊权利形态出现的专利权、商标权等无形资产。

会计要素之资产

2. 资产的特征

根据资产的定义，资产应具有以下基本特征：

（1）资产是由企业过去的交易或者事项形成的。

资产应当由企业过去的交易或者事项形成，企业预期在未来发生的交易或者事项不形成资产。过去的交易或者事项包括购买、生产、建造行为或者其他交易或事项，只有过去的交易或者事项才能产生资产。例如，企业拥有的机器设备是企业过去实际购买的机器设备，是过去交易形成的资产，符合资产的定义，应当确认为资产；而企业仅有购买某机器设备的意愿和计划，但是购买行为尚未发生，就不符合资产的定义，不能确认为资产。

（2）资产应为企业拥有或者控制的资源。

资产作为一项资源，应当由企业拥有或者控制，具体是指企业享有某项资源的所有权，或者虽然不享有某项资源的所有权，但该资源能被企业所控制。企业享有资产的所有权，通常表明企业能够排他性地从资产中获取经济利益。一般而言，在判断资产是否存在时，所有权是考虑的首要因素。有些情况下，资产虽然不为企业所拥有，即企业并不享有其所有权，但企业能够控制这项资产，同样表明企业能够从资产中获取经济利益，符合会计上对资产的定义。例如，企业以融资租赁方式租入一项固定资产，尽管企业并不拥有该资产的所有权，但租赁合同规定的租赁期基本等于资产寿命，表明企业能够在较长时间内控制该资产的使用及其所能带来的经济利益，按照实质重于形式的原则，应当将其作为企业资产予以确认、计量和报告。

（3）资产预期会给企业带来经济利益。

资产预期会给企业带来经济利益，是指资产直接或者间接导致经济利益流入企业的潜力。这种潜力可以来自企业日常的生产经营活动，也可以来自非日常活动；带来经济利益的形式可以是货币形式，也可以是非货币形式，或者是可以减少货币或非货币资产流出的形式。资产预期能否为企业带来经济利益是资产的重要特征。例如，企业采购的原材料和购置的固定资产，在生产经营过程中用于产品生产，产品对外出售后收回货款，货款即为企业所获得的货币形式的经济利益。如果某一资源预期不能给企业带来经济利益，那么就不能将其确认为企业的资产。前期已经确认为资产的项目，如果不能再为企业带来经济利益，也不能再确认为企业的资产。例如，霉烂变质的资产、已失去转让价值的资产等，因它们预期不能给企业带来经济利益，不符合资产的定义，均不应当再确认为资产。

3. 资产的确认条件

符合资产定义的资源,同时还需满足以下条件才能确认为资产:

(1) 与该资源有关的经济利益很可能流入企业。

(2) 该资源的成本或者价值能够可靠地计量。

4. 资产的分类

资产按其流动性,可以分为流动资产和非流动资产。流动资产是指能在一个会计年度内变现或耗用的资产,主要包括库存现金、银行存款、交易性金融资产、应收票据、应收账款、存货等;非流动资产是指变现或耗用的期限超过一个会计年度的资产,主要包括固定资产、无形资产、长期股权投资、债权投资等。资产的分类与构成如图2-3所示。

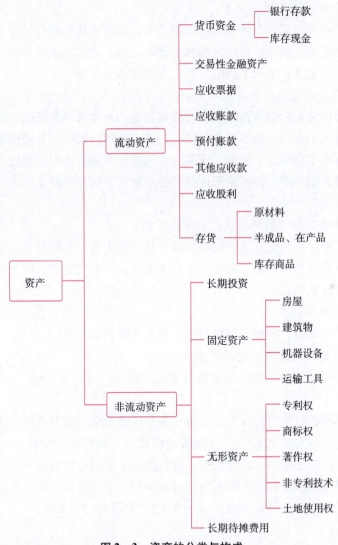

图2-3 资产的分类与构成

（二）负债

1. 负债的定义

负债，是指企业过去的交易或者事项形成的、预期会导致经济利益流出企业的现时义务。负债可能产生于企业在购进商品、劳务过程中的赊账行为，如应付账款、应付票据等；也可能产生于企业在筹资过程中的举借行为，如长期借款、应付债券等；还可能产生于企业经营过程中履行法律、制度等的责任行为，如应交税费、应付股利等。

借鸡生蛋——
会计要素之负债

2. 负债的特征

根据负债的定义，负债应具有以下基本特征：

（1）负债是企业承担的现时义务。

现时义务是指企业在现行条件下已承担的义务，即导致负债的交易或事项已经发生的义务，如购货的应付账款、借入的款项等均属于现时义务，均应确认为负债。未来发生的交易或者事项可能产生的义务，不属于现时义务，不能确认为负债。

（2）负债预期会导致经济利益流出企业。

只有在企业履行义务时会导致经济利益流出企业的，才符合负债的定义；反之，如果不会导致经济利益流出企业的，就不符合负债的定义。在履行现时义务清偿负债时，导致经济利益流出企业的形式多种多样。例如，用现金偿还或以实物资产形式偿债、通过提供劳务形式偿债、将负债转为资本等。但不论采用何种偿还方式，履行现时义务清偿负债都将导致经济利益流出企业。

（3）负债是由企业过去的交易或者事项形成的。

负债应当由企业过去的交易或者事项形成。只有过去的、实际发生的交易或者事项才形成负债，尚未发生的交易或事项，如企业作出的承诺、预期交易等，因为其尚未产生现时义务，所以不应确认为负债。

3. 负债的确认条件

符合负债定义的义务，同时还需满足以下条件才能确认为负债：

（1）与该义务有关的经济利益很可能流出企业。

（2）未来流出的经济利益的金额能够可靠地计量。

4. 负债的分类

负债按其偿还期的长短可以分为流动负债和非流动负债。流动负债是指将在一年或超过一年的一个营业周期内偿还的债务，包括短期借款、交易性金融负债、应付票据、应付账款、预收账款、应付职工薪酬、应交税费、应付股利、其他应付款和一年内到期的非流动负债等；非流动负债是指偿还期在一年或者超过一年的一个营业周期以上的债务，包括长期借款、应付债券和长期应付款等。企业负债的分类与构成如图2-4所示。

（三）所有者权益

1. 所有者权益的定义

所有者权益，是指企业资产扣除负债后由所有者享有的剩余权益。公司的所有者权益又称为股东权益。所有者权益的金额取决于资产和负债的计量。

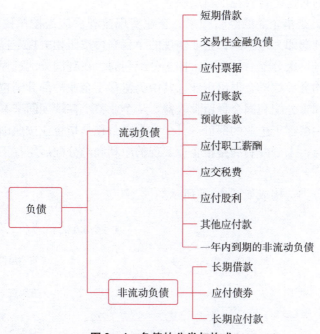

图 2-4 负债的分类与构成

2. 所有者权益的特征

（1）资本永久性，指投资者投入企业的资本，除非发生减资、清算或分派现金股利，企业不需要偿还。

（2）权利双重性，指所有者凭借所有者权益，有对经营成果的分享权利和对所有资产的管理权利。

（3）确认依赖性，指所有者权益的确认，主要依赖于其他会计要素的确认。

（4）受偿滞后性，指企业清算时，只有在清偿完所有的负债后，所有者权益才返还给所有者。

3. 所有者权益的来源

所有者权益的来源包括所有者投入的资本、直接计入所有者权益的利得和损失、留存收益等。

（1）所有者投入的资本，是指投资者实际投入企业经营活动的各种财产物资，既包括构成企业注册资本部分的金额，也包括投资者实际出资额超过注册资本部分的金额。投资者实际出资额中构成注册资本部分的金额，即实收资本；超出注册资本部分的金额，即资本溢价。按照现行会计准则的规定，资本溢价计入资本公积，并在资产负债表中的资本公积项目反映。

（2）直接计入所有者权益的利得和损失，是指不应计入当期损益、会导致所有者权益发生增减变动、与所有者投入资本或者向所有者分配利润无关的利得或者损失。其中，利得是指由企业非日常活动形成的、会导致所有者权益增加的、与所有者投入资本无关的经济利益的流入；损失是指由企业非日常活动发生的、会导致所有者权益减少的、与向所有者分配利润无关的经济利益的流出。按照现行会计准则的规定，直接计入所有者权益的利得和损失应在资产负债表中的其他综合收益项目反映。

（3）留存收益，是指企业的经营积累。企业实现盈利后应当按照税法规定缴纳企业所得税，形成税后的利润即为净利润；企业实现的净利润再按照相关规定提取盈余公积、向投资者分配利润，经过再次分配后的余额，即未分配利润。在利润分配过程中，企业所得税和向投资者分配利润均会导致资金退出企业，其中仍留存于企业的部分则包括盈余公积和未分配利润。盈余公积和未分配利润合称留存收益。从企业整个存续期间来看，留存收益是企业历年实现的净利润中留存于企业的部分。其中，盈余公积是指企业按照国家规定从净利润中提取的企业积累资金；未分配利润是指企业实现的净利润经分配后留存于企业的、历年结存的利润。

所有者权益的分类与构成如图2-5所示。

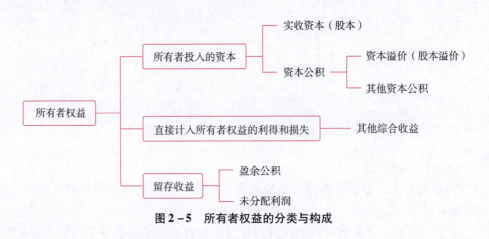

图2-5　所有者权益的分类与构成

【任务解析3】反映企业经营成果的会计要素

（一）收入

1. 收入的定义

收入是指企业在日常经营活动中形成的、会导致所有者权益增加的、与所有者投入资本无关的经济利益的总流入。

2. 收入的特征

根据收入的定义，收入应具有以下基本特征：

（1）收入是企业在日常经营活动中形成的。

日常活动是指企业为完成其经营目标所从事的经常性活动以及与之相关的活动，如制造业企业生产并销售产品、流通企业销售商品、咨询公司提供咨询服务等。而企业日常活动以外的经济业务带来的经济利益流入是利得，如接受捐赠、罚没利得等。

（2）收入是与所有者投入资本无关的经济利益的总流入。

收入应当导致经济利益的流入，从而导致资产的增加或负债的减少，如企业销售商品，应当收到现金或者在未来有权收到现金。如果经济利益流入企业是所有者向企业投入资本导致的，这部分投资不能确认为企业的收入，应当直接将其确认为所有者权益。

3. 收入的分类

收入按照企业经营业务的主次，可分为主营业务收入和其他业务收入。

收入的分类与构成如图2-6所示。

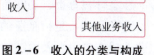

图2-6 收入的分类与构成

(二) 费用

1. 费用的定义

费用是指企业在日常经营活动中发生的、会导致所有者权益减少的、与向所有者分配利润无关的经济利益的总流出。

2. 费用的特征

根据费用的定义，费用应具有以下基本特征：

(1) 费用是企业在日常经营活动中形成的。

由日常活动中的经常性活动以及与之相关活动产生的费用，包括产品销售成本、劳务成本、税金及附加、销售费用、管理费用、财务费用、出租包装物的成本等。企业日常活动以外的偶发性经济业务发生的耗费是损失，确认为费用，如被没收的财产损失、支付的罚款损失、对外捐赠等。

(2) 费用是与向所有者分配利润无关的经济利益的总流出。

费用会导致经济利益的流出，从而导致企业资产减少或者负债增加。其表现形式包括现金或现金等价物的流出，存货、固定资产和无形资产的流出或者消耗等。

3. 费用的分类

费用按照与收入的配比关系可以分为营业成本、税金及附加和期间费用。营业成本，是指所销售商品或者所提供劳务的成本，营业成本可分为主营业务成本和其他业务成本。税金及附加，是指企业经营活动应负担的相关税费，包括消费税、城市维护建设税、教育费附加等价内税。期间费用，是指企业本期发生的，不能直接或间接归入营业成本，而是直接计入当期损益的各项费用，包括销售费用、管理费用和财务费用。

费用的分类与构成如图2-7所示。

(三) 利润

1. 利润的定义

利润是指企业在一定会计期间的经营成果，是企业生产经营过程中各种收入扣除各种相关费用后的差额。

图2-7 费用的分类与构成

2. 利润的来源

利润包括收入减去费用后的净额、直接计入当期利润的利得和损失等，如营业利润、利润总额和净利润等。收入减去费用后的净额，反映的是企业日常活动的经营业绩，即营业利润。直接计入当期利润的利得和损失，是指应当计入当期损益、会导致所有者权益发生增减变动的、与所有者投入资本或者向所有者分配利润无关的利得或者损失，是企业非日常活动的业绩，即营业外收入和营业外支出。

3. 利润的分类

在会计核算上，利润有以下三个不同的内涵和范围（指标）。

营业利润，是指企业的日常经营活动在一定会计期间的经营成果。具体是指营业收入减去营业成本、税金及附加、销售费用、管理费用、财务费用、资产减值损失等，再加上投资收益、资产处置净收益和其他收益后的金额。

利润总额，是指企业全部经营活动在一定会计期间的经营成果，具体是指营业利润加上营业外收入减去营业外支出后的金额。

净利润，是指企业经营活动在一定会计期间获得的并归所有者所有的最终经营成果，具体是指利润总额减去所得税费用后的余额，即为税后利润。

任务三　会计等式

【任务解析1】会计等式的含义

会计等式，也称会计恒等式，是指根据会计要素之间的相互依存关系建立的数学表达方式。会计等式不仅揭示了各会计要素之间的关系，而且是设置账户、复式记账、编制资产负债表和利润表的理论基础。

【任务解析2】会计等式的种类

（一）静态会计等式

静态会计等式，是指由反映企业资金静态运动的会计要素组合形成的表明企业某一特定时点的财务状况的等式，是反映资产、负债和所有者权益之间数量关系的会计等式。

企业从事生产经营活动要拥有或控制一定数量的资金。一方面，资金分布在经营活动的各个方面，表现为不同的资产存在形态；另一方面，企业所拥有的资产均源于资产的提供者——债权人和所有者，债权人和所有者对所提供的资产存在着一定的求偿权，在会计上被称为权益。资产与权益在任何一个时点都必然保持恒等的关系，这种恒等关系用公式表示为：

$$资产 = 权益$$

由于企业的资产来源于企业的债权人和投资者，权益由债权人权益和所有者权益两部分构成。债权人权益在会计上称为负债，所有者权益是企业投资人对企业的资产减去负债后的净资产的所有权。因此，会计恒等式可进一步表示为：

$$资产 = 债权人权益 + 所有者权益$$

或者为：

$$资产 = 负债 + 所有者权益$$

静态会计等式表明了资产、负债和所有者权益之间的基本关系，也是复式记账的基础和编制资产负债表的理论基础。

（二）动态会计等式

动态会计等式，是指由反映企业资金动态运动的会计要素组合形成的表明企业在一定会计期间经营成果的等式，是反映收入、费用和利润之间数量关系的会计等式。

企业从事生产经营活动的目的就是获取收入，并实现盈利。企业在取得收入的同时，必然要发生相应的费用。企业通过收入与费用的比较，才能计算确定一定期间的盈利状况，即确定当期实现的利润总额（或发生的亏损总额）。因此，利润与收入、费用的关系可用下列公式表示：

$$收入 - 费用 = 利润$$

动态会计等式，表明了收入、费用与利润之间的基本关系，即表明了企业在某一特定期间的经营成果与该期间的收入和费用的关系，是编制利润表的理论基础。

（三）综合（扩展）会计等式

企业是由所有者投资设立的，企业实现的利润必然归属所有者，利润的实现表现为所有者权益的增加；反之，如果企业经营出现亏损，必然使所有者权益减少。因此，在一个会计期间末，可以将动态会计等式代入静态会计等式，得到综合表示会计六大要素的关系等式如下：

$$资产 = 负债 + 所有者权益 + 利润 = 负债 + 所有者权益 + （收入 - 费用）$$

移项后得出如下扩展会计等式：

$$资产 + 费用 = 负债 + 所有者权益 + 收入$$

这一等式表明企业的财务状况和经营成果之间的相互联系。财务状况表明企业一定时期资产的运用分布状况及其来源的情况，经营成果则表明企业一定期间净资产增加（或减少）情况，反映一定期间所有者权益的增加额（或减少额）。企业经营成果最终影响到企业的财务状况，利润会增加所有者权益和资产，反之，亏损会减少所有者权益和资产。

【任务解析2】经济业务的发生对会计等式的影响

经济业务又称会计事项，是指各单位在经济活动中发生并引起会计要素增减变动的一切经济事项。不论发生何种经济业务，会计要素怎样变化，都不会破坏会计等式的平衡关系。按照经济业务对会计等式的不同影响，可以将经济业务分为以下四种基本类型：

(1) 资产项目和权益项目同时增加（等式两边同增）。
(2) 资产项目和权益项目同时减少（等式两边同减）。
(3) 资产项目内部有增有减（等式左边有增有减）。
(4) 权益项目内部有增有减（等式右边有增有减）。

以上四类经济业务类型，具体又可以分为九种业务，如表2-1所示。

表2-1　经济业务类型

四大类型	九种业务
资产项目和权益项目同时增加	一项资产增加，一项负债增加
	一项资产增加，一项所有者权益增加

续表

四大类型	九种业务
资产项目和权益项目同时减少	一项资产减少,一项负债减少
	一项资产减少,一项所有者权益减少
资产项目内部有增有减	一项资产增加,另一项资产减少
权益项目内部有增有减	一项负债增加,另一项负债减少
	一项所有者权益增加,另一项所有者权益减少
	一项负债增加,一项所有者权益减少
	一项负债减少,一项所有者权益增加

【任务示例2-1】 诚景公司202×年6月30日资产总额1 100 000元,负债总额285 000元,所有者权益总额815 000元。资产(1 100 000)=负债(285 000)+所有者权益(815 000)。7月发生的部分经济业务如下:

(1) 购进原材料5 000元,货款未付。

该项经济业务的发生,使资产(原材料)增加了5 000元,负债(应付账款)增加了5 000元,等式两边同时增加5 000元,该项经济业务发生对会计等式的影响如表2-2所示。

表2-2 经济业务发生对会计等式的影响   元

资产	权益		
	负债	所有者权益	合计
1 100 000	285 000	815 000	1 100 000
+5 000	+5 000		+5 000
1 105 000	290 000	815 000	1 105 000

(2) 收到大风公司的投资款50 000元存入银行。

该项经济业务的发生,使资产(银行存款)增加了50 000元,所有者权益(实收资本)增加了50 000元,等式两边同时增加了50 000元,该项经济业务发生对会计等式的影响如表2-3所示。

表2-3 经济业务发生对会计等式的影响   元

资产	权益		
	负债	所有者权益	合计
1 105 000	290 000	815 000	1 105 000
+50 000		+50 000	+50 000
1 155 000	290 000	865 000	1 155 000

(3) 从银行提取现金10 000元备用。

该项经济业务的发生,使一项资产(库存现金)增加了10 000元,一项资产(银行存款)减少了 10 000 元。一项资产增加,另一项资产减少,且增减金额相等,资产总额没有变化,该项经济业务发生对会计等式的影响如表 2-4 所示。

表 2-4 经济业务发生对会计等式的影响　　　　　　　　　元

资产	权益		
	负债	所有者权益	合计
1 155 000	290 000	865 000	1 155 000
+10 000 −10 000			
1 155 000	290 000	865 000	1 155 000

(4) 以银行存款 30 000 元上缴企业所得税。

该项经济业务的发生,使资产(银行存款)减少了 30 000 元,负债(应交税费)减少了 30 000 元,等式两边同时减少 30 000 元,该项经济业务发生对会计等式的影响如表 2-5 所示。

表 2-5 经济业务发生对会计等式的影响　　　　　　　　　元

资产	权益		
	负债	所有者权益	合计
1 155 000	290 000	865 000	1 155 000
−30 000	−30 000		−30 000
1 125 000	260 000	865 000	1 125 000

(5) 签发商业汇票,面值 50 000 元,抵付所欠的货款。

该项经济业务的发生,使一项负债(应付票据)增加了 50 000 元,另一项负债(应付账款)减少了 50 000 元。一项负债增加,另一项负债减少,且增减金额相等,负债总额没有变化,该项经济业务发生对会计等式的影响如表 2-6 所示。

表 2-6 经济业务发生对会计等式的影响　　　　　　　　　元

资产	权益		
	负债	所有者权益	合计
1 125 000	260 000	865 000	1 125 000
	+50 000 −50 000		
1 125 000	260 000	865 000	1 125 000

(6) 经协商,公司同意将所欠东方公司的货款 20 000 元转为投资。

该项经济业务的发生,使所有者权益(实收资本)增加了 20 000 元,负债(应付账款)减少了 20 000 元,等式的右边有增、有减,且增减金额相等,该项经济业务发生对会计等式的影响如表 2-7 所示。

表 2-7　经济业务发生对会计等式的影响　　　　　　　　　　　元

资产	权益		
	负债	所有者权益	合计
1 125 000	260 000	865 000	1 125 000
	-20 000	+20 000	
1 125 000	240 000	885 000	1 125 000

（7）公司按法定程序减少注册资本，并以银行存款 10 000 元退还投资款。

该项经济业务的发生，使资产（银行存款）减少了 10 000 元，所有者权益（实收资本）减少了 10 000 元，等式的两边同时减少 10 000 元，该项经济业务发生对会计等式的影响如表 2-8 所示。

表 2-8　经济业务发生对会计等式的影响　　　　　　　　　　　元

资产	权益		
	负债	所有者权益	合计
1 125 000	240 000	885 000	1 125 000
-10 000		-10 000	-10 000
1 115 000	240 000	875 000	1 115 000

（8）经批准，公司向投资者分配以前年度实现的利润 200 000 元。

该项经济业务的发生，使负债（应付股利）增加了 200 000 元，所有者权益（未分配利润）减少了 200 000 元。等式的右边有增、有减，且增减金额相等，该项经济业务发生对会计等式的影响如表 2-9 所示。

表 2-9　经济业务发生对会计等式的影响　　　　　　　　　　　元

资产	权益		
	负债	所有者权益	合计
1 115 000	240 000	875 000	1 115 000
	+200 000	-200 000	
1 115 000	440 000	675 000	1 115 000

（9）按法定程序，将盈余公积 50 000 元转增资本。

该项经济业务的发生，使一项所有者权益（实收资本）增加了 50 000 元，另一项所有者权益（盈余公积）减少了 50 000 元。一项所有者权益增加，另一项所有者权益减少，且增减金额相等，所有者权益总额没有变化。该项经济业务发生对会计等式的影响如表 2-10 所示。

表 2-10 经济业务发生对会计等式的影响

资产	权益		
	负债	所有者权益	合计
1 115 000	440 000	675 000	1 115 000
		+50 000	
		−50 000	
1 115 000	440 000	675 000	1 115 000

上述9种情况都会引起会计等式的一边或两边项目相互联系地发生等量变化,但不论经济业务发生怎样的变化,始终不会影响会计等式的平衡关系。

【拓展阅读】

孔子的财经思想探讨

会计实务中如何确认一项资产

【项目化集中训练】

一、单项选择题

1. 下列各项中,属于流动资产的是(   )。
   A. 应收账款   B. 应交税费
   C. 应付债券   D. 应付利息
2. 下列不属于资产要素特征的是(   )。
   A. 资产必须是由过去的交易或事项形成并由企业拥有或控制的经济资源
   B. 资产必须具有一定的实物形态
   C. 资产作为一项资源,必须具有能为企业带来经济利益的能力
   D. 资产应当能以货币计量其价值
3. 下列项目中,属于表现企业资金运动动态的会计要素是(   )
   A. 收入   B. 负债   C. 资产   D. 所有者权益
4. 下列各项中,会导致企业资产和负债同时减少的是(   )。
   A. 资本公积转增资本   B. 计提法定盈余公积
   C. 盈余公积弥补亏损   D. 以银行存款归还短期借款
5. 企业采购原材料,货款未付,属于(   )。
   A. 资产项目之间此增彼减   B. 权益项目之间此增彼减
   C. 资产项目和权益项目同增   D. 资产项目和权益项目同减

6. 会计的基本等式是（ ）。
   A. 资产 = 负债 + 所有者权益
   B. 收入 – 费用 = 利润
   C. 资产 = 负债 + 所有者权益 + 收入 – 费用
   D. 现金 + 应收账款 = 应付账款 + 存货
7. 下列各项中，会导致会计等式左右两边同时增加的经济业务是（ ）。
   A. 从银行提取现金   B. 从银行借入短期借款
   D. 签发商业汇票支付前欠货款   C. 资本公积转增资本
8. 企业销售商品收到现金，对会计等式的影响是（ ）。
   A. 资产减少，负债减少   B. 资产增加，负债增加
   C. 资产内部一增一减，总额不变 D. 资产增加，所有者权益增加
9. 某企业月初资产总额为 20 万元，本月发生下列业务：①向银行借款 30 万元并存入银行；②接受投资者投资材料 2 万元（不考虑增值税）；③收回应收账款 5 万元存入银行；④以银行存款偿还借款 7 万元。不考虑其他因素，月末资产总额为（ ）万元。
   A. 45   B. 42   C. 24   D. 12
10. （ ）是按会计对象的经济内容所做的基本分类，是会计对象的具体化。
   A. 会计要素   B. 会计科目
   C. 会计账户   D. 会计报表

二、多项选择题

1. 下列各项中，符合企业资产定义的有（ ）。
   A. 已购买的设备   B. 盘亏的库存商品
   C. 准备购买的原材料   D. 长期租入的机器设备
2. 下列项目中，属于流动资产的有（ ）。
   A. 库存现金   B. 银行存款   C. 运输设备   D. 专利权
3. 下列项目中，属于流动负债的有（ ）。
   A. 预收账款   B. 应付票据   C. 短期借款   D. 其他应付款
4. 下列是会计基本等式的有（ ）。
   A. 资产 = 负债 + 所有者权益   B. 资产 = 所有者权益
   C. 资产 = 权益   D. 资产 = 负债 + 所有者权益 + 净收益
5. 下列各项中，符合会计要素中收入定义的有（ ）。
   A. 接受捐赠的电脑   B. 4S 店销售豪华汽车
   C. 商贸公司销售商品电脑   D. 工业企业销售自产产品
6. 下列属于会计静态要素的是（ ）。
   A. 资产   B. 负债   C. 所有者权益   D. 收入
7. 下列哪些经济业务发生时，会计等式两边金额会同时发生变化？（ ）
   A. 企业从银行提取现金   B. 企业用银行存款偿还短期借款
   C. 投资者投入资本   D. 企业购买原材料，款项尚未支付
8. 所有者权益包括（ ）。

A. 投资者投入资本　　　　　　　　B. 从净利润中提取的公积金
C. 分配给投资者的股利　　　　　　D. 未分配利润

9. 下列各项中，属于收入的是（　　）。
A. 取得罚款收入 500 元　　　　　　B. 销售材料收入 1 000 元
C. 销售商品一批，价款 80 000 元　　D. 出租机器设备，租金收入 5 000 元

10. 一项所有者权益增加的同时，引起的另一方面变化可能是（　　）。
A. 一项资产增加　　　　　　　　　B. 一项负债增加
C. 一项负债减少　　　　　　　　　D. 另一项所有者权益减少

三、判断题

1. 凡是企业的资产，其所有权一定归企业。　　　　　　　　　　　　（　）
2. 负债是现在的交易或事项所引起的现有义务。　　　　　　　　　　（　）
3. 负债和所有者权益都是企业资产的来源。　　　　　　　　　　　　（　）
4. 销售商品未收到款项，可以将其确认为收入。　　　　　　　　　　（　）
5. 费用是为取得收入而付出的代价。　　　　　　　　　　　　　　　（　）
6. 会计要素是按会计对象的经济内容进行分类所形成的基本项目。　　（　）
7. 资产是企业拥有或者控制的全部资源。　　　　　　　　　　　　　（　）
8. 收入是企业在经济活动中形成的经济利益的总流入，包括主营业务收入、其他业务收入和营业外收入。　　　　　　　　　　　　　　　　　　　　　　　　　　　　（　）
9. 利润是企业一定会计期间的经营成果，它属于会计的动态要素。　　（　）
10. 会计等式"收入 - 费用 = 利润"仅在企业盈利时才成立。　　　　　（　）

四、实务处理

诚景公司 202×年的资产、负债和所有者权益的资料如下：
（1）生产车间用厂房，计价 240 000 元；
（2）生产用机器设备价值 300 000 元；
（3）国家投资资金 628 000 元；
（4）本期未分配利润 80 000 元；
（5）库存生产用的各种钢材价值 180 000 元；
（6）库存工具一批，计价 25 000 元，劳保用品计价 3 000 元；
（7）仓库中存放的已完工产品计价 36 000 元，尚未完工产品计价 20 000 元；
（8）库存现金 800 元，银行存款 48 500 元；
（9）运输汽车两辆，价值 120 000 元；
（10）应收销售给科华厂的货款 15 000 元，从银光厂购入材料应付货款 105 000 元；
（11）从银行借入短期借款 80 000 元；
（12）应交税费 7 000 元；
（13）应付职工工资 88 300 元。

要求：根据以上资料，判断确认各项目归属的会计要素，合计后核对其是否符合会计基本等式，如表 2 - 11 所示。

表 2-11 各项目归属的会计要素　　　　　　　　　　　　元

业务	项目名称	资产	负债	所有者权益
(1)				
(2)				
(3)				
(4)				
(5)				
(6)				
(7)				
(8)				
(9)				
(10)				
(11)				
(12)				
(13)				
合计				

【参考答案】

项目三

会计科目与会计账户

素养目标

◇ 强化学生对会计工作的规范性、合法性、信息有用性的理解
◇ 培养学生养成严谨细致的工作作风
◇ 引导学生树立诚信正直、坚持准则的会计职业道德

知识目标

◇ 理解会计科目的概念
◇ 掌握常用的会计科目
◇ 掌握会计科目的分类
◇ 熟悉设置会计科目的原则
◇ 掌握账户的基本结构和分类
◇ 正确理解会计科目和会计账户之间的关系

能力目标

◇ 能够根据企业自身生产经营特点设置会计科目
◇ 能够根据经济业务内容判断会计科目名称
◇ 能够区分不同类型的会计账户及其结构
◇ 能够区分不同类型的会计科目，辨别总分类科目和明细分类科目

案例导入

李楠在2024年9月创办了红日加工厂（以下简称加工厂），主要业务为副食品生产加工，经过一段时间的生产经营，很快打开了产品市场。以下是9月红日加工厂的基本经营情况。

9月1日，李楠将100 000元款项打入加工厂的银行账户。

9月2日，加工厂向中国工商银行借入两个月的周转资金200 000元。

9月8日，出纳开出现金支票从银行提取现金50 000元备用。

9月9日,新建厂房交付使用,因建设该厂房所发生的支出为55 000元,厂房交付当天开出转账支票将款项支付给承建方。

9月12日,加工厂从大风公司购入原材料合计5吨,每吨5 000元,其中尚有10 000元货款未付。其余货款已付。

……

案例分析

根据以上案例,请分析以下问题:
1. 上述资料涉及哪些会计科目?
2. 思考会计科目和会计账户之间有什么关系?

知识导航

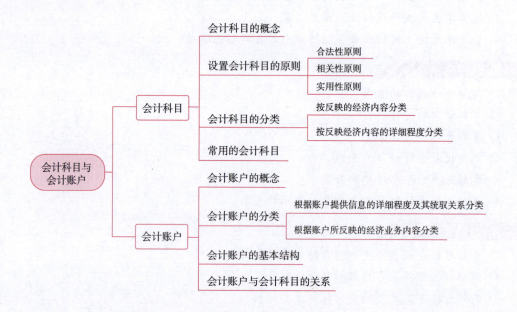

任务一 会计科目

【任务解析1】会计科目的概念

会计要素是对会计对象的基本分类,但经济活动纷繁复杂,经济活动的发生,必然引起不同会计要素,甚至同一会计要素的具体内容发生增减变化。为了全面、系统、详细地对各个会计要素的具体内容及其增减变化情况进行核算和监督,为经济决策提供更加具体的数量指标,满足信息使用者对会计信息的需要,还必须对会计要素进行细化,并采用一定的形式，对每一个会计要素所反映的具体内容做进一步分类，设置会计科目。

会计科目，简称科目，又称作账户名称，是指对会计要素的具体内容进行细化所形成的具体项目。会计科目是分类核算的最小单位，是会计核算和提供会计信息的基础。

由此可见，会计对象、会计要素和会计科目之间的关系是一种由总到分、由一般到具体的关系，三者之间的层次关系如图3-1所示。

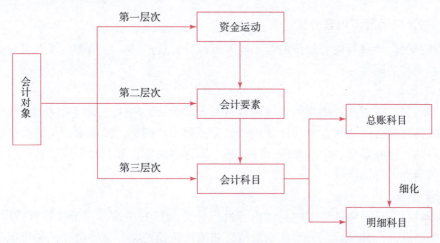

图3-1 会计对象、会计要素和会计科目之间的层次关系

【任务解析2】设置会计科目的原则

为了统一财务会计报告，增强会计信息的可比性，总分类科目是在国家统一会计制度中统一规定的，明细分类科目除国家统一会计制度规定设置的以外，企业可以根据实际需要自行设置。会计科目作为向投资者、债权人、企业经营管理者等提供会计信息的重要手段，在其设置过程中应努力做到科学、合理、适用，应遵循下列原则：

（一）合法性原则

合法性原则是指企业所设置的会计科目应当符合国家统一会计制度的规定。我国现行的统一会计制度中对企业设置的会计科目作出规定，以保证不同企业对外提供的会计信息的可比性。企业应当参照统一会计制度中规定的会计科目，根据自身的实际情况设置会计科目，但其设置的会计科目不得违反现行会计制度的规定。对于国家统一会计制度规定的会计科目，企业可以根据自身的生产经营特点，在不影响统一会计核算的要求以及对外提供统一的财务报表的前提下，自行增设、减少或合并某些会计科目。

（二）相关性原则

相关性原则是指企业所设置的会计科目应当为有关各方提供所需要的会计信息服务，满足对外报告与对内管理的要求。根据《企业会计准则》的规定，企业财务报告提供的信息必须满足对内对外各方面的需要，而设置会计科目必须服务于会计信息的提供，必须与财务报告的编制相协调、相关联。

（三）实用性原则

实用性原则是指企业所设置的会计科目应符合企业自身特点，满足企业实际需要。企业的组织形式、所处行业、经营内容及业务种类等不同，在会计科目的设置上亦应有所区别。在合法性的基础上，企业应根据自身特点，设置符合企业需要的会计科目。

【任务解析3】会计科目的分类

（一）按反映的经济内容分类

企业涉及的会计科目按其经济内容不同，可以分为资产类、负债类、所有者权益类、成本类、损益类和共同类。

1. 资产类

资产类科目，是对资产要素的具体内容进行分类核算的项目，用于核算资产增减变化，并提供相关信息的会计科目，分为流动资产、非流动资产两类。流动资产类科目包括库存现金、银行存款、应收票据、应收账款、原材料、库存商品等，非流动资产类科目包括固定资产、累计折旧、无形资产等。

2. 负债类

负债类科目，是对负债要素的具体内容进行分类核算的项目，用于核算负债增减变化，并提供相关信息的会计科目，分为流动负债、非流动负债两类。流动负债类科目包括短期借款、应付票据、应付账款、应付职工薪酬、应付利息、应交税费等，非流动负债类科目包括长期借款等。

3. 所有者权益类

所有者权益类科目，是对所有者权益要素的具体内容进行分类核算的项目，用于核算所有者权益增减变化，并提供相关信息的会计科目。所有者权益类科目包括实收资本（或股本）、资本公积、盈余公积、本年利润和利润分配等。

4. 成本类

成本类科目，是对可归属于产品生产成本、服务提供成本等的具体内容进行分类核算的项目，用于核算成本的发生和归集情况，并提供成本信息的会计科目。成本类科目包括生产成本、制造费用、劳务成本等。

5. 损益类

损益类科目，是对收入、费用，以及应计入当期损益的利得、损失等的具体内容进行分类核算的项目，用于核算当期发生的收入、费用、利得、损失，并提供一定期间损益信息的会计科目。收入类科目包括主营业务收入、其他业务收入等，费用类科目包括主营业务成本、其他业务成本、管理费用等。

6. 共同类

共同类科目，是既有资产性质又有负债性质的科目，该类科目既核算资产的增减变化，又核算负债的增减变化，并根据余额方向判断核算结果的性质。共同类科目包括清算资金往来、货币兑换、衍生工具、套期工具等。

（二）按反映经济内容的详细程度分类

会计科目按反映经济内容的详细程度，可分为总分类科目和明细分类科目。

总分类科目，又称一级科目或总账科目，它是对会计要素的具体内容进行总括分类，提供总括信息的会计科目，如应收账款、应付账款、原材料等。总分类科目反映各种经济业务的概括情况，是进行总分类核算的依据。

明细分类科目，又称明细科目，是对总分类科目做进一步分类，提供更详细和更具体会计信息的科目。如应收账款科目按债务人名称或姓名设置明细科目，反映应收账款的具体对象。对于明细科目较多的总账科目，可在总分类科目与明细分类科目之间设置二级或多级科目，二级科目（子目）和三级科目（细目）等统称为明细科目。但并不是所有的科目都有二级科目、三级科目，科目一般分到三级，并不是越多越好。

总分类科目概括地反映会计对象的具体内容，明细分类科目详细地反映会计对象的具体内容。总分类科目对明细分类科目具有统驭和控制作用，而明细分类科目是对其所属的总分类科目的补充和说明。下面以原材料为例来说明总分类科目与各级明细分类科目之间的关系，如表 3-1 所示。

表 3-1 总分类科目与各级明细分类科目之间的关系

总分类科目 （一级科目）	明细分类科目	
	二级科目（子目）	三级科目（细目）
原材料	原材料及主要材料	钢材
		铝材
	辅助材料	溶剂
		机油
应交税费	应交增值税	进项税额
		销项税额
		已交税金

【任务解析4】常用的会计科目

我国《企业会计准则——应用指南》提供了会计科目设置的指引，一般企业常用的会计科目如表 3-2 所示。

在会计科目表中，每个会计科目都有确定的号码作为顺序号，其作用在于人们了解使用会计科目的总数。会计科目的号码也是会计科目的代号，其第一位数字代表会计科目的类别："1"代表资产类，"2"代表负债类，"3"代表共同类，"4"代表所有者权益类，"5"代表成本类，"6"代表损益类。第一位数字也反映了会计要素分类的具体内容，便于企业登记账册和查阅账目。企业结合实际情况自行设置的相关会计科目，可自行确定其编号。此外，对会计科目进行编号还有利于会计数据处理的数字化。

表3-2 一般企业常用的会计科目

编号	会计科目名称	编号	会计科目名称	编号	会计科目名称
	一、资产类	1603	固定资产减值准备		四、所有者权益类
1001	库存现金	1604	在建工程	4001	实收资本
1002	银行存款	1605	工程物资	4002	资本公积
1012	其他货币资金	1606	固定资产清理	4101	盈余公积
1101	交易性金融资产	1701	无形资产	4103	本年利润
1121	应收票据	1702	累计摊销	4104	利润分配
1122	应收账款	1703	无形资产减值准备	4201	库存股
1123	预付账款	1801	长期待摊费用		五、成本类
1131	应收股利	1811	递延所得税资产	5001	生产成本
1132	应收利息	1901	待处理财产损溢	5101	制造费用
1221	其他应收款		二、负债类	5201	劳务成本
1231	坏账准备	2001	短期借款	5301	研发支出
1401	材料采购	2101	交易性金融负债		六、损益类
1402	在途物资	2201	应付票据	6001	主营业务收入
1403	原材料	2202	应付账款	6051	其他业务收入
1404	材料成本差异	2203	预收账款	6101	公允价值变动损益
1405	库存商品	2211	应付职工薪酬	6111	投资收益
1406	发出商品	2221	应交税费	6301	营业外收入
1407	商品进销差价	2231	应付股利	6401	主营业务成本
1408	委托加工物资	2232	应付利息	6402	其他业务成本
1411	周转材料	2241	其他应付款	6403	税金及附加
1471	存货跌价准备	2401	递延收益	6601	销售费用
1473	合同资产	2501	长期借款	6602	管理费用
1511	长期股权投资	2502	应付债券	6603	财务费用
1512	长期股权投资减值准备	2701	长期应付款	6701	资产减值损失
1521	投资性房地产	2702	未确认融资费用	6711	营业外支出
1531	长期应收款	2801	预计负债	6801	所得税费用
1601	固定资产	2901	递延所得税负债	6901	以前年度损益调整
1602	累计折旧		三、共同类(略)		

任务二　会计账户

【任务解析1】会计账户的概念

会计账户，简称账户，是指根据会计科目设置的，具有一定的格式和结构，用于分类反映资产、负债、所有者权益、收入、费用、利润等会计要素增减变动情况及其结果的载体。账户是用来记录会计科目所反映的经济业务的工具，以会计科目作为名称，同时又具备一定的格式，即结构；而会计科目只是对会计对象的具体内容进行分类，只有分类的名称，而没有一定的格式。

账户的作用是能分门别类地记载各项不同的经济业务，能提供日常会计核算资料和数据，并且能为编制财务报表提供依据。

【任务解析2】会计账户的分类

（一）根据账户提供信息的详细程度及其统驭关系分类

按照账户提供信息的详细程度及其统驭关系分类，可以将账户分为总分类账户和明细分类账户。

1. 总分类账户

总分类账户，又称总账账户或一级账户，简称总账，是根据总分类科目设置的，是对会计要素的具体内容进行总括反映、提供各种总括分类核算资料的账户，只使用货币计量单位反映经济业务。总分类账户可以提供概括核算资料和指标，不能提供经济活动的详细的核算资料和指标，是对其所属明细分类账户资料的综合。

2. 明细分类账户

明细分类账户，又称明细账户，简称明细账，是根据明细分类科目设置的，提供的是明细核算资料和指标，是对其总账资料的具体化和补充说明。明细分类账户不仅采用货币计量，必要时还需要采用实物计量或劳动量计量，从数量或时间上进行反映和监督，以满足管理者对会计信息的需求。明细分类账户又可以进一步分为二级明细账、三级明细账等。

3. 总分类账户与明细分类账户的关系

（1）总分类账户对明细分类账户具有统驭控制作用。总分类账户与其所辖明细分类账户的核算内容相同，都是核算同一经济业务事项，只不过核算内容的详细程度不同。总分类账户仅进行总括核算，提供总括的核算资料，是明细分类核算的综合；明细分类账户则是对经济业务事项进行详细、具体的核算，提供详细、具体的核算资料，是总分类核算的具体化。两者之间的关系是统驭和被统驭、控制和被控制关系。

（2）明细分类账户对总分类账户具有补充说明作用。总分类账户是对会计要素各项目增减变化的总括反映，提供总括的资料；而明细分类账户反映的是会计要素各项目增减变化的详细情况，提供某一具体方面的详细资料。有些明细分类账户不仅可以提供价值信息，还可以提供实物量或劳动量信息。

（3）总分类账户与其所辖明细分类账户在总金额上应当相等。总分类账户与其所辖明细分类账户是根据相同的会计凭证登记的，它们所反映的经济内容相同，因此，总金额应当相等。总分类账户余额应当等于所辖明细分类账户余额合计，总分类账户本期发生额应当等于所辖明细分类账户本期发生额合计。

（二）根据账户所反映的经济业务内容分类

按照账户核算的经济内容，账户可分为资产类账户、负债类账户、所有者权益类账户、成本类账户和损益类账户。

1. 资产类账户

资产类账户是用来核算各类资产的增减变动及结存情况的账户。资产类账户从其反映的经济业务内容上看：一是具有对所有者有用的特征，即具有为预期的未来经济利益做贡献的特征；二是具有为该企业获得利益并限制其他人取得这项利益的特征；三是具有掌握和控制该经济资源、组织经营活动的特征。

资产类账户反映的会计内容，既有货币的，又有非货币的；既有有形的，又有无形的。资产类账户具体分为流动资产类账户和非流动资产类账户。流动资产类账户反映可以在一年或超过一年的一个营业周期内变化或耗用的资产，非流动资产类账户包括反映企业的长期投资、固定资产、无形资产和其他资产等企业的财产、债权和其他权利的账户。

2. 负债类账户

负债类账户反映企业由过去的交易、事项形成的，并预期在履行时导致经济利益流出企业的现时义务。从该类账户反映的经济业务内容看：一是体现了对其经济主体按时履行偿付债务的责任或义务；二是表明清偿负债会导致企业未来经济利益的流出；三是表明这种债务履行的客观存在或正在发生。

负债类账户按其在形成时偿还期的不同可以划分为流动负债类账户和长期负债类账户。流动负债类账户反映企业将在一年或在超过一年的一个营业周期内偿还的债务，长期负债类账户反映偿还期在一年或超过一年的一个营业周期以上的负债。

3. 所有者权益类账户

所有者权益类账户反映所有者在企业资产中享有的经济利益。按其形成的方式，该类账户可分为投资人投入的资本以及企业内部产生的盈余公积和未分配利润等留存收益。反映所有者权益的账户一般划分为投入资本类账户和留存收益类账户。

4. 成本类账户

成本类账户反映企业为生产产品、提供劳务而发生的经济利益的流出。它针对一定成本计算对象（如某产品、某类产品、某批产品、某生产步骤等），表明由此发生的企业经济资源的耗费。

5. 损益类账户

损益类账户反映某一会计期间的一切经营活动和非经营活动的所有损益内容，既包括来自生产经营方面已实现的各项收入、已耗费需要在本期配比的各项成本和费用，也包括来自其他方面的业务收支以及本期发生的各项营业外收支等。

一般来说，该类账户可以划分为收入类账户和费用类账户两大类。收入类账户反映企业在销售商品、提供劳务及让渡资产使用权等日常活动中所形成的经济利益的流入，费用类账户反映企业为销售商品、提供劳务及日常活动所发生的经济利益的流出。

有些账户还设有备抵账户。备抵账户，又称抵减账户，是指用来抵减被调整账户余额，以确定被调整账户实有数额而设置的独立账户。例如，资产类账户中的"累计折旧"账户是"固定资产"账户的备抵账户，"累计摊销"账户是"无形资产"账户的备抵账户。虽然"累计折旧""累计摊销"账户均属于资产类账户，但它们所反映的是相关资产价值减少，提供有关资产价值减少情况的会计信息。

账户的分类如图3-2所示。

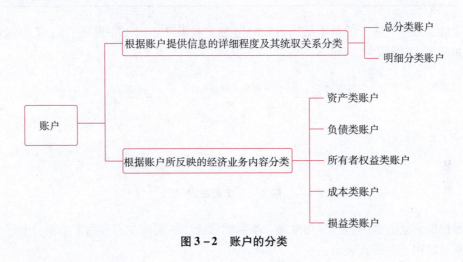

图3-2 账户的分类

【任务解析3】 会计账户的基本结构

会计账户的基本结构是指账户用来记录交易或者事项时所必备的具体格式，为了在账户中系统、连续地记录经济业务所引起的各项会计要素增减变动的情况和结果，账户要有一定的结构。

由于会计要素具体类别的内容的变动总是以"增加""减少"的形式表现出来的，因此，账户在结构上分为两个方面，即为左方、右方两个方向，一方登记增加，另一方登记减少，至于哪一方登记增加，哪一方登记减少，取决于所记录的交易或事项和账户的性质。

为了完整地反映经济业务内容，账户的基本结构应包括以下内容：

(1) 账户名称（即会计科目）；
(2) 日期（记录经济业务发生的时间）；
(3) 凭证编号（说明账户记录的依据）；
(4) 摘要（概括说明经济业务的内容）；
(5) 增加和减少的金额；
(6) 余额（资金变动的结果）。

账户的一般格式如表3-3所示。

表3-3 账户的一般格式（科目名称）

202×年		凭证	摘要	借方余额	贷方余额	借或贷	余额
月	日						

在会计实务中，账户的基本结构通常简化为T形账户（或丁字形账户），T形账户的基本结构如图3-3所示。

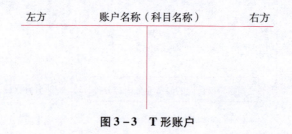

图3-3 T形账户

在账户中记录的金额包括期初余额、本期增加额、本期减少额和期末余额。上述4项金额的关系可以用下列等式表示：

$$期末余额 = 期初余额 + 本期增加发生额 - 本期减少发生额$$

本期增加发生额和本期减少发生额是记在账户左方还是右方、账户的余额反映在左方还是右方，取决于账户的性质和类型。由于使用的记账方法不同，因此账户左方、右方反映的内容也不相同。

【任务解析4】会计账户与会计科目的关系

会计账户与会计科目是两个既相互联系又相互区别的概念，具体表现在以下两个方面：

（1）会计账户与会计科目是相互联系的。会计科目和会计账户反映的会计要素的具体内容是相同的，两者口径一致，性质相同，都是对会计要素具体内容的分类。会计科目是会计账户的名称，也是设置会计账户的依据。会计账户是根据会计科目设置的，是会计科目的具体运用。会计科目的性质决定了会计账户的性质。

（2）会计账户与会计科目是相互区别的。会计科目仅仅是会计账户的名称，不存在结构，而会计账户则具有一定的格式和结构。会计科目仅说明反映的经济内容是什么，而会计账户不仅说明反映的经济内容是什么，而且能够系统地反映和监督其增减变化及结余情况。会计科目的作用主要是设置会计账户、填制会计凭证，而会计账户的作用主要是提供某一具体会计对象的会计资料，为编制财务报表提供依据。

【拓展阅读】

存货是会计科目吗

总分类会计科目一般如何处置

【项目化集中训练】

一、单项选择题

1. 会计科目是对（　　）的具体内容进行分类核算的项目。
   A. 经济业务　　B. 会计主体　　C. 会计对象　　D. 会计要素
2. 会计科目和会计账户之间的联系是（　　）。
   A. 互不相关　　B. 内容相同　　C. 结构相同　　D. 格式相同
3. 企业在不违背会计科目使用原则的基础上，根据企业的实际情况，设置本企业特有的会计科目。这种做法符合设置会计科目的（　　）。
   A. 合法性原则　　B. 相关性原则　　C. 实用性原则　　D. 可靠性原则
4. 会计科目按其所提供信息的详细程度及其统驭关系不同，分为（　　）和明细分类科目。
   A. 二级明细科目　　　　　　　　B. 总分类科目
   C. 三级明细科目　　　　　　　　D. 特殊明细科目
5. 关于会计账户的设置，下列说法中正确的是（　　）。
   A. 账户的设置以会计科目为依据，并服从于会计报表对会计信息的要求
   B. 账户的设置以会计报表为依据，并服从于会计报表对总账和明细账的要求
   C. 账户的设置以会计主体为依据，并服从于会计主体对会计信息的要求
   D. 账户的设置以会计假设为依据，并服从于会计核算对货币计量的要求
6. （　　）是指所设置的会计科目应为有关各方提供所需要的会计信息服务，满足对外报告与对内管理的要求。
   A. 合法性原则　　B. 合理性原则　　C. 相关性原则　　D. 实用性原则
7. 下列各项中，不属于资产类科目的是（　　）。
   A. 预付账款　　B. 无形资产　　C. 应收账款　　D. 预收账款
8. 会计账户的四个金额要素是（　　）。
   A. 期末余额、本期发生额、期初余额、本期余额
   B. 期初余额、本期增加发生额、本期减少发生额、期末余额
   C. 期初余额、期末余额、本期借方增加额、本期借方减少额
   D. 期初余额、本期增加发生额、本期减少发生额、本期发生额

9. 损益类账户期末余额一般（　　）。
   A. 在借方　　　　B. 在贷方　　　　C. 无法确定方向　　　D. 为零
10. 会计科目与会计账户的本质区别在于（　　）。
   A. 反映的经济内容不同　　　　　　B. 记录资产和权益的内容不同
   C. 记录资产和权益的方法不同　　　D. 会计账户有结构，而会计科目无结构

二、多项选择题

1. 下列关于会计科目与会计账户关系的表述，正确的有（　　）。
   A. 会计科目是会计账户设置的依据
   B. 会计账户是会计科目的具体运用
   C. 两者口径一致，性质相同
   D. 会计科目存在结构，会计账户则没有结构
2. 下列各项说法中正确的有（　　）。
   A. 会计对象抽象概括为企业的资金运动　　B. 会计要素是会计对象的基本内容
   C. 会计要素是对会计对象的基本分类　　　D. 会计科目是对会计要素做的进一步分类
3. 会计科目按其归属的会计要素分为（　　）。
   A. 资产类科目　　　　　　　　　　B. 负债类科目
   C. 所有者权益类科目　　　　　　　D. 成本类科目
4. 资产类科目按资产的流动性分为反映（　　）的科目。
   A. 流动资产　　　B. 固定资产　　　C. 非流动资产　　　D. 无形资产
5. 常用的损益类科目包括（　　）。
   A. 主营业务收入、主营业务成本、税金及附加
   B. 其他业务收入、其他业务成本
   C. 销售费用、管理费用、财务费用
   D. 营业外收入、营业外支出
6. 下列描述中，正确的有（　　）。
   A. 总分类科目对明细分类科目具有统驭和控制作用
   B. 总分类科目和明细分类科目都是财政部统一制定的
   C. 总分类科目提供的是总括信息
   D. 明细分类科目提供的是详细信息
7. 下列会计科目中，期末结转后一般应无余额的有（　　）。
   A. 销售费用　　　　　　　　　　B. 生产成本
   C. 投资收益　　　　　　　　　　D. 其他应付款
8. 根据账户所反映的经济内容，可将其分为（　　）五类。
   A. 资产类账户　　　　　　　　　B. 负债类账户、所有者权益类账户
   C. 成本类账户、损益类账户　　　D. 收入类账户、费用类账户
9. 账户的基本结构一般应包括（　　）。
   A. 账户名称（即会计科目）　　　B. 凭证日期和摘要
   C. 增加和减少的金额及余额　　　D. 凭证号数

10. 会计账户与会计科目的联系包括（　　）。
A. 会计科目与会计账户都是对会计对象具体内容的科学分类，两者口径一致，性质相同
B. 会计科目是会计账户的名称，也是设置会计账户的依据
C. 会计账户是根据会计科目开设的，是会计科目的具体运用
D. 没有会计科目，会计账户便失去了设置的依据；没有会计账户，会计科目就无法发挥作用

三、判断题

1. 账户是根据会计要素设置的，具有一定的格式和结构。（　　）
2. 与会计科目的分类相对应，账户也分为总分类账户和明细分类账户。（　　）
3. 明细分类科目就是二级科目。（　　）
4. 对于明细分类科目较多的会计科目，可在总分类科目下设置二级或多级明细分类科目。（　　）
5. 为了适应企业管理精细化的要求，每一个总账科目下都应设置明细科目。（　　）
6. 会计科目是对会计要素做进一步分类形成的项目，是会计要素的具体化。（　　）
7. 企业应以经济活动为基础，结合经营管理的需要，科学、合理地设置会计科目。（　　）
8. 账户的功能在于连续、系统、完整地提供企业经济活动中各会计要素增减变动及其结果的具体信息。（　　）
9. 账户的基本结构包括反映会计要素增加额、减少额和余额三个部分。（　　）
10. 总分类账户提供的是总括的会计信息，明细分类账户提供的是详细的会计信息，但它们的核算内容是一致的。（　　）

四、实务处理

诚景公司是一家制造业企业，9月份发生如下经济业务：
（1）存放在出纳处的现金1 000元；
（2）向银行借入3个月期限的临时借款1 000 000元；
（3）仓库中存放的生产用材料760 000元；
（4）仓库中存放的已完工产品120 000元；
（5）房屋及建筑物5 000 000元；
（6）所有者投入的资本5 000 000元；
（7）应收外单位的货款300 000元；
（8）应付给外单位的材料款250 000元；
（9）以前年度积累的未分配利润600 000元；
（10）对外长期投资1 000 000元；
（11）收到债务人签发的商业汇票4 000元；
（12）购入机器一台，价款100 000元。
要求：根据以上资料，判断其该记入哪个会计科目。

【参考答案】

项目四

会计记账方法

素养目标

◇ 培养学生严谨细致的工作作风
◇ 提升学生的自主学习能力和创新能力
◇ 培养学生的团队协作能力

知识目标

◇ 理解复式记账的概念及特点
◇ 掌握借贷记账法的基本内容

能力目标

◇ 能够熟练运用借贷记账法记录经济业务
◇ 能够规范编制会计分录
◇ 能够正确编制试算平衡表

案例导入

李新是会计专业一年级学生，性格开朗，待人热忱，被推选为班长，班费由他亲自掌管。为完整记录班费的收支情况，李新准备了一个新笔记本，详细记录了每一笔收支，并定期将记录情况向班级公布，接受大家监督。

202×年，李新的收支记录如下：

202×年9月10日，收到班费1 000元，结余1 000元；202×年9月15日，购买布置教室材料200元，结余800元；202×年9月20日，收到班费2 000元，结余2 800元；

202×年9月21日，联欢会购买瓜子、水果，租演出服装等，共支出1 500元，结余1 300元；

……

从上述记录看，李新记的是流水账，单方面反映现金的收支情况，没有分类反映班费的用途。这对简单的班费管理而言已经足够了，但是如果对复杂的经济业务也采用这种流水账，那就不行了。就收入而言，我们不仅要记录收到多少钱，还要记录这笔钱是从哪里来的；对支出而言，不仅要记录花了多少钱，还要记录这笔钱花到哪里去了。每项经济业务的记录都要完整地、系统地反映其来龙去脉。

如何才能实现这一目标呢？这就必须借助专门的会计核算方法——账户设置与复式记账。也只有借助这些专门方法，才能将复杂的经济业务记录清楚。

案例分析

根据以上案例，请分析以下问题：
1. 单式记账法和复式记账法的区别？
2. 如何正确地使用借贷记账法？

知识导航

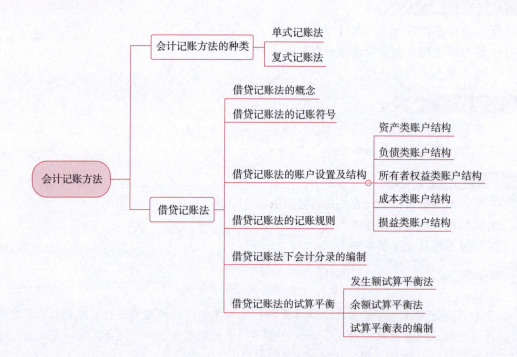

任务一　会计记账方法的种类

记账方法，是指在账户中登记经济业务事项的方法。按照记录经济业务事项的方式不同，记账方法分为单式记账法和复式记账法。

【任务解析1】单式记账法

单式记账法，是指对发生的每一项经济业务事项，只在一个账户中进行登记的记账方法。通常单式记账法只登记现金和银行存款的收付金额以及债权债务的结算金额，不登记实物的收发金额。例如，以银行存款购买原材料，一般只在"银行存款"账户中记录银行存款的减少，而对原材料的增加，则不在相关账户中记录。因此，采用单式记账法，手续简便，但账户设置不完整，各账户之间没有直接的联系，不能全面地反映经济活动的增减变动情况，不便于检查账户记录的正确性和完整性。

【任务解析2】复式记账法

复式记账法，是指对发生的每一项经济业务事项，都以相等的金额，在相关联的两个或两个以上账户中进行记录的记账方法。例如，上述以银行存款购买原材料的业务，若采用复式记账法，则应以相等的金额，一方面在"银行存款"账户中记录银行存款的减少，另一方面在"原材料"账户中记录原材料的增加。

复式记账法是一种以"资产=负债+所有者权益"为依据建立的记账方法，具有以下特点：

（1）对每一项经济业务，都在两个或两个以上相互关联的账户中记录。这样，在将全部经济业务都相互联系地记入各有关账户之后，不仅可以全面、系统地反映经济活动过程和经营成果，而且能够全面、清晰地反映经济业务的来龙去脉。

（2）每项经济业务发生后，都是以相等的金额在有关账户中记录，因而便于核对账户记录，进行试算平衡，以检查账户记录是否正确。

根据记账符号不同，复式记账法可分为借贷记账法、增减记账法和收付记账法等。各种复式记账法的根本区别在于记账符号不同，如借贷记账法是以"借""贷"为记账符号。我国《企业会计准则——基本准则》明确规定，企业应当采用借贷记账法记账。

任务二 借贷记账法

【任务解析1】借贷记账法的概念

借贷记账法，是指以"借""贷"为记账符号，以会计等式为理论依据，对每一项经济业务都在两个或两个以上账户中，以相等的金额全面地、相互联系地记录的一种复式记账法。

【任务解析2】借贷记账法的记账符号

借贷记账法以"借""贷"为记账符号，反映各项会计要素的增减变动情况。"借"和"贷"仅作为记账符号使用，用以标明记账的方向。借贷记账法的具体记账方向如图4-1所示。

借方	账户名称（科目名称）	贷方
资产的增加		资产的减少
负债的减少		负债的增加
所有者权益的减少		所有者权益的增加
收入、利润的减少		收入、利润的增加
成本、费用的增加		成本、费用的减少

图4-1 借贷记账法的记账方向

资产、成本、费用的增加用"借"表示，减少用"贷"表示；负债、所有者权益、收入、利润的增加用"贷"表示，减少用"借"表示。

【任务解析3】借贷记账法的账户设置及结构

在借贷记账法下，账户的基本结构是："T"形账户的左方为借方，右方为贷方。但账户性质不同，其登记会计要素增加额和减少额的方向亦不同，因而呈现出不同的账户结构。

借贷记账法下
账户的结构

（一）资产类账户结构

在资产类账户中，资产增加时登记在账户的借方，减少时登记在账户的贷方，期初余额和期末余额均在借方。资产类账户的具体结构如图4-2所示。

借方	资产类账户	贷方
期初余额 本期增加额		本期减少额
本期增加额合计		本期减少额合计
期末余额		

图4-2 资产类账户结构

资产类账户期末余额的计算公式如下：

借方期末余额 = 借方期初余额 + 借方本期发生额 - 贷方本期发生额

（二）负债类账户结构

在负债类账户中，负债增加时登记在账户的贷方，减少时登记在账户的借方，期初余额和期末余额均在贷方。负债类账户的具体结构如图4-3所示。

借方	负债类账户	贷方
		期初余额 本期增加额
本期减少额		
本期减少额合计		本期增加额合计
		期末余额

图4-3 负债类账户结构

负债类账户期末余额的计算公式如下：

贷方期末余额 = 贷方期初余额 + 贷方本期发生额 - 借方本期发生额

（三）所有者权益类账户结构

在所有者权益类账户中，所有者权益增加时登记在账户的贷方，减少时登记在账户的借方，期初余额和期末余额均在贷方。所有者权益类账户的具体结构如图4-4所示。

所有者权益类账户期末余额的计算公式如下：

贷方期末余额 = 贷方期初余额 + 贷方本期发生额 - 借方本期发生额

借方	所有者权益类账户	贷方
本期减少额		期初余额 本期增加额
本期减少额合计		本期增加额合计
		期末余额

图 4-4　所有者权益类账户结构

（四）成本类账户结构

在成本类账户中，发生的各项成本即成本的增加额登记在账户的借方，完工结转的成本即成本的减少额，登记在账户的贷方，期初余额和期末余额均在借方。成本类账户的具体结构如图 4-5 所示。

借方	成本类账户	贷方
期初余额 本期增加额		本期减少额
本期增加额合计 期末余额		本期减少额合计

图 4-5　成本类账户结构

成本类账户期末余额的计算公式如下：

$$借方期末余额 = 借方期初余额 + 借方本期发生额 - 贷方本期发生额$$

（五）损益类账户结构

损益类账户包括收入类和费用（或支出、成本）类账户，用于反映会计主体在某一会计期间发生的收入和费用（或支出、成本）情况。

1. 收入类账户

在收入类账户中，收入增加时登记在账户的贷方，减少时登记在账户的借方，期末应将账户贷方与借方的差额转入所有者权益类"本年利润"账户的借方，结转后无余额。收入类账户的具体结构如图 4-6 所示。

借方	收入类账户	贷方
本期减少额 期末转销额		本期增加额
本期减少额合计		本期增加额合计

图 4-6　收入类账户结构

2. 费用类账户

在费用类账户中，费用增加时登记在账户的借方，减少时登记在账户的贷方，期末应将账户借方与贷方的差额转入所有者权益类"本年利润"账户的贷方，结转后无余额。费用类账户的具体结构如图 4-7 所示。

图 4-7　费用类账户结构

【任务解析 4】借贷记账法的记账规则

借贷记账法的记账规则是：有借必有贷，借贷必相等。企业发生的每一项经济业务，都要在两个或两个以上相互关联的账户中记录，且借方和贷方要以相等的金额登记。也就是说，对每一项经济业务，如果登记到一个账户的借方，必须同时以相等的金额登记到另一个或几个账户的贷方；如果登记到一个账户的贷方，必须同时以相等的金额登记到另一个或几个账户的借方。这种在有关账户之间形成的应借、应贷的相互关系，称为账户对应关系，发生对应关系的账户称为对应账户。

在运用借贷记账法的记账规则登记经济业务时，一般按照以下步骤进行。

（1）分析发生的经济业务涉及哪些账户，并判断账户的性质。

（2）分析判断账户中涉及的金额是增加还是减少。

（3）根据账户结构确定记账方向，即确定是记入该账户的借方还是贷方。

【任务示例 4-1】 诚景公司收到投资者投入现金 60 000 元存入银行。

此项经济业务一方面使资产类中的"银行存款"账户增加了 60 000 元，记入该账户的借方；另一方面使权益类中的"实收资本"账户增加了 60 000 元，记入该账户的贷方。借贷金额相等，如图 4-8 所示。

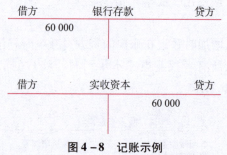

图 4-8　记账示例

【任务示例 4-2】 诚景公司用银行存款偿还应付账款 80 000 元。

此项经济业务一方面使资产类中的"银行存款"账户减少了 80 000 元，记入该账户的贷方；另一方面使权益类中的"应付账款"账户减少了 80 000 元，记入该账户的借方。借贷金额相等，如图 4-9 所示。

【任务示例 4-3】 诚景公司使用银行存款 50 000 元购买固定资产。

此项经济业务一方面使资产类中的"银行存款"账户减少了 50 000 元，记入该账户的贷方；另一方面使资产类中的"固定资产"账户增加了 50 000 元，记入该账户的借方。借贷金额相等，资产总额不变，如图 4-10 所示。

图 4-9 记账示例

图 4-10 记账示例

【任务示例 4-4】诚景公司按当年实现净利润的 10% 计提法定盈余公积,金额为 6 000 元。

此项经济业务使权益类中的"盈余公积"账户增加了 6 000 元,记入该账户的贷方;另一方面使权益类中的"利润分配"账户减少了 6 000 元,记入该账户的借方。借贷金额相等,权益总额不变,如图 4-11 所示。

图 4-11 记账示例

上述经济业务中,只涉及了两个相互联系的账户,但复杂的经济业务需要在一个账户的借方和几个账户的贷方登记,或是一个账户的贷方和几个账户的借方登记,出现"一借多贷"或"多借一贷"的情况,但它们仍旧遵循记账规则,借贷双方的金额也必须相等。

【任务示例 4-5】诚景公司购入一批原材料,价款 10 000 元,以银行存款支付 4 000 元,余款尚未支付,原材料已验收入库。

此项经济业务的发生同时涉及"原材料""银行存款"和"应付账款"三个账户,资产类中的"原材料"账户增加了 10 000 元,记入该账户的借方;资产类中"银行存款"账户减少了 4 000 元,记入该账户的贷方;负债类中"应付账款"账户增加了 6 000 元,记入该账户的贷方。借贷双方金额相等，如图4-12所示。

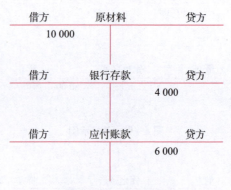

图4-12 记账示例

【任务示例4-6】 诚景公司接受A公司投资80 000元，其中，投资转入新设备一台，价值60 000元，设备已收到并达到预定可使用状态，投入人民币20 000元，该款项已存入银行。

此项经济业务的发生同时涉及"银行存款""实收资本"和"固定资产"三个账户，资产类中的"银行存款"账户增加了20 000元，记入该账户的借方，"固定资产"账户增加了60 000元，记入该账户的借方；权益类中的"实收资本"账户增加了80 000元，记入该账户的贷方。借贷双方金额相等，如图4-13所示。

图4-13 记账示例

【任务解析5】借贷记账法下会计分录的编制

运用借贷记账法记账时，在有关账户之间会形成一种应借、应贷的对应关系，这种关系称为账户对应关系，存在账户对应关系的账户称为对应账户。为了保证账户对应关系的正确性，会计人员应先根据经济业务事项涉及的账户及其借贷方向和金额编制会计分录。会计分录，指反映某一经济业务事项应借、应贷账户及其金额的记录，简称分录。一笔会计分录包括记账符号、会计科目和金额三个要素。

借贷记账法下
会计分录的编制

(一)绘制会计分录的步骤

在会计实务中,会计分录应编制在记账凭证上,编制会计分录,应按以下步骤进行:

(1)判断经济业务涉及的账户类型,是资产类还是负债类、所有者权益类,是收入类还是成本类、费用类。
(2)确定经济业务涉及哪些会计科目。
(3)根据账户性质和增减变动情况,确定会计科目的借贷方向。
(4)编制会计分录并检查是否符合记账规则。

(二)编制会计分录时必须按规范的格式要求书写

(1)会计分录中每个会计科目占一行,不可一行书写多个会计科目。
(2)会计分录中的借方内容写在上面,贷方内容写在下面,不可先贷后借。
(3)会计分录中的贷方内容应缩进一个或两个字书写,不要与借方内容齐头写,更不能将贷方内容写在借方的前面。
(4)会计分录中的金额后面不必写"元"字。

依据本项目【任务示例4-1】至【任务示例4-6】的经济业务,编制会计分录。

【任务示例4-7】承接【任务示例4-1】【任务示例4-2】【任务示例4-3】【任务示例4-4】,编制会计分录如下:

(1)借:银行存款　　　　　　　　　　　　　　　　　　60 000
　　　贷:实收资本　　　　　　　　　　　　　　　　　　60 000
(2)借:应付账款　　　　　　　　　　　　　　　　　　80 000
　　　贷:银行存款　　　　　　　　　　　　　　　　　　80 000
(3)借:固定资产　　　　　　　　　　　　　　　　　　50 000
　　　贷:银行存款　　　　　　　　　　　　　　　　　　50 000
(4)借:利润分配　　　　　　　　　　　　　　　　　　6 000
　　　贷:盈余公积　　　　　　　　　　　　　　　　　　6 000

【任务示例4-8】承接【任务示例4-5】【任务示例4-6】,编制会计分录如下:

(1)借:原材料　　　　　　　　　　　　　　　　　　10 000
　　　贷:银行存款　　　　　　　　　　　　　　　　　　4 000
　　　　　应付账款　　　　　　　　　　　　　　　　　　6 000
(2)借:银行存款　　　　　　　　　　　　　　　　　　20 000
　　　　固定资产　　　　　　　　　　　　　　　　　　60 000
　　　贷:实收资本　　　　　　　　　　　　　　　　　　80 000

会计分录一般分为简单会计分录和复合会计分录两种。简单会计分录,是指一个账户借方同另一个账户贷方发生对应关系的会计分录,即一借一贷的会计分录,如【任务示例4-7】;复合会计分录,是指由两个以上(不含两个)对应账户组成的会计分录,即一借多贷、多借一贷和多借多贷的会计分录,如【任务示例4-8】。一笔复合会计分录可以分解为若干个简单会计分录,若干个简单会计分录也可以合并为一个复合会计分录,但是为了明晰账户对应关系,不宜将不同性质、不同类型的经济业务合并在一起,编制多借多贷的会计分录。

【任务解析6】借贷记账法的试算平衡

试算平衡,是指根据资产与权益的平衡关系及借贷记账法的记账规则,通过对所有账户的发生额和余额的汇总计算和比较,来检查记录是否正确的一种方法。试算平衡包括发生额试算平衡法和余额试算平衡法。

(一)发生额试算平衡法

由于对每项经济业务都按照"有借必有贷,借贷必相等"的记账规则进行记录,因此将一定时期(如一个月)的全部经济业务登记入账后,所有账户的借方发生额合计与贷方发生额合计也就必然相等。这种平衡关系以公式表示如下:

全部账户本期借方发生额合计=全部账户本期贷方发生额合计

(二)余额试算平衡法

在借贷记账法下,资产类账户的余额通常在借方,全部资产类账户余额合计即为特定日期的资产总额;负债和所有者权益类账户的余额通常在贷方,全部负债和所有者权益类账户余额合计即为特定日期负债和所有者权益总额。根据"资产=负债+所有者权益"的恒等关系,即可得出下列平衡关系:

全部账户的借方余额合计=全部账户的贷方余额合计

因为账户余额包括期初余额和期末余额,本期期末余额即为下期期初余额,所以上述平衡关系又可以进一步分解为:

全部账户期末借方余额合计=全部账户期末贷方余额合计
全部账户期初借方余额合计=全部账户期初贷方余额合计

试算平衡通常是通过编制试算平衡表进行的,试算平衡表的格式如表4-1所示。

表4-1 试算平衡表

年 月 日 元

会计科目	期初余额		本期发生额		期末余额	
	借方	贷方	借方	贷方	借方	贷方
合计						

(三)试算平衡表的编制

【任务示例4-9】202×年10月1日,诚景公司期初各账户余额如表4-2所示。

表 4-2 期初余额表

202×年10月1日　　　　　　　　　　　　　　　　　　　　　　　　　　元

会计科目	借方余额	会计科目	贷方余额
库存现金	10 000	短期借款	130 000
银行存款	160 000	应付票据	120 000
原材料	200 000	应付账款	100 000
固定资产	11 000 000	实收资本	11 020 000
合计	11 370 000	合计	11 370 000

202×年10月，诚景公司发生的经济业务如下：

(1) 收到投资者按投资合同交来的投资款 420 000 元，已存入银行。
(2) 向银行借入期限为 3 个月的借款 600 000 元存入银行。
(3) 从银行提取现金 8 000 元备用。
(4) 购买材料一批，价款 60 000 元（不考虑增值税），材料已验收入库，货款尚未支付。
(5) 签发 3 个月到期的商业汇票 50 000 元，抵付上月所欠货款。
(6) 用银行存款 100 000 元偿还前欠的短期借款。
(7) 用银行存款 300 000 元购买不需安装的机器设备一台（不考虑增值税），设备已交付使用。
(8) 购买材料一批，价款 40 000 元（不考虑增值税），其中用银行存款支付 30 000 元，其余货款暂欠，材料已验收入库。
(9) 以银行存款偿还短期借款 100 000 元，偿还应付账款 60 000 元。

根据上述资料编制会计分录如下：

(1) 借：银行存款　　　　　　　　　　　　　　　　　420 000
　　　贷：实收资本　　　　　　　　　　　　　　　　　　420 000
(2) 借：银行存款　　　　　　　　　　　　　　　　　600 000
　　　贷：短期借款　　　　　　　　　　　　　　　　　　600 000
(3) 借：库存现金　　　　　　　　　　　　　　　　　　8 000
　　　贷：银行存款　　　　　　　　　　　　　　　　　　　8 000
(4) 借：原材料　　　　　　　　　　　　　　　　　　60 000
　　　贷：应付账款　　　　　　　　　　　　　　　　　　60 000
(5) 借：应付账款　　　　　　　　　　　　　　　　　50 000
　　　贷：应付票据　　　　　　　　　　　　　　　　　　50 000
(6) 借：短期借款　　　　　　　　　　　　　　　　　100 000
　　　贷：银行存款　　　　　　　　　　　　　　　　　　100 000
(7) 借：固定资产　　　　　　　　　　　　　　　　　300 000
　　　贷：银行存款　　　　　　　　　　　　　　　　　　300 000
(8) 借：原材料　　　　　　　　　　　　　　　　　　40 000

　　　　贷：银行存款　　　　　　　　　　　　　　　　　　　　30 000
　　　　　　应付账款　　　　　　　　　　　　　　　　　　　　10 000
（9）借：短期借款　　　　　　　　　　　　　　　　　　　　100 000
　　　　　应付账款　　　　　　　　　　　　　　　　　　　　 60 000
　　　　贷：银行存款　　　　　　　　　　　　　　　　　　　160 000

　　根据上述经济业务登记 T 形账户，期末结算出本期发生额合计及期末余额，如图 4-14 所示。

借方	银行存款		贷方
期初余额	160 000	（3）	8 000
（1）	420 000	（6）	100 000
（2）	600 000	（7）	300 000
		（8）	30 000
		（9）	160 000
本期发生额合计	1 020 000	本期发生额合计	598 000
期末余额	582 000		

(a)

借方	实收资本		贷方
		期初余额	11 020 000
		（4）	420 000
本期发生额合计	0	本期发生额合计	420 000
		期末余额	11 440 000

(b)

借方	短期借款		贷方
（6）	100 000	期初余额	130 000
（9）	100 000	（2）	600 000
本期发生额合计	200 000	本期发生额合计	600 000
		期末余额	530 000

(c)

借方	库存现金		贷方
期初余额	10 000		
（3）	8 000		
本期发生额合计	8 000	本期发生额合计	0
期末余额	18 000		

(d)

借方	原材料		贷方
期初余额	20 000		
（4）	60 000		
（8）	60 000		
本期发生额合计	100 000	本期发生额合计	0
期末余额	300 000		

(e)

图 4-14　记账示例

借方	应付账款		贷方
（5）50 000		期初余额	100 000
（9）60 000		（4）	60 000
		（8）	10 000
本期发生额合计 110 000		本期发生额合计	70 000
		期末余额	60 000

（f）

借方	应付票据		贷方
		期初余额	120 000
		（5）	50 000
本期发生额合计 0		本期发生额合计	50 000
		期末余额	170 000

（g）

借方	固定资产		贷方
期初余额 11 000 000			
（7）300 000			
本期发生额合计 300 000		本期发生额合计	0
期末余额 11 300 000			

（h）

图 4-14 记账示例（续）

根据各账户的期初余额、本期发生额和期末余额编制试算平衡表，并进行试算平衡，如表 4-3 所示。

表 4-3 试算平衡表

202×年10月31日 元

会计科目	期初余额		本期发生额		期末余额	
	借方	贷方	借方	贷方	借方	贷方
库存现金	10 000		8 000		18 000	
银行存款	160 000		1 020 000	598 000	582 000	
原材料	200 000		100 000		300 000	
固定资产	11 000 000		300 000		11 300 000	
短期借款		130 000	200 000	600 000		530 000
应付票据		120 000		50 000		170 000
应付账款		100 000	110 000	70 000		60 000
实收资本		11 020 000		420 000		11 440 000
合计	11 370 000	11 370 000	1 738 000	1 738 000	12 200 000	12 200 000

在表 4-3 中，借贷双方的本期发生额和期末余额相等，可以判定诚景公司 10 月的账户记录是正确的。

在编制试算平衡表时，应注意以下几点：

（1）必须保证所有账户的余额均已计入试算平衡表。因为会计等式是对六项会计要素整体而言的，缺少任何一个账户的余额，都会造成期初或期末借方余额合计与贷方余额合计不相等。

（2）如果试算平衡表借贷不相等，肯定账户记录有错误，应认真查找，直到实现平衡为止。

（3）即便实现了有关三栏的平衡关系，也不能说明账户记录绝对正确，下列错误并不会影响借贷双方的平衡关系：

①漏记某项经济业务，将使本期借贷双方的发生额等额减少，借贷仍然平衡；

②重记某项经济业务，将使本期借贷双方的发生额等额增加，借贷仍然平衡；

③某项经济业务记错有关账户，借贷仍然平衡；

④某项经济业务在账户记录中，颠倒了记账方向，借贷仍然平衡；

⑤借方或贷方发生额中，偶然发生多记或少记并相互抵消，借贷仍然平衡等。

【拓展阅读】

什么情况下会导致试算平衡表不平衡

我国会计记账方法的演进

【项目化集中训练】

一、单项选择题

1. 复式记账法是以（　　）作为记账基础，对发生的每一项经济业务，都以相等的金额在相互关联的两个或两个以上账户中进行记录的一种记账方法。

A. 资产与权益平衡关系　　　　B. 设置会计科目
C. 设置账户　　　　　　　　　D. 编制记账凭证

2. 我国目前采用的记账方法是（　　）。

A. 收付记账法　　　　　　　　B. 复式记账法
C. 增减记账法　　　　　　　　D. 单式记账法

3. 在借贷记账法下，资产类账户的借方登记（　　）。

A. 资产的减少额　　　　　　　B. 负债的增加额
C. 资产的增加额　　　　　　　D. 所有者权益的减少额

4. 某企业"原材料"账户期初余额为 80 000 元，本期购入原材料 160 000 元，本期发出原材料 200 000 元，则该账户的期末余额是（　　）元。

A. 40 000　　　B. 120 000　　　C. 160 000　　　D. 280 000

5. 某企业"应付账款"账户期初余额为 200 000 元，本期贷方发生额为 480 000 元，本期借方发生额为 500 000 元，则该账户的期末余额是（　　）元。
   A. 20 000　　　　　B. 220 000　　　　C. 780 000　　　　D. 180 000
6. 某企业"生产成本"账户期初余额为 50 000 元，本期借方发生额为 500 000 元，本期贷方发生额为 420 000 元，则该账户的期末余额是（　　）元。
   A. 50 000　　　　　B. 80 000　　　　　C. 130 000　　　　D. 30 000
7. 下列关于会计分录的描述，正确的是（　　）。
   A. 会计分录是账簿的组成部分
   B. 会计分录只涉及一个会计科目
   C. 会计分录是标明应借、应贷科目名称及其金额的记录
   D. 会计分录可以随意编制
8. （　　）就是标明某项经济业务应借、应贷账户名称及其金额的一种记录。
   A. 对应关系　　　B. 对应账户　　　C. 会计账簿　　　D. 会计分录
9. 借贷记账法下发生额试算平衡的直接依据是（　　）。
   A. 经营成果等式　　　　　　　　B. 财务状况等式
   C. 账户结构　　　　　　　　　　D. 有借必有贷，借贷必相等
10. 下列各项中，可以通过编制试算平衡表发现的记账错误是（　　）。
    A. 颠倒了记账方向
    B. 漏记了某项经济业务
    C. 错误地使用了应借记的会计科目
    D. 只登记了会计分录的借方或贷方，漏记了另一方

二、多项选择题

1. 单式记账法一般只登记（　　）。
   A. 现金收付金额　　　　　　　　B. 银行存款收付金额
   C. 债权债务结算金额　　　　　　D. 实物收付金额
2. 下列关于复式记账法的特点，表述正确的有（　　）。
   A. 对于每一项经济业务，都要在两个或两个以上相互关联的账户中进行记录
   B. 通过账户记录可以了解经济业务的来龙去脉
   C. 通过会计要素的增减变动情况，可以全面、系统地反映经济活动的过程和结果
   D. 以相等的金额在有关账户中进行记录，因而可以据以进行试算平衡，以检查账户记录是否正确
3. 复式记账法按记账符号的不同可分为（　　）。
   A. 借贷记账法　　B. 增减记账法　　C. 收付记账法　　D. 单式记账法
4. 下列关于借贷记账法的表述，正确的有（　　）。
   A. 以"借""贷"作为记账符号的一种复式记账方法
   B. 建立在"资产＝负债＋所有者权益"会计等式的基础上
   C. 以"有借必有贷，借贷必相等"作为记账规则
   D. 对每一笔经济业务在两个或两个以上相互联系的账户中以相反的方向、相等的金额

全面地进行记录

5. 下列属于借贷记账法特点的有（　　）。
   A. 以"借""贷"为记账符号
   B. 记账方向取决于账户的性质和结构（根据账户所反映经济业务内容的性质来决定）
   C. 以"有借必有贷，借贷必相等"作为记账规则
   D. 可以进行发生额试算平衡和余额试算平衡

6. 在借贷记账法下，账户间的平衡关系包括（　　）。
   A. 所有账户的期初借方余额合计＝所有账户的期初贷方余额合计
   B. 所有账户的本期借方发生额合计＝所有账户的本期贷方发生额合计
   C. 所有账户的期末借方余额合计＝所有账户的期末贷方余额合计
   D. 所有损益类账户的借方发生额合计＝所有损益类账户的贷方发生额合计

7. 借贷记账法下的试算平衡方法有（　　）。
   A. 发生额试算平衡法　　　　　　B. 总额试算平衡法
   C. 差额试算平衡法　　　　　　　D. 余额试算平衡法

8. 余额试算平衡法根据余额时间不同又分为（　　）两类。
   A. 期初借方余额平衡　　　　　　B. 期末贷方余额平衡
   C. 期初余额平衡　　　　　　　　D. 期末余额平衡

9. 在借贷记账法下，账户借方记录的内容有（　　）。
   A. 资产的减少　　　　　　　　　B. 资产的增加
   C. 负债及所有者权益的减少　　　D. 负债及所有者权益的增加

10. 下列关于借贷记账法下账户结构的说法，正确的有（　　）。
    A. 资产类账户借方登记增加，贷方登记减少
    B. 负债类账户借方登记减少，贷方登记增加
    C. 所有者权益类账户借方登记减少，贷方登记增加
    D. 费用类账户借方登记增加，贷方登记减少

三、判断题

1. 借贷记账法以"借""贷"为记账符号，分别作为账户的左方和右方。至于借方表示增加还是贷方表示增加，则取决于账户的性质及结构。（　　）

2. 在借贷记账法下，费用类会计科目的借方登记费用的增加额，贷方登记费用的减少额或转销额，期末余额在借方。（　　）

3. 在会计处理中，只能编制一借一贷、一借多贷、一贷多借的会计分录，而不能编制多借多贷的会计分录。（　　）

4. 运用借贷记账法，对任何一项经济业务都必须以相等的金额，在借贷相反的方向，在两个或两个以上相互关联的账户中进行登记。（　　）

5. 采用借贷记账法记录经济业务时，使有关账户之间形成的一种应借应贷关系称为账户间对应关系。（　　）

6. 发生应借应贷关系的账户称为对应账户。（　　）

7. 试算平衡的目的是验证企业全部科目的借方发生额合计与借方余额合计是否相等。（   ）

8. 复式记账法的理论依据是"资产=权益"。（   ）

9. 根据复式记账法的原理，对任何一项经济业务的发生至少应在一个资产类账户、一个负债类账户和一个所有者权益类账户中进行相互联系的记录。（   ）

10. 账户记录试算不平衡，说明记账一定存在差错，反之不成立。（   ）

四、实务处理

诚景公司202×年11月初有关总分类账户的余额如表4-4所示：

表4-4　诚景公司202×年11月初有关总分类账户的余额　　　　　　　元

账户	余额	账户	余额
库存现金	600	生产成本	30 000
银行存款	400 000	短期借款	20 000
原材料	9 400	应付账款	100 000
固定资产	320 000	实收资本	640 000

11月发生如下交易或事项：

(1) 收到投资者投入的货币资金400 000元，已存入银行。

(2) 用银行存款80 000元购入不需要安装设备一台（不考虑增值税）。

(3) 购入材料一批，买价和运费共计30 000元，货款尚未支付，材料尚未验收入库（不考虑增值税）。

(4) 从银行提取现金4 000元备用。

(5) 借入短期借款40 000元，已存入银行。

(6) 用银行存款70 000元偿还应付账款。

(7) 生产产品领用材料一批，价值9 000元。

(8) 用银行存款60 000元偿还短期借款。

要求：

(1) 根据上述交易或事项编制会计分录。

(2) 进行试算平衡，验证会计分录的正确性。

【参考答案】

项目五

借贷记账法下典型经济业务的账务处理

素养目标

◇ 培养学生遵纪守法、遵规守矩、忠于职守的法规意识
◇ 培养学生善于学习、勤于思考、勇于创新、大胆实践的学习态度
◇ 培养学生严谨认真、精益求精的工匠精神

知识目标

◇ 掌握资金筹集业务的核算
◇ 掌握固定资产增减的核算
◇ 掌握材料采购业务的核算
◇ 掌握生产业务的核算
◇ 掌握销售业务的核算
◇ 掌握期间费用的核算
◇ 掌握利润的核算

能力目标

◇ 能对资金筹集业务进行账务处理
◇ 能对采购业务进行账务处理
◇ 能对生产业务进行账务处理
◇ 能对销售业务进行账务处理
◇ 能正确计算财务成果并进行账务处理

案例导入

小张、小王和小李三个好朋友大学毕业，在各自的岗位上拼搏多年后，积累了丰富的工作经验，也有了一定的资本积累。为了更好地发展，他们商量后准备联手自主创业。经过广泛的市场调研和深入的讨论后，他们决定在东莞成立一家环保益智儿童玩具厂，名为广东绿材智童有限公司，旨在通过对废品的环保再利用，创新性地开发有助于促进儿童思考、动手、团结、合作的玩具。

该公司是集研发、生产、销售于一体的大型家具企业，产品覆盖塑料玩具、电子电动玩具、毛绒玩具、积木拼图玩具等，拟投入4个生产车间，总占地面积10万平方米；拥有专注的产品研发中心、品牌运营与营销中心、品质检测中心以及生产制造中心。

该公司秉承"诚信是金、创新为魂、绿色环保、安全益智"的经营宗旨，致力提升儿童玩具的品质和国际知名度，努力推动中国儿童玩具行业健康持续发展。

公司名称：广东绿材智童有限公司（以下简称绿材智童公司）。

地址：东莞市大朗镇松木山村美景西路。

性质：股份有限公司，增值税一般纳税人（适用的增值税税率为13%，所得税税率为25%）。

法人代表姓名：王争辉。

注册资金：380万元。

统一社会信用代码：914419003040127782。

开户行及账号：中国工商银行东莞分行1100076090487080921112。

银行预留印鉴：财务专用章、法人章。

案例分析

根据以上案例，请分析以下问题：

1. 企业成立初期需要做哪些准备？
2. 企业生产经营过程中有哪些典型经济业务？如何进行会计处理？

知识导航

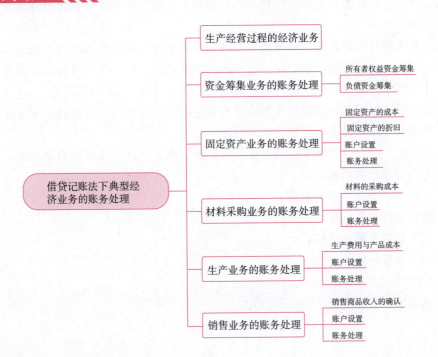

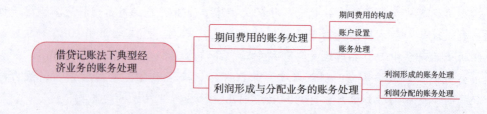

任务一　生产经营过程的经济业务

为了进行日常经营活动，实现盈利的目的，企业首先必须从各种渠道筹集生产经营活动所需资金，资金注入企业后，才能购置机器设备、购买原材料等为生产产品做好物资准备，随后进入生产过程。

生产过程业务是生产者借助劳动资料（如机器设备），对劳动对象（如原材料）进行加工，制造出社会所需的产品。生产过程既是产品的制造过程，又是物化劳动和活劳动的消耗过程。在这个过程中，资金形态从储备资金、货币资金转化为生产资金形态，随着产品的完工验收入库，生产资金又转化为成品资金。生产费用的发生、归集和分配，以及产品成本的计算，是产品生产过程业务核算的主要内容。

销售过程业务是产品价值的实现过程，在销售过程中，企业通过将其生产的产品对外销售并办理结算等，收取货款或形成债权。各项收入抵偿各项成本、费用之后的差额，形成企业的利润。通过产品销售过程，企业的资金由成品资金转化为货币资金。确认销售收入、与客户办理结算、收回货款、支付销售费用、计算税金及附加等是产品销售过程业务核算的主要内容。

利润的形成和分配业务包括财务成果的确定和利润分配核算两项内容。企业实现销售收入后，首先要补偿在生产过程中物化劳动和活劳动的耗费，另外还要计算应向国家缴纳的各种税费，计算盈亏，确定财务成果，对实现的利润进行分配。利润分配后，一部分资金退出企业，一部分资金以留存收益等形式继续参与企业的资金周转。资金的补偿和分配是企业生产再生产继续进行和扩大生产规模的基本保障。

针对企业生产经营过程中发生的上述经济业务，账务处理的主要内容有：
（1）资金筹集业务的账务处理；
（2）固定资产业务的账务处理；
（3）材料采购业务的账务处理；
（4）生产业务的账务处理；
（5）销售业务的账务处理；
（6）期间费用的账务处理；
（7）利润形成与分配业务的账务处理。

任务二　资金筹集业务的账务处理

资金筹集是企业生产经营活动的首要条件,是资金运动全过程的起点。企业的资金筹集业务按照其资金来源分为所有者权益筹资和负债筹资。所有者权益筹资形成所有者的权益(通常称为权益资本),包括投资者的投资及其增值,这部分资本的所有者既享有企业的经营收益,也承担企业的经营风险;负债筹资形成债权人的权益(通常称为债务资本),主要包括企业向债权人借入的资金和结算形成的负债资金等,这部分资本的所有者享有按约收回本金和利息的权利。

【任务解析1】所有者权益资金筹集

(一)所有者投入资本的构成

企业从投资人处筹集到的资金形成企业所有者权益的重要组成部分。所有者投入的资本主要包括实收资本(或股本)和资本公积。

资金筹集的核算

实收资本,是指投资者按照企业章程或合同、协议的约定,实际投入企业的资本金。它是企业所有者权益的基本组成部分,也是企业设立的基本条件之一。企业的资本金按照投资主体的不同可以分为国家资本金、法人资本金、个人资本金、外商资本金。企业的资本金按照投资者投入资本的不同物质形态又可以分为接受货币资金投资、接受实物投资、接受有价证券投资和接受无形资产投资等。

资本公积,是指企业收到投资者超出其在注册资本(或股本)中所占份额的投资,即资本溢价(或股本溢价),以及直接计入所有者权益的利得和损失等。资本公积是企业所有者权益的重要组成部分。从形式上看,资本公积属于一种投入资本,只是这种投入资本不在核定的股本即注册资本之内。资本公积的主要用途就在于转增资本,即在办理增资手续后用资本公积转增实收资本(或股本),按所有者原有投资比例增加投资人的实收资本,或者按股东原有股份比例发给新股或增加每股面值。

(二)账户设置

企业通常设置以下账户对所有者权益筹资业务进行核算:

1."实收资本(或股本)"账户

为了反映和监督企业实收资本的增减变动情况及其结果,应设置"实收资本"账户(股份公司可用"股本"账户),该账户属于所有者权益类账户。

该账户贷方登记企业实际收到的投资者投入的资本金,借方登记依法定程序减少的资本金数额;期末余额在贷方,表示企业期末实收资本(或股本)的总额。

该账户按投资者设置明细账,进行明细核算。

"实收资本"账户的结构如图5-1所示。

```
                借方      实收资本（所有者权益类）        贷方
                        实收资本的减少额 | 实收资本的增加额
                                       | 期末余额：
                                       | 实收资本的实有额
```

图 5-1 "实收资本"账户的结构

2. "资本公积"账户

资本公积一般都有其特定的来源。不同来源形成的资本公积，其核算的方法不同。为了核算资本公积的增减变动及其结余情况，应设置"资本公积"账户。"资本公积"账户属于所有者权益类账户，其贷方登记从不同渠道取得的资本公积（即资本公积的增加数），借方登记用资本公积转增资本（即资本公积的减少数），期末余额在贷方，表示资本公积的期末结余数。

该账户可按资本公积的来源不同，设置"资本溢价（或股本溢价）""其他资本公积"账户进行明细核算。

"资本公积"账户的结构如图 5-2 所示。

```
                借方      资本公积（所有者权益类）        贷方
                        资本公积的减少数（使用数） | 资本公积的增加数
                                                | 期末余额：
                                                | 资本公积的结余数
```

图 5-2 "资本公积"账户的结构

3. "银行存款"账户

"银行存款"账户属于资产类账户，用以核算企业存入银行或其他金融机构的各种款项，但是银行汇票存款、银行本票存款、信用卡存款、信用证保证金存款、存出投资款、外埠存款等，通过"其他货币资金"账户核算。该账户借方登记存入的款项，贷方登记提取或支出的存款。期末余额在借方，反映企业存在银行或其他金融机构的各种款项。

该账户应当按开户银行、存款种类等分别进行明细核算。

"银行存款"账户的结构如图 5-3 所示。

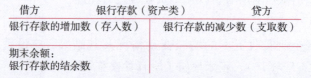

图 5-3 "银行存款"账户的结构

（三）账务处理

企业收到各方投资者投入资本金的入账价值的确定是实收资本核算中的重要内容。投资者以货币资金投资的，应以实际收到的货币资金额入账；投资者以非现金投入的资本，应按投资各方确认的价值（双方作价不公允的除外）作为实收资本入账。投资者按照出资比例或合同、章程的规定，分享企业的利润和承担企业风险。投资者投入企业的资本金应当保全，除法律、法规另有规定外，投资者不得抽回。对于实际收到的货币资金额或投资各方确认的资产价值超过其在注册资本中所占的份额部分，即资本溢价或股本溢价，不应作为实收资本入账价值，而应作为资本公积处理。具体核算如下：

企业接受投资者投入的资本，借记"银行存款""固定资产""无形资产""长期股权投资"等科目，按其在注册资本（或股本）中所占份额，贷记"实收资本（或股本）"科目，按其差额，贷记"资本公积——资本溢价（股本溢价）"科目。

现以绿材智童公司2024年7月份发生的经济业务为例，说明资金筹集业务的核算：

【任务示例5-1】 2024年7月2日，绿材智童公司收到东方公司投资3 000 000元，款项存入银行。

业务分析： 这项经济业务的发生，一方面使绿材智童公司的银行存款增加3 000 000元，另一方面使公司所有者对公司的投资增加3 000 000元。编制会计分录如下：

借：银行存款　　　　　　　　　　　　　　　　　　　　　　　3 000 000
　　贷：实收资本——东方公司　　　　　　　　　　　　　　　　　3 000 000

【任务示例5-2】 2024年7月5日，绿材智童公司收到新华公司作为投资投入的不需安装的新机器一台，该设备所确认的价值为200 000元。

业务分析： 这项经济业务的发生，一方面使绿材智童公司的固定资产增加200 000元，另一方面使新华公司对绿材智童公司的投资增加200 000元。编制会计分录如下：

借：固定资产　　　　　　　　　　　　　　　　　　　　　　　　200 000
　　贷：实收资本——新华公司　　　　　　　　　　　　　　　　　　200 000

【任务示例5-3】 2024年7月5日，绿材智童公司接受张华的投资1 000 000元，其中800 000元作为实收资本，另200 000元作为资本公积。投资款已全部收到存入银行。

业务分析： 这是一项接受投资而又涉及超过法定份额资本的业务。其中属于法定份额部分应计入实收资本，超过部分作为资本公积。编制的会计分录如下：

借：银行存款　　　　　　　　　　　　　　　　　　　　　　　1 000 000
　　贷：实收资本——张华　　　　　　　　　　　　　　　　　　　800 000
　　　　资本公积——资本溢价　　　　　　　　　　　　　　　　　200 000

【任务示例5-4】 2024年7月10日经股东大会批准，将公司的资本公积200 000元转增资本。

业务分析： 这是一项所有者权益内部转化的业务。这项经济业务的发生，一方面使绿材智童公司的实收资本增加200 000元，另一方面使公司的资本公积减少200 000元。编制会计分录如下：

借：资本公积　　　　　　　　　　　　　　　　　　　　　　　　200 000
　　贷：实收资本　　　　　　　　　　　　　　　　　　　　　　　200 000

【任务解析2】负债资金筹集

（一）负债筹资的构成

负债筹资主要包括短期借款、长期借款以及结算形成的负债等。

企业在生产经营过程中，为了补充生产周转资金的不足，经常需要向银行或其他金融机构等债权人借入资金。企业借入的资金按偿还期限的长短分为短期借款和长期借款。偿还期在一年以内的各种借款称为短期借款；偿还期限在一年以上的各种借款称为长期借款。企业借入的各种款项应按期支付利息和归还本金。

一般来说，企业取得短期借款主要是为了维持正常的生产经营所需的资金，或者为了抵偿某项债务，或者为了其他用途。企业举借长期借款，主要是为了增添大型固定资产、购置地产、增添或补充厂房等，也就是为了扩充经营规模而增加各种长期耐用的固定资产的需要。

结算形成的负债主要有应付账款、应付职工薪酬、应交税费等。

（二）账户设置

企业通常设置以下账户对负债筹资业务进行会计核算：

1. "短期借款"账户

"短期借款"账户属于负债类账户，用来核算企业向银行或其他金融机构借入的期限在一年以内（含一年）的各种借款的取得和归还情况。该账户贷方登记企业取得的各项短期借款，借方登记归还的各项短期借款；期末余额在贷方，表示期末尚未归还的短期借款。

该账户可按借款种类、贷款人和币种进行明细核算。

"短期借款"账户的结构如图5-4所示。

借方	短期借款（负债类）	贷方
短期借款本金的偿还（减少）	短期借款本金的取得（增加）	
	期末余额： 短期借款本金结余额	

图5-4 "短期借款"账户的结构

2. "长期借款"账户

"长期借款"账户属于负债类账户，用来核算企业从银行或其他金融机构取得的1年以上（不含1年）的各项借款的增减变动及其结余情况。该账户贷方登记企业借入的长期借款本金和到期一次性偿还的应付利息，借方登记归还的长期借款的本金和利息；期末余额在贷方，表示期末尚未偿还的长期借款。

该账户应按贷款单位设置明细账户，并按贷款种类进行明细核算。

"长期借款"账户的结构如图5-5所示。

借方	长期借款（负债类）	贷方
长期借款本息的偿还（减少）	长期借款本金的取得及计提的利息（增加）	
	期末余额： 尚未偿还的长期借款	

图5-5 "长期借款"账户的结构

3. "财务费用"账户

"财务费用"账户属于损益类账户，用来核算企业为筹集生产经营所需资金等而发生的各种筹资费用，包括利息支出（减利息收入）、佣金、汇兑损失（减汇兑收益）以及相关的手续费等。为购建或生产满足资本化条件的资产发生的应予以资本化的借款费用，通过"在建工程""制造费用"等账户核算。

该账户借方登记手续费、利息费用等的增加额，贷方登记应冲减财务费用的利息收入等；期末结转后，该账户无余额。

该账户可按费用项目进行明细核算。

"财务费用"账户的结构如图 5-6 所示。

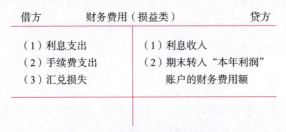

图 5-6 "财务费用"账户的结构

4. "应付利息"账户

"应付利息"账户属于负债类账户，用来核算企业按照合同约定应支付的利息。

该账户贷方登记按合同利率计算确定的应付未付利息，借方登记实际支付的利息；期末余额在贷方，反映企业应付未付的利息。

该账户应按照债权人设置明细账，进行明细核算。

"应付利息"账户的结构如图 5-7 所示。

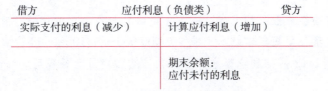

图 5-7 "应付利息"账户的结构

（三）账务处理

1. 短期借款的账务处理

企业借入的各种短期借款，借记"银行存款"科目，贷记"短期借款"科目；归还借款时做相反的会计分录。

资产负债表日，应按计算确定的短期借款利息费用，借记"财务费用"科目，贷记"银行存款""应付利息"等科目。

下面举例说明短期借款的借入、计息和归还的核算过程：

【任务示例5-5】2024年7月1日，因生产经营的临时性需要，绿材智童公司向银行申请取得期限为6个月的借款2 000 000元，存入银行。

业务分析：这项经济业务的发生，一方面使绿材智童公司的银行存款增加2 000 000元，另一方面使绿材智童公司的短期借款增加2 000 000元。编制会计分录如下：

借：银行存款　　　　　　　　　　　　　　　　　　　　2 000 000
　　贷：短期借款　　　　　　　　　　　　　　　　　　　　2 000 000

【任务示例5-6】 承上例，取得的借款年利率为6%，利息按季度结算，计算7月份应负担的利息。

业务分析：这是一项计提借款利息费用的业务。借款利息属于企业的一项财务费用，按照权责发生制原则的要求，计算出绿材智童公司本月应负担的借款利息为10 000（2 000 000×6%÷12）元。由于利息是按季度结算的，本月的利息虽然在本月计算并由本月来负担，但却不在本月实际支付，因而形成绿材智童公司的一项负债，这项负债通过"应付利息"账户反映。编制会计分录如下：

借：财务费用　　　　　　　　　　　　　　　　　　　　　　10 000
　　贷：应付利息　　　　　　　　　　　　　　　　　　　　　10 000

【任务示例5-7】 承上例，在9月末用银行存款30 000元支付本季度的银行借款利息（8月份利息计算和处理方法同7月份，略）。

业务分析：这是一项偿还银行借款利息所形成的负债业务。一方面使绿材智童公司的银行存款减少30 000元，另一方面使绿材智童公司7、8月份已计提的应付利息减少20 000元，同时，9月份的利息尚未计提，直接增加当月财务费用。编制会计分录如下：

借：应付利息　　　　　　　　　　　　　　　　　　　　　　20 000
　　财务费用　　　　　　　　　　　　　　　　　　　　　　10 000
　　贷：银行存款　　　　　　　　　　　　　　　　　　　　　30 000

【任务示例5-8】 承上例，绿材智童公司在12月31日用银行存款2 030 000元偿还到期的短期借款本金及第四季度利息（10月、11月的利息处理方法同7月、8月，略）。

业务分析：这项经济业务的发生，一方面使绿材智童公司的银行存款减少2 030 000元，另一方面使绿材智童公司短期借款本金减少2 000 000元，10月、11月已计提的应付利息减少20 000元，同时，12月的利息尚未计提，直接增加当月财务费用。编制会计分录如下：

借：短期借款　　　　　　　　　　　　　　　　　　　　　2 000 000
　　应付利息　　　　　　　　　　　　　　　　　　　　　　20 000
　　财务费用　　　　　　　　　　　　　　　　　　　　　　10 000
　　贷：银行存款　　　　　　　　　　　　　　　　　　　　2 030 000

2. 长期借款业务的账务处理

企业借入长期借款，应按实际收到的金额借记"银行存款"科目，按借款本金贷记"长期借款——本金"科目。

资产负债表日，应按确定的长期借款的利息费用，借记"在建工程""财务费用"等科目，贷记"应付利息"或"长期借款——应计利息"等科目

下面举例说明长期借款的核算：

【任务示例5-9】 绿材智童公司为购建一条新的生产线，于2024年6月30日向中国银

行取得期限为3年的人民币借款3 000 000元,存入银行。

业务分析:这项经济业务的发生,一方面使绿材智童公司的银行存款增加3 000 000元,另一方面使绿材智童公司的长期借款增加3 000 000元。编制会计分录如下:

借:银行存款　　　　　　　　　　　　　　　　　　　　　　3 000 000
　　贷:长期借款　　　　　　　　　　　　　　　　　　　　　3 000 000

资金筹集业务的账务处理如表5-1所示。

表5-1　资金筹集业务的账务处理

情况分类	会计分录	注意事项
接受投资者投入资本时	借:银行存款 　　固定资产 　　无形资产 　　长期股权投资等 贷:实收资本(股本) 　　资本公积——资本溢价(股本溢价)	1. 以投资者在注册资本中所占份额记入"实收资本"或"股本" 2. 以投资额超过注册资本份额的部分记入"资本公积——资本溢价(股本溢价)"
短期借款的核算	借入时: 借:银行存款 　　贷:短期借款 计提利息时: 借:财务费用 　　贷:应付利息 偿还利息时: 借:应付利息(已计提) 　　财务费用(当期未计提) 　　贷:银行存款 偿还短期借款时: 借:短期借款 　　贷:银行存款	
长期借款的核算	借入时: 借:银行存款 　　贷:长期借款——本金 计提利息时: 借:在建工程 　　研发支出 　　财务费用等 　　贷:应付利息/长期借款——应计利息 偿还利息时: 借:应付利息/长期借款——应计利息 　　贷:银行存款 偿还本金时: 借:长期借款——本金 　　贷:银行存款	如付息方式是分期付息,计提利息时,贷记"应付利息"科目;若付息方式是到期一次还本付息,计提利息则记入"长期借款——应计利息"科目

任务三　固定资产业务的账务处理

固定资产是指为生产商品、提供劳务、出租或者经营管理而持有、使用寿命超过一个会计年度的有形资产。例如企业生产经营或管理活动中使用的房屋、车辆等。

1. 固定资产的特征

（1）为生产商品、提供劳务、出租或经营管理而持有的，而不是直接用于出售。
（2）使用寿命较长，一般超过一个会计年度。
（3）固定资产具有实物形态，属于一种有形资产。

2. 固定资产确认的条件

按照我国企业会计准则的规定，固定资产同时满足下列条件的，才能予以确认：
（1）该固定资产包含的经济利益很可能流入企业；
（2）该固定资产的成本能够可靠计量。

【任务解析1】固定资产的成本

固定资产的成本是指企业购建某项固定资产达到预定可使用状态前所发生的一切合理、必要的支出。

企业可以通过外购、自行建造、投资者投入等方式取得固定资产。不同方式下，固定资产成本的具体构成内容及确定方法也不相同。

外购固定资产的成本，包括购买价款、相关税费、使固定资产达到预定可使用状态前所发生的可归属于该项资产的运输费、装卸费、安装费和专业人员服务费等。

以一笔款项购入多项没有单独标价的固定资产，应当按照各项固定资产公允价值比例对总成本进行分配，分别确定各项固定资产的成本。

【任务解析2】固定资产的折旧

固定资产在使用过程中会因磨损而减少价值，形成折旧。固定资产折旧就是指在固定资产使用寿命内，按照确定的方法对应计折旧额进行系统分摊。其中，使用寿命是指固定资产的预计寿命，或者该固定资产所能生产产品或提供劳务的数量。应计折旧额是指应计提折旧的固定资产的原价扣除其预计净残值后的金额。

$$固定资产应计折旧总额 = 固定资产原价 - 预计净残值$$

预计净残值是指假定固定资产预计使用寿命已满并处于使用寿命终了时的预期状态，企业目前从该项资产处置中获得的扣除预计处置费用后的金额。预计净残值率是指固定资产预计净残值占其原价的比率。企业应当根据固定资产的性质和使用情况，合理确定固定资产的预计净残值。预计净残值一经确定，不得随意变更。

企业应当按月对所拥有的固定资产计提折旧，但是，以下两种固定资产除外：
（1）已提足折旧仍继续使用的固定资产；
（2）按规定单独估价作为固定资产入账的土地。

当月增加的固定资产，当月不计提折旧，从下月起计提折旧；当月减少的固定资产，当月照计提折旧，从下月起不计提折旧。

固定资产折旧额的大小主要受到固定资产原价、预计使用年限、预计净残值等因素的影响。固定资产的折旧应当在固定资产有效使用年限内进行分摊，形成折旧费用，计入各期成本或期间费用。企业可选择的折旧计算方法有年限平均法、工作量法、双倍余额递减法、年数总和法等。不同的折旧方法，将影响固定资产使用寿命内不同时期的折旧费用。企业应当根据与固定资产有关的经济利益的预期实现方式合理选择折旧方法。折旧方法一经选定，不得随意变更。本书重点介绍年限平均法和工作量法。

（一）年限平均法

年限平均法，又称直线法，是指将固定资产应计折旧额均匀地分摊到固定资产预计使用寿命内的一种方法。具体计算公式如下：

$$年折旧率 = \frac{1 - 预计净残值率}{预计使用寿命（年）}$$

$$月折旧率 = 年折旧率 \div 12$$

$$月折旧额 = 固定资产原值 \times 月折旧率$$

其中：

$$预计净残值率 = \frac{预计净残值}{固定资产原值} \times 100\%$$

或：

$$月折旧额 = 固定资产应计折旧总额 \div 预计使用寿命（年）\div 12$$

【任务示例5-10】绿材智童公司有一项机器设备的原价为1 000 000元，预计使用年限为5年，预计净残值为40 000元。则每月按年限平均法应计提折旧额计算如下：

$$预计净残值率 = 40\,000 \div 1\,000\,000 \times 100\% = 4\%$$

$$年折旧率 = (1 - 4\%) \div 5 = 19.2\%$$

$$月折旧率 = 19.2\% \div 12 = 1.6\%$$

$$月折旧额 = 1\,000\,000 \times 1.6\% = 16\,000（元）$$

或：

$$月折旧额 = 1\,000\,000 \times (1 - 4\%) \div 5 \div 12 = 16\,000（元）$$

（二）工作量法

工作量法，是指根据实际工作量计算每期应计提折旧额的一种方法。计算公式如下：

$$某项固定资产月折旧额 = 该项固定资产当月工作量 \times 单位工作量折旧额$$

其中：

$$单位工作量折旧额 = \frac{固定资产原价 \times (1 - 预计净残值率)}{预计总工作量}$$

【任务示例5-11】绿材智童公司一项用于产品生产的机床原价为1 000 000元，预计可以生产10 000件产品，预计净残值率为4%。12月该设备生产产品300件，则12月按工作量法应计提折旧额计算如下：

$$单位工作量折旧额 = 1\,000\,000 \times (1 - 4\%) \div 10\,000 = 96（元/件）$$

12月应计提计折旧额 = 300 × 96 = 28 800（元）

【任务解析3】 账户设置

企业通常设置以下账户对固定资产业务进行会计核算：

（一）"在建工程"账户

"在建工程"账户属于资产类账户，用来核算企业基建、更新改造等在建工程发生的支出。

该账户借方登记企业各项工程发生的实际支出，贷方登记完工转出的各项工程的实际成本；期末余额在借方，反映企业尚未达到预定可使用状态的在建工程的成本。

本账户可按工程项目进行明细核算。

"在建工程"账户的结构如图5-8所示。

借方	在建工程（资产类）	贷方
工程建设发生的各项支出		完工工程转出的实际成本
期末余额： 尚未达到预定可使用状态的 在建工程的成本		

图5-8 "在建工程"账户的结构

（二）"工程物资"账户

"工程物资"账户属于资产类账户，用以核算企业为在建工程准备的各种物资的成本，包括工程用材料、尚未安装的设备以及为在建工程准备的工器具等。

该账户借方登记企业购入的工程物资的成本，贷方登记领用的工程物资的成本；期末余额在借方，反映期末结存的为在建工程准备的各种物资的成本。

该账户可按物资类别等进行明细核算。

"工程物资"账户的结构如图5-9所示。

借方	工程物资（资产类）	贷方
购入的工程物资成本		领用的工程物资成本
期末余额： 结余的工程物资成本		

图5-9 "工程物资"账户的结构

（三）"固定资产"账户

企业应设置"固定资产"账户，用来核算企业持有的按原价反映的固定资产的增减变动和结存情况。

该账户属于资产类账户，借方登记企业增加的固定资产的原值，贷方登记企业减少的固定资产原值，期末余额在借方，反映企业期末固定资产的原值。

本账户应按固定资产类别和项目进行明细核算。

"固定资产"账户的结构如图 5-10 所示。

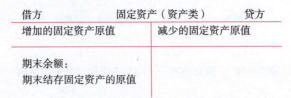

图 5-10 "固定资产"账户的结构

(四) "累计折旧"账户

"累计折旧"账户是资产类特殊账户,是"固定资产"的备抵账户,和固定资产的登记方向相反,用以核算企业固定资产计提的累计折旧。

该账户贷方登记按月计提的折旧额,即累计折旧的增加额,借方登记因减少固定资产而转出的累计折旧;期末余额在贷方,反映期末固定资产的累计折旧额。

该账户可按固定资产的类别或项目进行明细核算。

"累计折旧"账户的结构如图 5-11 所示。

借方	累计折旧(资产类)	贷方
固定资产折旧的转出		固定资产折旧的计提数
		期末余额: 固定资产累计折旧额

图 5-11 "累计折旧"账户的结构

(五) "应交税费——应交增值税"账户

凡在我国境内从事销售货物或者进口货物,提供加工修理修配劳务、销售服务、无形资产或者不动产的单位或个人,都是增值税的纳税人。按照经营规模的大小和会计核算健全与否等标准,增值税纳税人可分为一般纳税人和小规模纳税人。

为了核算增值税的发生、缴纳等情况,企业应设置"应交税费——应交增值税"账户。

一般纳税人企业为了详细核算应缴纳增值税的计算和解缴、抵扣等情况,应在"应交税费——应交增值税"明细科目设置"进项税额""销项税额"等明细专栏。其中,"进项税额"反映企业外购货物或接受劳务、应税服务发生的可抵扣税额;"销项税额"反映企业销售货物、提供应税劳务或应税服务收取的增值税额。"应交税费——应交增值税"账户的结构如图 5-12 所示。

注:本书项目五中任务示例所选择企业,均为一般纳税人。

【任务解析4】 账务处理

(一) 固定资产的购入

企业购入不需要安装的固定资产,按应计入固定资产成本的金额,借记"固定资产"

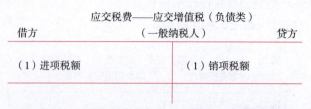

图 5-12 "应交税费——应交增值税"账户的结构

"应交税费——应交增值税（进项税额）"科目，贷记"银行存款"等科目。

企业购入需要安装的固定资产，应先通过"在建工程"账户归集所发生的买价和安装成本，待安装完成，工程达到预定可使用状态时，再从"在建工程"账户一次性转入"固定资产"账户。即购入时，借记"在建工程""应交税费——应交增值税（进项税额）"科目，贷记"银行存款"等科目；发生安装成本时，借记"在建工程"科目，贷记"银行存款""工程物资"等科目；安装完毕交付使用时，借记"固定资产"科目，贷记"在建工程"科目。

以绿材智童公司12月份发生的经济业务为例，说明固定资产购入业务的核算。

【任务示例 5-12】 2024年12月6日，绿材智童公司购入不需要安装的机器一台，专用发票注明的价款 200 000 元，增值税额 26 000 元。公司开出转账支票支付全部款项。

业务分析：此项经济业务的发生，一方面使公司的固定资产增加了 200 000 元，增值税进项税额增加了 26 000 元，另一方面使公司的银行存款减少了 226 000 元。编制会计分录如下：

借：固定资产　　　　　　　　　　　　　　　　　　　200 000
　　应交税费——应交增值税（进项税额）　　　　　　 26 000
　　贷：银行存款　　　　　　　　　　　　　　　　　　226 000

【任务示例 5-13】 2024年12月10日，绿材智童公司购入需要安装的机器设备一台，专用发票注明的价款 300 000 元，增值税额 39 000 元。全部款项已用银行存款支付。

业务分析：此项经济业务的发生，一方面使公司的在建工程成本增加了 300 000 元，增值税进项税额增加了 39 000 元，另一方面使企业的银行存款减少了 339 000 元。编制会计分录如下：

借：在建工程　　　　　　　　　　　　　　　　　　　300 000
　　应交税费——应交增值税（进项税额）　　　　　　 39 000
　　贷：银行存款　　　　　　　　　　　　　　　　　　339 000

【任务示例 5-14】 2024年12月11日，绿材智童公司以银行存款支付12月10日购入机器设备的安装费 30 000 元。

业务分析：此项经济业务的发生，一方面使公司的在建工程成本增加了 30 000 元，另一方面使企业的银行存款减少了 30 000 元。编制会计分录如下：

借：在建工程　　　　　　　　　　　　　　　　　　　30 000
　　贷：银行存款　　　　　　　　　　　　　　　　　　30 000

【任务示例 5-15】 2024年12月12日，绿材智童公司上述设备安装完毕，交付使用。

此项经济业务的发生,一方面使公司的固定资产增加了330 000(300 000+30 000)元,另一方面使企业的在建工程减少了330 000元。固定资产的增加是资产的增加,应记入"固定资产"账户的借方;在建工程的减少是资产的减少,应记入"在建工程"账户的贷方。编制会计分录如下:

借:固定资产　　　　　　　　　　　　　　　　　　　　330 000
　　贷:在建工程　　　　　　　　　　　　　　　　　　　　330 000

(二)固定资产的折旧

企业按月计提的固定资产折旧,根据固定资产的用途计入相关资产的成本或者当期损益,借记"制造费用""销售费用""管理费用""研发支出""其他业务成本"等科目,贷记"累计折旧"科目。

【任务示例5-16】 2024年12月31日,绿材智童公司计提本月固定资产折旧90 000元,其中生产车间使用的固定资产折旧72 000元,行政管理部门使用的固定资产折旧18 000元。

业务分析: 此项经济业务的发生,一方面使企业的折旧增加了90 000元,其中车间固定资产折旧应记入"制造费用"账户的借方,行政管理部门固定资产折旧应记入"管理费用"账户的借方,另一方面使企业固定资产的折旧增加了90 000元,即固定资产发生了价值损耗,应记入"累计折旧"账户的贷方。编制会计分录如下:

借:制造费用　　　　　　　　　　　　　　　　　　　　72 000
　　管理费用　　　　　　　　　　　　　　　　　　　　18 000
　　贷:累计折旧　　　　　　　　　　　　　　　　　　　　90 000

固定资产业务的账务处理如表5-2所示。

表5-2　固定资产业务的账务处理

情况分类	会计分录	注意事项
购买固定资产,不需要安装时	借:固定资产 　　应交税费——应交增值税(进项税额) 　　贷:银行存款等	
购买固定资产,需要安装时	购买时: 借:在建工程 　　应交税费——应交增值税(进项税额) 　　贷:银行存款等 发生安装成本时: 借:在建工程 　　应交税费——应交增值税(进项税额) 　　贷:银行存款等 达到预定使用状态时: 借:固定资产 　　贷:在建工程	1. 支付安装成本中取得的增值税专用发票上注明的增值税,记入"应交税费——应交增值税(进项税额)"科目 2. 安装中领用工程物资时贷记"工程物资"科目

续表

情况分类	会计分录	注意事项
按月计提固定资产折旧时	借：制造费用 　　管理费用 　　销售费用 　　研发支出 　　其他业务成本 　贷：累计折旧	企业按月计提的固定资产折旧，根据固定资产的用途计入相关资产的成本或者当期损益

任务四　材料采购业务的账务处理

企业要进行正常的产品生产经营活动，就必须采购和储备一定品种和数量的原材料，这是企业进行生产活动的重要前提。会计核算中的原材料是指直接用于产品生产并构成产品实体的原料、主要材料和外购半成品，以及不构成产品实体但有助于产品形成的辅助材料。材料采购业务是企业的基本业务之一，也是企业会计核算的一项重要内容。

在材料采购过程中，企业一方面要根据供应计划和合同的规定，及时采购材料物资，验收入库，保证生产的需要；同时，要与供应单位进行货款和各种采购费用的结算。工业企业的材料供应工作，不仅要保证生产的顺利进行，而且要节约采购费用，降低采购成本，提高采购资金的使用效果，因此，材料采购过程核算的主要任务是：核算与监督材料的买价和采购费用，确定采购成本，检查材料采购计划执行情况，核算与监督储备资金占用量，考核资金使用情况。

【任务解析1】材料的采购成本

材料的采购成本是指企业物资从采购到入库前所发生的全部支出，包括以下几个方面：
（1）买价，是指购货发票所注明的货款金额。
（2）采购过程中发生的运输费、包装费、装卸费、保险费、仓储费等。
（3）材料在运输途中发生的合理损耗。
（4）材料入库前发生的整理挑选费用。
（5）按规定应计入材料采购成本中的各种税金，如关税、消费税等。
（6）其他可归属于材料成本的费用。

需要注意的是，市内零星运杂费、采购人员的差旅费以及采购机构的经费等不构成材料的采购成本，而是直接计入期间费用。

【任务解析2】账户设置

为了进行材料采购业务的核算，企业需要设置以下主要账户：

（一）"原材料"账户

"原材料"账户属于资产类账户，用来核算企业库存的各种材料的成本的增减变动及其结存情况。

该账户借方登记已验收入库材料的成本,贷方登记发出材料的成本;期末余额在借方,表示库存材料成本的期末结余额。

"原材料"账户应按照材料的保管地点、类别、品种和规格设置明细账户,进行明细核算。

"原材料"账户的结构如图5-13所示。

图5-13 "原材料"账户的结构

(二)"在途物资"账户

"在途物资"账户属于资产类账户,用来核算企业采用实际成本(或进价)进行材料、商品等物资的日常核算时,货款已付尚未验收入库的在途物资的采购成本。

该账户借方登记应计入购入材料采购成本的买价和采购费用,贷方登记验收入库而转入"原材料"账户的材料实际采购成本。该账户若有余额,为借方余额,表示在途材料的实际成本。

该账户可按照供应单位和材料品种设置明细账户,进行明细核算。

"在途物资"账户的结构如图5-14所示。

图5-14 "在途物资"账户的结构

(三)"应付账款"账户

"应付账款"账户属于负债类账户,用来核算企业因购买材料、商品和接受劳务等经营活动应支付的款项。

该账户贷方登记因购买材料、商品等发生的应付未付款项的增加,借方登记实际偿还的款项。期末余额一般在贷方,表示尚未偿还的应付款的结余额。

该账户应按照债权人设置明细账户,进行明细核算。

"应付账款"账户的结构如图5-15所示。

(四)"预付账款"账户

"预付账款"账户属于资产类账户,用来核算企业按照合同规定预付给供应单位货款的

借方	应付账款（负债类）	贷方
偿还应付款项	应付供应单位款项的增加	
	期末余额： 尚未偿还的应付款	

图 5-15 "应付账款"账户的结构

增减变动及其结余情况。预付款项情况不多的，也可以不设置该科目，将预付的款项直接记入"应付账款"科目。

"预付账款"账户借方登记预付款项的增加，贷方登记收到供应单位提供的材料物资等而应冲销的预付款（即预付款的减少）。期末余额如在借方，表示尚未结算的预付款的结余额；期末余额如在贷方，表示本企业应补付给供应单位的款项。

该账户应按照供应单位的名称设置明细账户，进行明细核算。

"预付账款"账户的结构如图 5-16 所示。

借方	预付账款（资产类）	贷方
预付供应单位款项的增加		冲销预付供应单位的款项
期末余额： 尚未结算的预付款		期末余额： 应补付给供应单位的款项

图 5-16 "预付账款"账户的结构

（五）"应付票据"账户

"应付票据"账户属于负债类账户，用来核算企业购买材料、商品和接受劳务供应等开出、承兑的商业汇票，包括银行承兑汇票和商业承兑汇票。

该账户贷方登记企业开出、承兑商业汇票的增加，借方登记到期已支付的商业汇票；期末余额在贷方，表示尚未到期的商业汇票的期末结余额。

该账户可按债权人进行明细核算。为了了解每一应付票据的具体结算情况，企业应设置"应付票据备查簿"登记其具体内容。

"应付票据"账户的结构如图 5-17 所示。

借方	应付票据（负债类）	贷方
到期应付票据的减少		开出、承兑商业汇票的增加
		期末余额： 尚未到期商业汇票的结余额

图 5-17 "应付票据"账户的结构

【任务解析3】 账务处理

（一）材料已验收入库

如果货款已经支付，发票账单已到，材料已验收入库，按支付的实际金额，借记"原材料""应交税费——应交增值税（进项税额）"等科目，贷记"银行存款""预付账款"等科目。

如果货款尚未支付，材料已验收入库，按相关发票凭证上应付的金额，借记"原材料""应交税费——应交增值税（进项税额）"等科目，贷记"应付账款""应付票据"等科目。

如果货款尚未支付，材料已经验收入库，但月末仍未收到相关发票凭证，按暂估价入账，借记"原材料"科目，贷记"应付账款"等科目。下月初做相反的会计分录予以冲回，收到相关发票账单后再编制会计分录。

（二）材料尚未验收入库

如果货款已经支付，发票账单已到，但材料尚未验收入库，按支付的金额，借记"在途物资""应交税费——应交增值税（进项税额）"等科目，贷记"银行存款"等科目；等验收入库时再做后续分录。

对于可以抵扣的增值税进项税额，一般纳税人应根据收到的符合规定的票据（如增值税专用发票）确定增值税额，借记"应交税费——应交增值税（进项税额）"科目。

【任务示例5-17】 2024年12月2日，绿材智童公司从信达公司购入甲、乙两种材料，增值税专用发票上注明甲材料30吨，单价5 000元，计150 000元，增值税进项税额19 500元；乙材料15吨，单价2 000元，计30 000元，增值税进项税额3 900元。上述款项共计203 400元，企业以转账支票支付，材料尚未到达企业。

业务分析：此项经济业务的发生，一方面使尚未入库的甲材料采购成本增加150 000元，使尚未入库的乙材料采购成本增加30 000元，增值税进项税额增加23 400元（19 500 + 3 900）；另一方面使银行存款减少203 400元。编制会计分录如下：

借：在途物资——甲材料　　　　　　　　　　　　　　150 000
　　　　　　——乙材料　　　　　　　　　　　　　　 30 000
　　应交税费——应交增值税（进项税额）　　　　　　 23 400
　　贷：银行存款　　　　　　　　　　　　　　　　　　　　　203 400

材料采购过程中发生的采购费用，有的是专为采购某种材料而发生的，有的是为了采购几种材料发生的。凡能分清是为采购某种材料所发生的，可以直接计入该材料的采购成本；不能分清有关对象的，如同批购入两种或两种以上材料共同发生的采购费用，应按适当标准在该批各种材料之间进行分配，以便正确确定各种材料的采购成本。材料采购费用的分配标准一般有重量、体积、材料的买价等，在实际工作中应视具体情况选择采用。应由各种材料共同分配的采购费用，可以先计算分配率，然后据以计算每种材料应分配的采购费用。

材料采购费用分配率的计算公式为：

$$\text{某项采购费用的分配率} = \frac{\text{某项待分配的采购费用总额}}{\text{各种材料的分配标准之和}}$$

某种材料应负担的采购费用 = 该种材料的分配标准（重量、体积、买价等）×
某项采购费用的分配率

【任务示例5-18】 12月3日，绿材智童公司用银行存款3 600元支付上述采购甲、乙两种材料的运杂费（运杂费按甲、乙材料重量比例分配）。

具体计算如下：

$$材料运杂费分配率 = \frac{3\ 600}{30+15} = 80（元/吨）$$

$$甲材料应分配的运杂费 = 30 \times 80 = 2\ 400（元）$$

$$乙材料应分配的运杂费 = 15 \times 80 = 1\ 200（元）$$

业务分析：此项经济业务的发生，一方面使甲材料的采购成本增加2 400元，乙材料的采购成本增加1 200元；另一方面使银行存款减少3 600元，材料尚未验收入库。应分别记入"在途物资"账户的借方和"银行存款"账户的贷方。编制会计分录如下：

借：在途物资——甲材料　　　　　　　　　　　　　　　　　2 400
　　　　　　——乙材料　　　　　　　　　　　　　　　　　1 200
　　贷：银行存款　　　　　　　　　　　　　　　　　　　　　3 600

【任务示例5-19】 12月3日，绿材智童公司从顺兴工厂购进乙材料20吨，增值税专用发票上注明的价款为40 000元，增值税额5 200元。对方代垫运杂费1 600元，取得增值税普通发票，材料已运达企业并已验收入库。账单、发票已到，但材料价款、税金尚未支付。

业务分析：这项经济业务的发生，一方面使公司的库存材料成本增加41 600（40 000 + 1 600）元，增值税进项税额增加5 200元；另一方面使公司应付供应单位款项增加计46 800（40 000 + 5 200 + 1 600）元。编制会计分录如下：

借：原材料——乙材料　　　　　　　　　　　　　　　　　41 600
　　应交税费——应交增值税（进项税额）　　　　　　　　　5 200
　　贷：应付账款——顺兴工厂　　　　　　　　　　　　　　46 800

【任务示例5-20】 12月6日，绿材智童公司按合同规定以银行存款15 000元向光明公司预付丁材料货款。

业务分析：此项经济业务的发生，一方面使预付账款增加15 000元；另一方面使银行存款减少15 000元。编制会计分录如下：

借：预付账款——光明公司　　　　　　　　　　　　　　　15 000
　　贷：银行存款　　　　　　　　　　　　　　　　　　　　15 000

【任务示例5-21】 12月10日，绿材智童公司以银行存款113 000元支付前欠迅捷公司的货款。

业务分析：此项经济业务的发生，一方面使应付账款减少113 000元，另一方面使银行存款减少113 000元。编制会计分录如下：

借：应付账款——迅捷公司　　　　　　　　　　　　　　　113 000
　　贷：银行存款　　　　　　　　　　　　　　　　　　　113 000

【任务示例5-22】 承【任务示例5-17】【任务示例5-18】，12月12日，绿材智童公司从信达公司购入的甲、乙两种材料到达企业，如数验收入库，结转其实际采购成本。

业务分析：此项经济业务的发生，一方面使库存材料成本增加183 600元（152 400 + 31 200）；另一方面使在途物资减少183 600元。编制会计分录如下：

  借：原材料——甲材料   152 400
      ——乙材料   31 200
   贷：在途物资——甲材料   152 400
        ——乙材料   31 200

【任务示例5-23】 12月12日，绿材智童公司签发并承兑一张商业汇票，从信达公司购入丙材料30吨，该批材料不含增值税买价60 000元，增值税税率13%，取得增值税专用发票，材料已到达企业并验收入库。

业务分析：这项经济业务的发生，一方面使公司的库存材料增加60 000元，增值税进项税额增加7 800（60 000×13%）元，另一方面使公司的应付票据增加67 800元。编制会计分录如下：

  借：原材料——丙材料   60 000
     应交税费——应交增值税（进项税额）   7 800
   贷：应付票据——信达公司   67 800

【任务示例5-24】 12月15日，绿材智童公司收到光明公司发来的丁材料5吨，单价3 000元，计15 000元，增值税进项税额1 950元，取得增值税专用发票，对方代垫运杂费1 000元，取得增值税普通发票，全部款项17 950元，冲销原预付货款后，不足部分暂欠。材料已验收入库。

业务分析：此项经济业务的发生，一方面使库存材料成本增加16 000元（15 000 + 1 000），增值税进项税额增加1 950元；另一方面使预付账款减少17 950元。编制会计分录如下：

  借：原材料——丁材料   16 000
     应交税费——应交增值税（进项税额）   1 950
   贷：预付账款——光明公司   17 950

【任务示例5-25】 12月16日，绿材智童公司以银行存款2 950元补付所欠光明公司的货款。

业务分析：此项经济业务的发生，一方面使预付账款增加2 950元，另一方面使银行存款减少2 950元。编制会计分录如下：

  借：预付账款——光明公司   2 950
   贷：银行存款   2 950

根据材料采购过程【任务示例5-17】至【任务示例5-25】经济业务的入库单和有关结算支付凭证，计算本月已验收入库的材料采购成本，如表5-3所示。

表5-3 材料采购成本   元

项目	甲材料		乙材料		丙材料		丁材料	
	总成本（30吨）	单位成本	总成本（35吨）	单位成本	总成本（30吨）	单位成本	总成本（5吨）	单位成本
买价	150 000	5 000	70 000	2 000	60 000	2 000	15 000	3 000
采购费用	2 400	80	2 800	80	0	0	1 000	200
采购成本	152 400	5 080	72 800	2 080	60 000	2 000	16 000	3 200

材料采购业务的账务处理如表5-4所示。

表5-4 材料采购业务的账务处理

情况分类	会计分录	注意事项
采购材料验收入库时	借：原材料 　　应交税费——应交增值税（进项税额） 贷：银行存款/应付账款等	一般纳税人取得符合抵扣规定的票据后计入"应交税费"科目
采购材料尚未验收入库时	购买时： 借：在途物资 　　应交税费——应交增值税（进项税额） 贷：银行存款/应付账款等 入库时： 借：原材料 贷：在途物资	
采购一种材料时，采购费用全额计入该材料成本	借：原材料/在途物资——某材料 　　应交税费——应交增值税（进项税额） 贷：银行存款/应付账款等	采购费用是指材料采购过程中发生的运输费、装卸费、搬运费、包装费、仓储费、税金等各种费用
采购多种材料时，采购费用分配计入该材料成本，分配标准一般选择重量、体积、材料的买价等	购买时： 借：原材料/在途物资——某材料 　　　　　　　　　　——某材料 　　应交税费——应交增值税（进项税额） 贷：银行存款/应付账款等	

任务五　生产业务的账务处理

费用是指企业在日常活动中发生的、会导致所有者权益减少的、与向所有者分配利润无关的经济利益的总流出。也就是企业在一定时期内，生产经营过程中所耗费或支出的人力、物力和财力的货币表现，具体包括生产费用和期间费用。

费用核算的一般程序如图5-18所示。

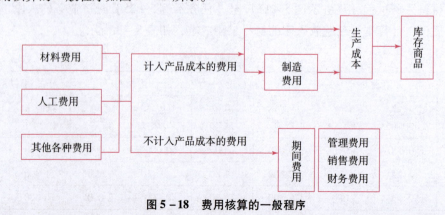

图5-18　费用核算的一般程序

企业产品的生产过程同时也是生产资料的耗费过程。企业在生产过程中发生的各种生产费用，是企业为获得收入而预先垫支并需要得到补偿的资金耗费。这些费用最终都要归集、分配给特定的产品，形成产品的成本。

企业生产过程的核算，就是生产费用的归集、分配，产品成本计算的过程。

【任务解析1】生产费用与产品成本

（一）生产费用

生产费用，是指企业在产品生产过程中所发生的各种耗费的货币表现。在产品生产阶段，材料储备作为劳动对象投入生产，企业的劳动者利用厂房、机器设备等劳动资料，对劳动对象进行加工，制成产品。在这个过程中，企业要耗费原材料、燃料、动力，发生厂房机器设备的折旧，要支付职工的薪酬，还要发生其他各项生产费用。

生产费用按其计入产品成本的方式不同，可以分为直接费用和间接费用。直接费用，是指企业生产产品过程中实际消耗的直接材料、直接人工。间接费用，也称为制造费用，是指企业为生产产品和提供劳务而发生的各项间接支出，包括间接材料、间接人工和其他间接费用。企业所发生的直接费用可按受益对象即生产的产品直接计入各产品成本中，而间接费用则要通过归集汇总后，再分配到各种产品成本中，最后各种产品所归集的直接材料、直接人工和制造费用构成该产品成本。

（二）产品成本

企业为生产一定种类和一定数量的产品所发生的生产费用的总和，称为产品成本。

生产费用和产品成本是既有区别又有联系的两个概念。生产费用是企业在一定时期内生产过程中发生的各种耗费；产品成本则是生产费用的对象化。前者强调的是期间，即一定时期内发生的各种耗费；后者强调的是对象，即生产一定种类和一定数量产品的生产费用总和，它可能是几个会计期间发生的生产费用，按成本计算的对象进行归集的结果。

企业的产品成本构成项目可分为直接材料、直接人工、制造费用。

直接材料，是指企业在产品生产过程中，直接用于产品生产、构成产品实体的材料，包括原料、主要材料以及有助于产品形成的辅助材料等。

直接人工，是指直接从事产品生产的工人工资、福利费等薪酬。

制造费用，是指企业为生产产品和提供劳务而发生的各项间接费用，包括车间管理人员的工资、福利费、生产部门房屋建筑物与机器设备等计提的折旧费、生产车间的办公费、水电费、机物料消耗、季节性停工损失等。

（三）产品生产成本计算的一般程序

成本计算，是将生产过程中为生产产品而发生的各项费用，按照产品的品种（即成本计算对象）进行归集和分配，计算出各种产品的总成本和单位成本。

一般来说，产品生产成本的计算和生产费用的核算是同时进行的，产品生产成本的计算过程，也就是生产费用的归集和分配的过程，其基本程序如下：

1. 确定成本计算对象

成本计算对象是生产费用的承担者，即归集和分配生产费用的对象。产品成本计算对象，包括产品的品种、产品的批别和产品的生产步骤等，企业应根据自身的生产特点和管理要求，选择合适的产品成本计算对象。

2. 确定成本项目

成本项目是生产费用按经济用途划分的项目。通过成本项目，可以反映成本的经济构成以及产品生产过程中不同的资产耗费情况。

3. 确定成本计算期

成本计算期是指成本计算的起止日期。成本计算期可以与会计报告期相同，也可以与产品生产周期相同。

4. 归集和分配各种生产费用

生产费用的归集和分配就是将应计入产品成本的各种费用在各有关产品之间，按照成本项目进行归集和分配。直接费用直接计入成本计算对象，间接费用先在"制造费用"账户归集，期末按一定的标准和方法进行分配。

5. 计算完工产品和月末在产品的成本

对既有完工产品又有月末在产品的产品，应将计入各该产品的生产费用，在其完工产品和月末在产品之间采用适当的方法进行分配，求得完工产品和月末在产品成本。

【任务解析2】账户设置

企业通常设置以下账户对生产业务进行会计核算：

（一）"生产成本"账户

"生产成本"账户属于成本类账户，用来归集和反映产品生产过程中所发生的各项生产费用，计算确定产品生产成本。

该账户借方登记应计入产品生产成本的各项费用，包括直接计入产品生产成本的直接材料费、直接人工费和其他直接支出，以及期末按照一定的方法分配计入产品生产成本的制造费用；贷方登记生产完工入库产品的生产成本。期末如有余额在借方，表示尚未完工产品（在产品）的成本。

该账户可按产品品种或类别设置明细账户，进行明细核算。

"生产成本"账户的结构如图 5-19 所示。

借方	生产成本（成本类）	贷方
发生的生产费用： （1）直接材料 （2）直接人工 （3）制造费用		完工入库产品成本
期末余额： 在产品成本		

图 5-19 "生产成本"账户的结构

（二）"制造费用"账户

"制造费用"账户属于成本类账户，用来归集与分配企业生产车间范围内为组织生产和管理生产而发生的各项间接费用。

该账户借方登记实际发生的各项制造费用,贷方登记分配转入生产成本的制造费用,月末该账户一般无余额。

该账户应按生产车间设置明细账户,按照费用项目设置专栏进行明细核算。

"制造费用"账户的结构如图 5-20 所示。

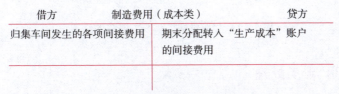

图 5-20 "制造费用"账户的结构

(三)"库存商品"账户

为了核算完工产品成本结转及其库存商品、产品成本情况,企业需要设置"库存商品"账户。

"库存商品"账户属于资产类账户,用来核算企业库存的外购商品、自制产品(产成品)、自制半成品等的实际成本(或计划成本)的增减变动及其结余情况。

该账户借方登记验收入库商品成本的增加,贷方登记库存商品成本的减少(发出);期末余额在借方,表示库存商品成本的期末结余额。

"库存商品"账户应按照商品的种类、名称以及存放地点等进行明细核算。

"库存商品"账户的结构如图 5-21 所示。

图 5-21 "库存商品"账户的结构

(四)"应付职工薪酬"账户

为了核算职工薪酬的归集与分配内容,企业需要设置"应付职工薪酬"账户。

"应付职工薪酬"账户属于负债类账户,用来核算和监督企业应付职工薪酬的提取、结算、使用等情况。

该账户借方登记本月实际支付的职工薪酬,贷方登记本月计算的应付职工薪酬,包括各种工资、奖金、津贴和福利费等。期末余额一般在贷方,表示应付而未付的职工薪酬。

"应付职工薪酬"账户可以按照"工资""职工福利""社会保险费""住房公积金""工会经费""职工教育经费""非货币性福利""辞退福利""股份支付"等进行明细核算。

"应付职工薪酬"账户的结构如图 5-22 所示。

```
借方        应付职工薪酬(负债类)         贷方
本期实际支付的职工薪酬   本期计算的应付职工薪酬
                        期末余额:
                        应付未付的职工薪酬
```

图5-22 "应付职工薪酬"账户的结构

【任务解析3】 账务处理

(一)材料费用的归集与分配

材料是构成产品实体的一个重要组成部分,对材料费用的归集与分配是生产过程核算的非常重要的内容。

企业采购的材料,经验收入库,形成生产的物资储备。生产部门领用时,填制领料单,向仓库办理领料手续,领取所需材料。仓库发出材料后,要将领料凭证传递到会计部门。会计部门将领料单汇总,编制"发出材料汇总表",据以将本月发生的材料费用根据其用途分别借记"生产成本""制造费用""管理费用"等科目,贷记"原材料"科目。

领用原材料的核算

下面以绿材智童公司12月份相关业务为例,说明材料费用的归集与分配业务的核算。

【任务示例5-26】 绿材智童公司本月仓库发出材料及其用途如表5-5所示。

表5-5 发出材料汇总表

项目	甲材料		乙材料		丙材料		丁材料		金额合计/元
	数量/吨	金额/元	数量/吨	金额/元	数量/吨	金额/元	数量/吨	金额/元	
生产A产品耗用	15	76 200	15	31 200	10	20 000	1	3 200	130 600
生产B产品耗用	10	50 800	15	31 200	10	20 000	2	6 400	108 400
小计	25	127 000	30	62 400	20	40 000	3	9 600	239 000
车间一般耗用					2	4 000	1	3 200	7 200
管理部门领用					1	2 000	0.5	1 600	3 600
合计	25	127 000	30	62 400	23	46 000	4.5	14 400	249 800

这项经济业务的发生,一方面使库存材料减少,另一方面使生产成本和相关费用增加,其中,直接用于产品生产的,分别计入A、B产品的生产成本,车间一般耗用的,应记入制造费用,行政管理部门耗用的,记入管理费用。编制的会计分录如下:

```
借:生产成本——A产品              130 600
        ——B产品              108 400
    制造费用                      7 200
    管理费用                      3 600
```

贷：原材料——甲材料	127 000
——乙材料	62 400
——丙材料	46 000
——丁材料	14 400

（二）职工薪酬的归集与分配

职工薪酬是指企业为获得职工提供的服务或解除劳动关系而给予的各种形式的报酬或补偿。企业应当根据职工的岗位及提供服务的受益对象分配，分别计入当期损益或相关资产。借记"生产成本""制造费用""在建工程""销售费用""管理费用""研发支出"等科目，贷记"应付职工薪酬"科目。支付职工薪酬时，借记"应付职工薪酬"科目，贷记"银行存款"等科目。

下面以绿材智童公司 12 月相关业务为例，说明职工薪酬的归集与分配业务的核算。

【任务示例 5-27】 12 月 5 日，公司通过银行转账的方式给员工发放工资 180 000 元。

这项经济业务的发生，一方面使得公司的银行存款减少 180 000 元，另一方面使得公司的应付职工薪酬减少 180 000 元。编制的会计分录如下：

借：应付职工薪酬——工资	180 000
贷：银行存款	180 000

【任务示例 5-28】 12 月 31 日，公司根据当月的考勤记录和产量记录等资料，计算确定本月职工的工资如下：

A 产品生产工人工资：70 000 元；
B 产品生产工人工资：50 000 元；
车间管理人员工资：20 000 元；
厂部管理人员工资：10 000 元；
销售人员工资：30 000 元；
合计为 180 000 元。

在这项经济业务中，职工薪酬的发生按其经济用途不同，会导致有关的成本、费用项目增加。生产工人的工资作为直接生产费用应记入"生产成本"账户的借方，车间管理人员的工资作为间接生产费用应记入"制造费用"账户的借方，厂部管理人员的工资作为期间费用应记入"管理费用"账户的借方，销售人员的工资作为期间费用应记入"销售费用"账户的借方，上述工资尚未支付，因而形成公司的负债，其增加应记入"应付职工薪酬"账户的贷方。编制的会计分录如下：

借：生产成本——A 产品	70 000
——B 产品	50 000
制造费用	20 000
管理费用	10 000
销售费用	30 000
贷：应付职工薪酬	180 000

(三) 制造费用的归集与分配

制造费用的归集与分配

在生产多种产品的企业里,制造费用在发生时一般无法直接判定其应归属的成本核算对象,因而不能直接计入所生产的产品成本中,必须将上述各种费用按照发生的不同空间范围,在"制造费用"账户中予以归集汇总,然后选用一定的标准,在各种产品之间进行合理的分配,以便准确地确定各种产品应负担的制造费用。

常用的制造费用分配标准有生产工人工资、生产工人工时、机器工时等,各企业应根据自身的情况来选择。

制造费用分配具体的计算方法为:

$$制造费用分配率 = \frac{待分配的制造费用总额}{制造费用的分配标准之和}$$

某种产品应负担的制造费用 = 该种产品制造费用的分配标准 × 制造费用分配率

企业发生制造费用时,借记"制造费用"科目,贷记"累计折旧""原材料""银行存款""应付职工薪酬"等科目;结转或分摊时,借记"生产成本"科目,贷记"制造费用"科目。

下面仍以绿材智童公司12月相关业务为例,说明制造费用的归集与分配业务的核算。

【任务示例5-29】 12月20日,公司以银行存款支付车间办公用品费1 800元、行政管理部门办公用品费3 000元。

业务分析:这项经济业务的发生,一方面使银行存款减少4 800元,应记入"银行存款"账户的贷方;另一方面使企业费用增加4 800元,其中,车间办公费属于间接费用,应记入"制造费用"账户的借方,行政管理部门的办公费属于期间费用,应记入"管理费用"账户的借方。编制会计分录如下:

借:制造费用　　　　　　　　　　　　　　　　　　　　　　　1 800
　　管理费用　　　　　　　　　　　　　　　　　　　　　　　3 000
　　贷:银行存款　　　　　　　　　　　　　　　　　　　　　　　　4 800

【任务示例5-30】 12月31日,以银行存款支付本月水电费5 000元(不考虑增值税),其中车间耗用水电费4 000元,行政管理部门耗用水电费1 000元。

业务分析:这项经济业务的发生,一方面使银行存款减少5 000元,应记入"银行存款"账户的贷方;另一方面使企业费用增加5 000元,其中车间水电费属于间接费用,应记入"制造费用"账户的借方,行政管理部门的水电费属于期间费用,应记入"管理费用"账户的借方。编制会计分录如下:

借:制造费用　　　　　　　　　　　　　　　　　　　　　　　4 000
　　管理费用　　　　　　　　　　　　　　　　　　　　　　　1 000
　　贷:银行存款　　　　　　　　　　　　　　　　　　　　　　　　5 000

【任务示例5-31】 12月31日,绿材智童公司"制造费用"明细分类账户借方归集的12月份发生的制造费用总额为105 000元,按照本月A、B产品生产工人工时比例分配结转本月发生的制造费用。

制造费用的分配计算过程如下:

$$制造费用分配率 = \frac{待分配的制造费用总额}{制造费用的分配标准之和} = \frac{105\,000}{4\,000 + 2\,000} = 17.5$$

A 产品应负担的制造费用 = 4 000 × 17.5 = 70 000（元）
B 产品应负担的制造费用 = 2 000 × 17.5 = 35 000（元）

制造费用的分配可通过编制制造费用分配表来进行，如表 5-6 所示。

表 5-6 制造费用分配表　　　　　　　　　　　　　　　　　　　　元

产品名称	分配标准（生产工人工时）	制造费用	
		分配率	分配金额
A 产品	4 000	17.5	70 000
B 产品	2 000	17.5	35 000
合计	6 000	17.5	105 000

将 A、B 产品应负担的制造费用计算确定后，应将制造费用全部转入产品生产成本。因此，这项经济业务的发生，一方面使产品生产费用增加，应记入"生产成本"账户的借方，另一方面使制造费用减少，应记入"制造费用"账户的贷方。编制会计分录如下：

借：生产成本——A 产品　　　　　　　　　　　　　　70 000
　　　　　　——B 产品　　　　　　　　　　　　　　35 000
　　贷：制造费用　　　　　　　　　　　　　　　　　105 000

（四）完工产品生产成本的计算与结转

企业的生产费用经过归集和分配后，各项生产费用均归集到"生产成本"账户及其所属的各产品成本明细账的借方，在此基础上进行产品成本的计算。

产品生产成本的计算就是将企业生产过程中为制造产品所发生的各种费用按照所生产产品的品种、类别等（即成本计算对象）在本月完工产品和月末在产品之间进行分配，计算完工产品成本和月末在产品成本。计算公式如下：

完工产品生产成本 = 期初在产品成本 + 本期发生的生产费用 − 期末在产品成本

当产品完工并验收入库时，借记"库存商品"科目，贷记"生产成本"科目。

【任务示例 5-32】12 月 31 日，绿材智童公司本月投产的 A 产品 1 200 件、B 产品 1 000 件全部完工，并已验收入库，计算并结转其完工产品的生产成本。（假定 A 产品、B 产品月初均无在产品）

根据 A、B 产品生产情况，编制完工产品成本计算单，如表 5-7 所示。

表 5-7 完工产品成本计算单　　　　　　　　　　　　　　　　　　元

成本项目	A 产品（1 200 件）		B 产品（1 000 件）	
	总成本	单位成本	总成本	单位成本
直接材料	130 600	108.84	108 400	108.40
职工薪酬	70 000	58.33	50 000	50
制造费用	70 000	58.33	35 000	35
产品生产成本	270 600	225.50	193 400	193.40

产品生产完工入库结转成本时,一方面使得公司的库存商品成本增加,应记入"库存商品"账户的借方;另一方面使生产成本减少,应记入"生产成本"账户的贷方。编制会计分录如下:

借:库存商品——A产品　　　　　　　　　　　　　　　270 600
　　　　　　——B产品　　　　　　　　　　　　　　　193 400
　　贷:生产成本——A产品　　　　　　　　　　　　　　270 600
　　　　　　——B产品　　　　　　　　　　　　　　　193 400

生产业务的账务处理如表5-8所示。

表5-8　生产业务的账务处理

情况分类	会计分录	注意事项
根据领料单编制"发出材料汇总表",根据用途计入成本费用	借:生产成本 　　制造费用 　　管理费用等 贷:原材料	日常可以不进行发料业务核算,月末汇总后核算
月末按受益对象核算薪酬时	借:生产成本 　　制造费用 　　管理费用 　　在建工程 　　销售费用 　　管理费用 　　研发支出等 贷:应付职工薪酬	企业应当在职工在职的会计期间,将应付的职工薪酬确认为负债,除因解除与职工的劳动关系给予的补偿外,应当根据职工提供服务的受益对象记入相应账户
支付职工薪酬时	借:应付职工薪酬 贷:银行存款等	
发生制造费用时	借:制造费用 贷:原材料 　　累计折旧 　　银行存款 　　应付职工薪酬等	通常按生产工人工资、工时等分摊制造费用至产品的生产成本
结转制造费用时	借:生产成本 贷:制造费用	
产品完工验收入库时	借:库存商品 贷:生产成本	按完工产品的成本计入

任务六　销售业务的账务处理

销售过程是企业生产经营过程的最后阶段,也是产品价值的实现阶段。在这一过程中,企业要将制造完工的产成品及时销售出去并收回货款,以补偿生产产品的资金耗费,保证再生产正常进行的资金需要。按照销售价格收取的产品价款形成企业的销售收入。

按照配比原则，企业在取得产品销售收入的同时，应结转已销售产品的成本。将取得的销售收入与产品的销售成本相配比，若收入大于成本，其差额则为销售毛利，若收入小于成本，则为销售亏损。销售过程中在取得销售收入的同时还要发生各项销售费用，如产品运输费、广告费等，并要按一定比例计算缴纳销售税金及附加，如城市维护建设税、教育费附加等。因此，销售业务的账务处理包括商品销售、其他销售等业务收入、成本、费用及相关税费的确认与计量等内容。

【任务解析1】销售商品收入的确认

企业销售商品时应当在履行了合同中的履约义务，即在客户取得相关商品控制权时确认收入。

取得相关商品控制权，是指能够主导该商品的使用并从中获得几乎全部的经济利益。

【任务解析2】账户设置

为了进行销售业务的核算，企业应设置以下主要账户：

（一）"主营业务收入"账户

"主营业务收入"账户属于损益类账户，用来核算企业销售产品、提供劳务等所取得的收入。

该账户贷方登记已实现的产品销售收入，借方登记销售退回、销售折让的发生额和期末转入"本年利润"账户的数额，结转后本账户应无余额。

该账户应按主营业务的种类设置明细账，进行明细核算。

"主营业务收入"账户的结构如图5-23所示。

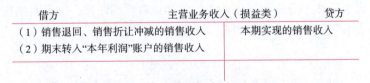

图5-23 "主营业务收入"账户的结构

（二）"主营业务成本"账户

"主营业务成本"账户属于损益类账户，用来核算企业确认销售商品、提供劳务等主营业务收入时应结转的成本。

该账户借方登记已销售产品的实际成本，贷方登记销售退回应冲减的销售成本及期末转入"本年利润"账户的数额，结转后本账户期末无余额。

"主营业务成本"账户应按照主营业务的种类设置明细账户，进行明细核算。

"主营业务成本"账户的结构如图5-24所示。

（三）"其他业务收入"账户

"其他业务收入"账户属于损益类账户，用来核算企业确认的除主营业务活动以外的其

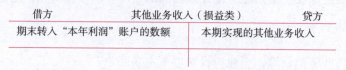

图 5-24 "主营业务成本"账户的结构

他经营活动实现的收入,包括出租固定资产、出租无形资产、销售材料等。

该账户贷方登记已实现的其他业务收入,即其他业务收入的增加额,借方登记期末转入"本年利润"账户的其他业务收入;结转后本账户应无余额。

该账户应按其他业务的种类设置明细账,进行明细核算。

"其他业务收入"账户的结构如图 5-25 所示。

借方	其他业务收入(损益类)	贷方
期末转入"本年利润"账户的数额		本期实现的其他业务收入

图 5-25 "其他业务收入"账户的结构

(四)"其他业务成本"账户

"其他业务成本"账户属于损益类账户,用来核算企业确认的除主营业务活动以外的其他经营活动所发生的支出,包括出租固定资产的折旧额、出租无形资产的摊销成本、销售材料的成本等。

该账户借方登记其他业务的支出,贷方登记期末转入"本年利润"账户的其他业务支出额;结转后本账户期末无余额。

"其他业务成本"账户应按照其他业务的种类设置明细账户,进行明细核算。

"其他业务成本"账户的结构如图 5-26 所示。

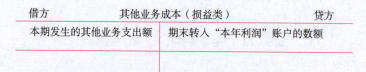

图 5-26 "其他业务成本"账户的结构

(五)"税金及附加"账户

"税金及附加"账户属于损益类账户,用来核算企业经营活动发生的消费税、城市维护建设税、资源税、教育费附加、房产税、城镇土地使用税、车船税、印花税等相关税费。

该账户借方登记企业按照规定计算应负担的税金及附加,贷方登记期末转入"本年利润"账户的数额;结转后本账户应无余额。

"税金及附加"账户的结构如图 5-27 所示。

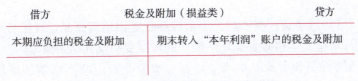

图 5-27 "税金及附加"账户的结构

(六)"应收账款"账户

"应收账款"账户属于资产类账户,用来核算企业因销售商品、提供劳务等经营活动应向购货单位或接受劳务单位收取款项的结算情况,为购买单位垫付的各种款项也在该账户中核算。

该账户借方登记因销售商品或提供劳务等而发生的应收账款,贷方登记收回的应收账款;期末一般为借方余额,表示尚未收回的应收账款。

该账户可按债务人设置明细账,进行明细核算。

"应收账款"账户的结构如图 5-28 所示。

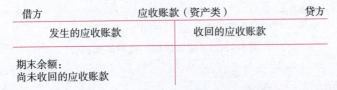

图 5-28 "应收账款"账户的结构

(七)"预收账款"账户

"预收账款"账户属于负债类账户,用来核算企业预收购货单位或接受劳务单位款项的增减变动及结余情况。预收账款情况不多的,也可以不设置本科目,将预收的款项直接记入"应收账款"科目。

"预收账款"账户贷方登记预收账款的增加,借方登记收入实现时冲减的预收账款;期末余额如在贷方,表示企业预收账款的结余额,如在借方,表示购货单位或接受劳务单位应补付给本企业的款项。

该账户应按购买单位或接受劳务单位设置明细账,进行明细核算。

"预收账款"账户的结构如图 5-29 所示。

借方	预收账款(负债类)	贷方
用商品或劳务偿付的预收账款		发生的预收账款
期末余额: 购货单位应补付的款项		期末余额: 预收账款的结余额

图 5-29 "预收账款"账户的结构

(八)"应收票据"账户

"应收票据"账户属于资产类账户,用来核算企业因销售商品、提供劳务等而收到的商业汇票(包括银行承兑汇票和商业承兑汇票)的增减变动及其结余情况。

企业收到购买单位开出并承兑的商业汇票,表明企业应收票据款的增加,应记入"应收票据"账户的借方;票据到期收回购买单位款项,表明企业应收票据款的减少,应记入"应收票据"账户的贷方;期末该账户如有余额,应在借方,表示尚未到期的票据应收款项的结余额。

该账户可按开出、承兑商业汇票的单位进行明细核算。

为了了解每一应收票据的具体结算情况,企业应设置"应收票据备查簿"逐笔登记每一应收票据的详细资料。

"应收票据"账户的结构如图 5-30 所示。

借方	应收票据(资产类)	贷方
企业收到承兑的商业汇票		到期(或转让、提前贴现)使应收票据款项减少
期末余额: 尚未到期的商业汇票		

图 5-30 "应收票据"账户的结构

(九)"其他应收款"账户

"其他应收款"账户属于资产类账户,用来核算企业除应收票据、应收账款等以外的各种应收、暂付款项。

该账户借方登记企业其他应收、暂付款项的发生数额,贷方登记其他应收、暂付款项的收回数额;期末余额在借方,表示尚未收回的其他应收、暂付款项。

其他应收款账户可按对方单位(或个人)进行明细核算。

"其他应收款"账户的结构如图 5-31 所示。

借方	其他应收款(资产类)	贷方
发生其他应收款		收回其他应收款
期末余额: 尚未收回的其他应收款、暂付款项		

图 5-31 "其他应收款"账户的结构

【任务解析3】 账务处理

(一)主营业务收入与成本的核算

企业销售商品或提供劳务及服务实现的收入,应根据收款方式的不同,借记"银行存款""应收账款""预收账款""应收票据"等科目,贷记"主营业务收入""应交税费——应交增值税(销项税额)"等科目。

期（月）末，企业应根据本期（月）销售的各种商品、提供的各种劳务及服务等实际成本，计算应结转的主营业务成本，借记"主营业务成本"科目，贷记"库存商品"等科目。

以绿材智童公司12月份发生的经济业务为例，说明销售过程业务的核算。

【任务示例5-33】 12月8日，绿材智童公司向新美公司销售A产品500件，单位售价360元；B产品600件，单位售价300元，价款共计360 000元，增值税销项税额46 800元，款项已收并存入银行。

业务分析：此项经济业务的发生，一方面使企业的银行存款增加406 800元，另一方面使产品销售收入增加360 000元，增值税销项税额增加46 800元。编制会计分录如下：

借：银行存款　　　　　　　　　　　　　　　　　　　　406 800
　　贷：主营业务收入——A产品　　　　　　　　　　　　　180 000
　　　　　　　　　　——B产品　　　　　　　　　　　　　180 000
　　　　应交税费——应交增值税（销项税额）　　　　　　　 46 800

【任务示例5-34】 12月12日，绿材智童公司向振华公司销售A产品300件，单位售价360元，价款108 000元，增值税销项税额14 040元，以银行存款为对方代垫运费2 040元，全部款项均未收到。

业务分析：此项经济业务的发生，一方面使企业的应收账款增加124 080元，另一方面使产品销售收入和增值税销项税额分别增加108 000元和14 040元，银行存款减少2 040元。编制会计分录如下：

借：应收账款——振华公司　　　　　　　　　　　　　　124 080
　　贷：主营业务收入——A产品　　　　　　　　　　　　　108 000
　　　　应交税费——应交增值税（销项税额）　　　　　　　 14 040
　　　　银行存款　　　　　　　　　　　　　　　　　　　　2 040

【任务示例5-35】 12月16日，绿材智童公司预收兴发公司购货款150 000元，存入银行。

业务分析：此项经济业务的发生，一方面使企业银行存款增加150 000元，另一方面使企业预收账款增加150 000元。编制会计分录如下：

借：银行存款　　　　　　　　　　　　　　　　　　　　150 000
　　贷：预收账款——兴发公司　　　　　　　　　　　　　 150 000

【任务示例5-36】 12月23日，绿材智童公司向兴发公司发出B产品500件，单位售价300元，价款150 000元，增值税销项税额19 500元，原预收款不足，其差额部分尚未收到。

业务分析：此项经济业务的发生，由于结算引起预收账款的减少，应记入"预收账款"账户的借方；销售收入的增加，应记入"主营业务收入"账户的贷方；增值税销项税额的增加，应记入"应交税费——应交增值税"账户的贷方。编制会计分录如下：

借：预收账款——兴发公司　　　　　　　　　　　　　　169 500
　　贷：主营业务收入——B产品　　　　　　　　　　　　　150 000
　　　　应交税费——应交增值税（销项税额）　　　　　　　 19 500

【任务示例 5-37】 12 月 25 日，绿材智童公司收到振华公司偿还的前欠货款 124 080 元，存入银行。

业务分析：此项经济业务的发生，一方面使企业的银行存款增加 124 080 元，另一方面使应收账款减少 124 080 元。编制会计分录如下：

借：银行存款　　　　　　　　　　　　　　　　　　　　　　124 080
　　贷：应收账款——振华公司　　　　　　　　　　　　　　　　124 080

【任务示例 5-38】 12 月 26 日，绿材智童公司向华联公司销售 A 产品 400 件，单位售价 360 元，价款 144 000 元，增值税销项税额 18 720 元，收到对方开具的 3 个月期限商业承兑汇票一张。

业务分析：此项经济业务的发生，一方面使企业的应收票据增加 167 040 元，另一方面使产品销售收入增加 144 000 元，增值税销项税额增加 18 720 元。编制会计分录如下：

借：应收票据　　　　　　　　　　　　　　　　　　　　　　162 720
　　贷：主营业务收入——A 产品　　　　　　　　　　　　　　　144 000
　　　　应交税费——应交增值税（销项税额）　　　　　　　　　18 720

【任务示例 5-39】 12 月 31 日，绿材智童公司结转本月已销售产品的生产成本。

由于各个月份生产的同一种产品的单位生产成本可能不同，所以要计算本月销售产品的生产成本，就需要采用一定的存货计价方法，如先进先出法、加权平均法等。本例为简化核算，假定企业每月生产的同一种产品单位生产成本相同，据此计算本月已销售产品的生产成本，如表 5-9 所示。

表 5-9　已销售产品生产成本计算表　　　　　　　　　　　　　　　元

产品种类	销售产品数量	单位生产成本	生产成本合计
A	1 200	225.50	270 600
B	1 100	193.40	212 740
合计	—	—	483 340

结转已销售产品的生产成本，一方面表明已销售产品成本的增加，另一方面表明库存商品成本的减少。编制会计分录如下：

借：主营业务成本——A 产品　　　　　　　　　　　　　　　270 600
　　　　　　　　——B 产品　　　　　　　　　　　　　　　212 740
　　贷：库存商品——A 产品　　　　　　　　　　　　　　　　270 600
　　　　　　　　——B 产品　　　　　　　　　　　　　　　　212 740

（二）其他业务收入与成本的核算

主营业务与其他业务的划分并不是绝对的，一个企业的主营业务可能是另一个企业的其他业务，即使在同一个企业，不同时期的主营业务和其他业务也不是固定不变的。

当企业发生其他业务收入时，借记"银行存款""应收账款"等科目，贷记"其他业务收入"科目，同时根据需要确认有关税金；在结转其他业务收入的同一会计期间，企业应根据本期应结转的其他业务成本金额，借记"其他业务成本"科目，贷记"原材料""累计折旧""累计摊销"等科目。

【任务示例5-40】 12月20日，绿材智童公司销售一批闲置原材料，价款3 000元，增值税额390元，成本2 000元，款项已收到存入银行。

业务分析：此项经济业务的发生，一方面使企业的银行存款增加3390元，另一方面使其他业务收入增加3 000元，增值税销项税额增加390元。编制会计分录如下：

借：银行存款　　　　　　　　　　　　　　　　　　　　　　3 390
　　贷：其他业务收入　　　　　　　　　　　　　　　　　　　3 000
　　　　应交税费——应交增值税（销项税额）　　　　　　　　　390

月末结转材料销售成本时，一方面其他业务成本增加，另一方面原材料成本减少。编制会计分录如下：

借：其他业务成本　　　　　　　　　　　　　　　　　　　　2 000
　　贷：原材料　　　　　　　　　　　　　　　　　　　　　　2 000

（三）税金及附加的核算

企业按规定计算应纳消费税、城市维护建设税、教育费附加、资源税、房产税、印花税等相关税费时，按照计算金额，借记"税金及附加"科目，贷记"应交税费"等科目。

【任务示例5-41】 12月31日，绿材智童公司按照规定计算出本月应负担的城市维护建设税2 023元，教育费附加867元。

业务分析：此项经济业务的发生，一方面使本月应负担的税金及附加增加2 890元，应记入"税金及附加"账户的借方，另一方面使企业应交的税费增加，应记入"应交税费"账户的贷方。编制会计分录如下：

借：税金及附加　　　　　　　　　　　　　　　　　　　　　2 890
　　贷：应交税费——应交城市维护建设税　　　　　　　　　　2 023
　　　　　　　　——应交教育费附加　　　　　　　　　　　　　867

销售业务的账务处理如表5-10所示。

表5-10　销售业务的账务处理

情况分类	会计分录	注意事项
销售商品或提供劳务时	借：银行存款/应收账款/预收账款/应收票据等 　　贷：主营业务收入 　　　　应交税费——应交增值税（销项税额）	按收款方式记入相关科目
结转主营业务成本时	借：主营业务成本 　　贷：库存商品	
发生其他业务收入时	借：银行存款/应收账款等 　　贷：其他业务收入 　　　　应交税费——应交增值税（销项税额）	工业企业销售原材料及租金收入通常记入"其他业务收入"科目
结转主营业务成本时	借：其他业务成本 　　贷：原材料 　　　　累计折旧 　　　　累计摊销等	

任务七　期间费用的账务处理

【任务解析1】期间费用的构成

期间费用,是指企业日常活动中不能直接归属于某个特定成本核算对象的,在发生时应直接计入当期损益的各种费用,包括管理费用、销售费用和财务费用。

管理费用,是指企业为组织和管理企业生产经营所发生的各项费用,包括企业在筹建期间内发生的开办费、董事会和行政管理部门在企业的经营管理中发生的或者应由企业统一负担的公司经费(包括行政管理部门职工工资及福利费、物料消耗、低值易耗品摊销、办公费和差旅费等)、工会经费、董事会费(包括董事会成员津贴、会议费和差旅费等)、聘请中介机构费、咨询费(含顾问费)、诉讼费、业务招待费、技术转让费、矿产资源补偿费、研究费、排污费等。企业生产车间(部门)和行政管理部门等发生的固定资产修理费用等后续支出,也属于管理费用。

销售费用,是指企业在销售商品和提供劳务过程中发生的应由本企业负担的各项费用,包括应由企业负担的运输费、装卸费、包装费、保险费、展览费、广告费,以及专设销售机构(含销售网点、售后服务网点等)的职工薪酬、业务费、折旧费等经营费用。

财务费用,是指企业在筹资等财务活动中发生的费用,包括企业经营期间发生的利息净支出、汇兑净损失、银行手续费等,以及因筹资而发生的其他费用等。

【任务解析2】账户设置

企业通常设置以下账户对期间费用业务进行会计核算:

(一)"管理费用"账户

"管理费用"账户属于损益类账户,用来核算企业为组织和管理企业生产经营所发生的管理费用。

该账户借方登记发生的各项管理费用,贷方登记期末转入"本年利润"账户的管理费用,期末结转后本账户无余额。该账户可按费用项目设置明细账,进行明细核算。

"管理费用"账户的结构如图5-32所示。

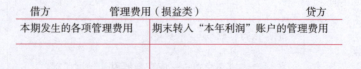

图5-32　"管理费用"账户的结构

(二)"销售费用"账户

"销售费用"账户属于损益类账户,用来核算企业在销售商品过程中发生的各项费用,包括运输费、装卸费、包装费、保险费、展览费和广告费，以及为销售本企业商品而专设的销售机构的职工工资及福利费、业务费等经营费用。

该账户借方登记本期发生的各项销售费用，贷方登记期末转入"本年利润"账户的数额，结转后本账户应无余额。该账户应按费用种类设置明细账，进行明细核算。

"销售费用"账户的结构如图5-33所示。

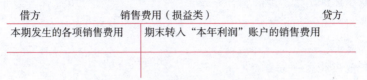

图5-33　"销售费用"账户的结构

（三）"财务费用"账户

"财务费用"账户属于损益类账户，用来核算企业为筹集生产经营所需资金等而发生的各种筹资费用，包括利息支出（减利息收入）、佣金、汇兑损失（减汇兑收益）以及相关的手续费等。为购建或生产满足资本化条件的资产发生的应予以资本化的借款费用，通过"在建工程""制造费用"等账户核算。

该账户借方登记手续费、利息费用等的增加额，贷方登记应冲减财务费用的利息收入等，期末结转后，该账户无余额。该账户可按费用项目进行明细核算。

"财务费用"账户的结构如图5-34所示。

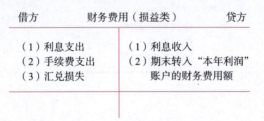

图5-34　"财务费用"账户的结构

【任务解析3】账务处理

企业发生期间费用时，根据费用的内容、受益部门等的不同，借方分别记入"管理费用""销售费用""财务费用"科目，根据费用的支付方式产生原因等的不同，贷方分别记入"银行存款""累计折旧""应付职工薪酬""应付利息""原材料"等科目。

下面以绿材智童公司12月发生的相关业务为例，说明期间费用的核算：

【任务示例5-42】12月5日，绿材智童公司厂部管理人员王斌出差，预借差旅费3 000元，付以现金支票。

业务分析：此项经济业务的发生，一方面使企业暂付款增加3 000元，应记入"其他应收款"账户的借方，另一方面使企业银行存款减少3 000元。编制会计分录如下：

借：其他应收款——王斌　　　　　　　　　　　　　　　　3 000

　　　　贷：银行存款　　　　　　　　　　　　　　　　　　　　　　　　　　　　3 000

【任务示例5-43】 接上例，12月10日，王斌出差回来，报销差旅费2 800元，余款退回现金。

业务分析：此项经济业务中，报销的2 800元差旅费已构成费用，应记入"管理费用"科目；余款交回，企业库存现金增加200元；王斌通过报销并交回余款，结清了原借款，企业其他应收款减少3 000元。编制会计分录如下：

　　借：管理费用　　　　　　　　　　　　　　　　　　　　　　　　　　　　2 800
　　　　库存现金　　　　　　　　　　　　　　　　　　　　　　　　　　　　　200
　　　　贷：其他应收款——王斌　　　　　　　　　　　　　　　　　　　　　3 000

【任务示例5-44】 12月15日，企业以银行存款支付产品展览费10 000元。

业务分析：此项经济业务的发生，一方面使企业销售费用增加10 000元，另一方面使银行存款减少10 000元。编制会计分录如下：

　　借：销售费用　　　　　　　　　　　　　　　　　　　　　　　　　　　　10 000
　　　　贷：银行存款　　　　　　　　　　　　　　　　　　　　　　　　　　10 000

期间费用的账务处理如表5-11所示。

表5-11　期间费用的账务处理

情况分类	会计分录	注意事项
发生各项期间费用时	借：管理费用/销售费用/财务费用等 　　贷：银行存款 　　　　累计折旧 　　　　应付职工薪酬 　　　　应付利息 　　　　原材料等	根据费用的内容、受益部门等的不同，借方记入不同费用科目；根据费用的支付方式、产生原因等的不同，贷方记入不同科目

任务八　利润形成与分配业务的账务处理

利润是指企业在一定会计期间所实现的最终经营成果，包括企业的收入与费用相抵后的差额和直接计入当期利润的利得和损失。企业的财务成果，即利润（或亏损）是企业经济效益和工作质量的综合反映，正确核算企业的财务成果，对于考核企业的经济效益，评价企业的工作业绩具有重要意义。

【任务解析1】 利润形成的账务处理

（一）利润的构成

从利润的形成内容看，不仅包括在销售业务核算中涉及的主营业务收支，还包括其他业务收支、期间费用、投资收益等营业活动中的损益，同时还包括与生产经营活动没有直接关系的利得和损失。按照我国现行会计制度的规定，利润由营业利润、利润总额、净利润三个层次构成。

1. 营业利润

营业利润是企业利润的主要组成部分,能够比较恰当地反映企业管理者的经营业绩,其计算公式如下:

营业利润 = 营业收入 − 营业成本 − 税金及附加 − 销售费用 − 管理费用 − 财务费用 − 信用减值损失 − 资产减值损失 + 公允价值变动收益(−公允价值变动损失)+ 投资收益(−投资损失)

其中:
$$营业收入 = 主营业务收入 + 其他业务收入$$
$$营业成本 = 主营业务成本 + 其他业务成本$$

信用减值损失是指企业计提应收款项信用减值准备所形成的损失。

资产减值损失是指企业计提其他资产减值准备所形成的损失。

公允价值变动收益(或损失)是指企业交易性金融资产等公允价值变动形成的计入当期损益的收益或损失。

投资收益(或损失)是指企业以各种方式对外投资所取得的收益(或发生的损失)。

2. 利润总额

利润总额,又称税前利润,由营业利润、营业外收入和营业外支出组成,其计算公式如下:
$$利润总额 = 营业利润 + 营业外收入 − 营业外支出$$

营业外收入是指企业发生的与其日常经营活动没有直接关系的各项利得,包括非流动资产处置利得、非货币性资产交换利得、债务重组利得、政府补助、盘盈利得、捐赠利得等。

营业外支出是指企业发生的与其日常经营活动没有直接关系的各项损失,包括非流动资产处置损失、非货币性资产交换损失、债务重组损失、捐赠支出、非常损失、盘亏损失等。

3. 净利润

净利润,又称税后利润,是指企业当期的利润总额减去所得税费用后的净额,其计算公式如下:
$$净利润 = 利润总额 − 所得税费用$$

(二)账户设置

企业通常设置以下账户对利润形成业务进行会计核算:

1. "本年利润"账户

"本年利润"账户属于所有者权益类账户,用来核算企业实现的净利润或发生的净亏损。

该账户贷方登记期末转入的各项收入,包括主营业务收入、其他业务收入、营业外收入和投资净收益等,借方登记会计期末转入的各项支出,包括主营业务成本、其他业务成本、税金及附加、管理费用、财务费用、销售费用、营业外支出、投资净损失和所得税费用等。在年度中间,该账户的余额保留在本账户,不予转账。年内期末余额如果在贷方,表示截止本期末本年度累计实现的净利润；如果在借方，表示截至本期末本年度累计发生的净亏损。年度终了，应将该账户的余额转入"利润分配"账户的贷方或借方（如果是净利润，应自该账户的借方转入"利润分配"账户的贷方，如果是亏损，应自该账户的贷方转入"利润分配"账户的借方），结转之后，该账户期末无余额。

"本年利润"账户的结构如图 5-35 所示。

借方 本年利润（所有者权益类） 贷方	
期末转入的各项支出： （1）主营业务成本 （2）税金及附加 （3）其他业务成本 （4）管理费用 （5）财务费用 （6）销售费用 （7）资产减值损失 （8）投资收益（净损失） （9）营业外支出 （10）所得税费用	期末转入的各项收入： （1）主营业务收入 （2）其他业务收入 （3）营业外收入 （4）投资收益（净收益）
年内期末余额：累计亏损	年内期末余额：累计净利润
年终结转的全年净利润额	年终结转的全年净亏损额

图 5-35 "本年利润"账户的结构

2. "营业外收入"账户

"营业外收入"账户属于损益类账户，用来核算企业营业外收入的取得及结转情况。

该账户贷方登记确认的营业外收入，借方登记期末转入"本年利润"账户的营业外收入，结转后该账户期末无余额。

该账户可按营业外收入项目设置明细账，进行明细核算。

"营业外收入"账户的结构如图 5-36 所示。

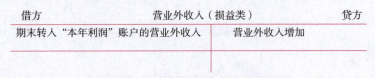

图 5-36 "营业外收入"账户的结构

3. "营业外支出"账户

"营业外支出"账户属于损益类账户，用来核算企业营业外支出的发生及结转情况。

该账户借方登记发生的营业外支出，贷方登记期末转入"本年利润"账户的营业外支出，结转后期末无余额。

该账户可按营业外支出项目设置明细账，进行明细核算。

"营业外支出"账户的结构如图 5-37 所示。

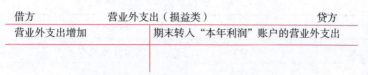

图 5-37 "营业外支出"账户的结构

4. "所得税费用"账户

"所得税费用"账户属于损益类账户,用来核算企业确认的应从当期利润总额中扣除的所得税费用。

该账户借方登记本期发生的所得税费用,贷方登记期末转入"本年利润"账户的数额。结转后期末无余额。

该账户可按"当期所得税费用"和"递延所得税费用"进行明细核算。

"所得税费用"账户的结构如图 5-38 所示。

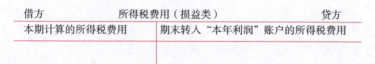

图 5-38 "所得税费用"账户的结构

(三)账务处理

会计期末(月末或年末)结转各项收入时,借记"主营业务收入""其他业务收入""营业外收入"等科目,贷记"本年利润"科目;结转各项支出时,借记"本年利润"科目,贷记"主营业务成本""其他业务成本""税金及附加""管理费用""销售费用""财务费用""营业外支出""所得税费用"等科目。

下面仍以绿材智童公司 12 月份发生的经济业务为例,说明利润形成业务的核算。

【任务示例 5-45】12 月 15 日,绿材智童公司收到新源公司的违约罚款收入 50 000 元,款项已存入银行。

业务分析:此项经济业务的发生,一方面使企业银行存款增加 50 000 元,另一方面使营业外收入增加 50 000 元。编制会计分录如下:

借:银行存款　　　　　　　　　　　　　　　　　　　　　　50 000
　　贷:营业外收入　　　　　　　　　　　　　　　　　　　　50 000

【任务示例 5-46】12 月 18 日,绿材智童公司开出转账支票向希望工程捐款 10 000 元。

业务分析:此项经济业务的发生,一方面使企业的银行存款减少 10 000 元,另一方面使营业外支出增加 10 000 元。编制会计分录如下:

借:营业外支出　　　　　　　　　　　　　　　　　　　　　10 000
　　贷:银行存款　　　　　　　　　　　　　　　　　　　　　10 000

【任务示例 5-47】12 月 31 日,绿材智童公司结转本期各损益类账户。结转前各损益类账户的余额如表 5-12 所示。

表 5-12　各损益类账户的余额表　　　　　　　　　　　　元

账户名称	贷方余额	账户名称	借方余额
主营业务收入	762 000	主营业务成本	483 340
其他业务收入	3 000	其他业务成本	2 000
营业外收入	50 000	税金及附加	2 890
		销售费用	40 000
		管理费用	38 400
		财务费用	10 000
		营业外支出	10 000
合计	815 000	合计	586 630

将各种收入类账户的贷方发生额从其借方转入"本年利润"账户的贷方，编制会计分录如下：

借：主营业务收入　　　　　　　　　　　　　　　　762 000
　　其他业务收入　　　　　　　　　　　　　　　　　3 000
　　营业外收入　　　　　　　　　　　　　　　　　50 000
　　贷：本年利润　　　　　　　　　　　　　　　　815 000

将各支出类账户本期借方发生额从其贷方转入"本年利润"账户的借方，编制会计分录如下：

借：本年利润　　　　　　　　　　　　　　　　　586 630
　　贷：主营业务成本　　　　　　　　　　　　　483 340
　　　　其他业务成本　　　　　　　　　　　　　　2 000
　　　　税金及附加　　　　　　　　　　　　　　　2 890
　　　　销售费用　　　　　　　　　　　　　　　40 000
　　　　管理费用　　　　　　　　　　　　　　　38 400
　　　　财务费用　　　　　　　　　　　　　　　10 000
　　　　营业外支出　　　　　　　　　　　　　　10 000

经过上述结转后，将"本年利润"账户的本月贷方发生额减去借方发生额，可计算出本期实现的利润为 228 370（815 000 - 586 630）元。

【任务示例 5-48】12 月 31 日，绿材智童公司按规定计算本期应交所得税（假定无纳税调整项目，所得税税率 25%）。

所得税是按照国家税法规定，对企业某一经营年度实现的经营所得和其他所得，按规定的所得税税率计算缴纳的一种税款。企业所得税一般实行分期预缴、年终汇算清缴的办法。其计算公式为：

应纳所得税额 = 应纳税所得额 × 适用的所得税税率
应纳税所得额 = 利润总额 ± 纳税调整项目

纳税调整项目主要是由于税法与会计的相关规定不同造成的，由于纳税调整项目的计算比较复杂，为了简化核算，在这里不予考虑。

本期应交所得税 = 228 370 × 25% = 57 092.50（元）

业务分析：此项经济业务的发生，一方面使企业承担的所得税费用增加，应记入"所得税费用"账户的借方；另一方面使企业应交的所得税增加，应记入"应交税费"账户的贷方。编制会计分录如下：

借：所得税费用　　　　　　　　　　　　　　　　　　　　57 092.50
　　贷：应交税费——应交所得税　　　　　　　　　　　　　　57 092.50

【任务示例5-49】 12月31日，绿材智童公司将"所得税费用"账户的本期发生额转入"本年利润"账户。

业务分析：此项经济业务是将本期所发生的所得税费用转入"本年利润"账户，据以确定当期实现的净利润。结转所得税费用时，从"所得税费用"账户的贷方转入"本年利润"账户的借方。编制会计分录如下：

借：本年利润　　　　　　　　　　　　　　　　　　　　　57 092.50
　　贷：所得税费用　　　　　　　　　　　　　　　　　　　57 092.50

经过上述结转后，可计算出本期实现的净利润为171 277.50（228 370 - 57 092.50）元。

【任务解析2】利润分配的账务处理

利润分配是指企业按照国家的有关法规规定和股东大会或投资者的决议，对企业当年实现的净利润和以前年度未分配的利润进行分配，主要包括提取盈余公积和向投资者分配利润等。

（一）账户设置

为了核算企业利润分配的具体业务，企业需要设置"利润分配""盈余公积""应付股利"等账户。

1."利润分配"账户

"利润分配"账户属于所有者权益类账户，用来核算企业利润的分配（或亏损的弥补）和历年分配（或弥补）后的未分配利润（或未弥补亏损）。

该账户借方登记已分配的利润数（如提取的盈余公积、应付现金股利和利润）以及年末由"本年利润"账户转来的本年累计亏损数；贷方登记盈余公积弥补的亏损数以及年末由"本年利润"账户转入本年累计净利润。年末，应将"利润分配"账户下其他明细账户的余额转入"未分配利润"明细账户，结转后，除"未分配利润"明细账户可能有余额外，其他各个明细账户均无余额。期末如为贷方余额，表示累计未分配利润数；如为借方余额，表示累计未弥补的亏损数。

为了具体反映企业利润分配情况和未分配利润情况，该账户应设置"提取法定盈余公积""提取任意盈余公积""应付现金股利或利润""未分配利润"等明细账户，进行明细核算。

"利润分配"账户的结构如图5-39所示。

借方	利润分配（所有者权益类）	贷方
（1）本年累计发生的亏损 （2）已分配的利润额	（1）本期弥补的亏损数 （2）本年累计实现的净利润	
期末余额： 累计未弥补亏损	期末余额： 累计未分配利润	

图 5-39 "利润分配"账户的结构

2. "盈余公积"账户

"盈余公积"账户属于所有者权益类账户，用来核算企业盈余公积的提取、使用和结余情况。

该账户贷方登记提取的盈余公积数，借方登记盈余公积的使用数，期末贷方余额，表示盈余公积的结余数额。该账户应当分别按照"法定盈余公积""任意盈余公积"进行明细核算。

"盈余公积"账户的结构如图 5-40 所示。

借方	盈余公积（所有者权益类）	贷方
使用的盈余公积	提取的盈余公积	
	期末余额： 结余的盈余公积	

图 5-40 "盈余公积"账户的结构

3. "应付股利"账户

"应付股利"账户属于负债类账户，用来核算企业确定或宣告支付但尚未实际支付的利润或现金股利。

该账户贷方登记应支付给投资者的利润或现金股利，借方登记实际支付的利润或现金股利，期末贷方余额，表示企业应付未付的利润或现金股利。

该账户应按投资者设置明细账，进行明细分类核算。

"应付股利"账户的结构如图 5-41 所示。

借方	应付股利（负债类）	贷方
实际支付的利润或现金股利	应支付的利润或现金股利	
	期末余额： 尚未支付的利润或现金股利	

图 5-41 "应付股利"账户的结构

（二）账务处理

1. 净利润转入利润分配

会计期末，企业应将当年实现的净利润转入"利润分配——未分配利润"账户，即借记"本年利润"科目,贷记"利润分配——未分配利润"科目,如为净亏损,则做相反的会计分录。

结转前,如果"利润分配——未分配利润"明细科目的余额在借方,上述结转当年所实现净利润的会计分录同时反映了当年实现的净利润弥补以前年度亏损的情况。因此,在用当年实现的净利润弥补以前年度亏损时,无须另行编制会计分录。

【任务示例5-50】 12月31日,绿材智童公司将本期实现的净利润171 277.50元转入"利润分配——未分配利润"账户。

业务分析:此项经济业务的发生,一方面使利润分配中的未分配利润增加,应记入"利润分配——未分配利润"账户的贷方;另一方面因结转净利润使本年实现的净利润减少,应记入"本年利润"账户的借方。编制会计分录如下:

借:本年利润　　　　　　　　　　　　　　　　　　　171 277.50
　　贷:利润分配——未分配利润　　　　　　　　　　　　　　171 277.50

2. 提取盈余公积

企业提取的法定盈余公积,借记"利润分配——提取法定盈余公积"科目,贷记"盈余公积——法定盈余公积"科目;提取的任意盈余公积,借记"利润分配——提取任意盈余公积"科目,贷记"盈余公积——任意盈余公积"科目。

【任务示例5-51】 12月31日,绿材智童公司根据董事会通过的利润分配方案,按净利润171 277.50元的10%提取法定盈余公积17 127.75元,按净利润171 277.50元的5%提取任意盈余公积8 563.88元。

业务分析:此项经济业务的发生,一方面使已分配利润增加(即净利润减少),应记入"利润分配"账户的借方;另一方面使盈余公积增加,应记入"盈余公积"账户的贷方。编制会计分录如下:

借:利润分配——提取法定盈余公积　　　　　　　　　　17 127.75
　　　　　　——提取任意盈余公积　　　　　　　　　　 8 563.88
　　贷:盈余公积——法定盈余公积　　　　　　　　　　　　17 127.75
　　　　　　　　——任意盈余公积　　　　　　　　　　　　 8 563.88

3. 向投资者分配利润或股利

企业对于以现金向投资者分配的利润或股利,借记"利润分配——应付现金股利"科目,贷记"应付股利"等科目。

【任务示例5-52】 12月31日,绿材智童公司根据董事会通过的利润分配方案,决定向投资者分配现金股利50 000元。

业务分析:此项经济业务的发生,一方面使已分配利润增加(即净利润减少)50 000元,应记入"利润分配"账户的借方;另一方面使应付股利增加50 000元,应记入"应付股利"账户的贷方。编制会计分录如下:

借:利润分配——应付现金股利　　　　　　　　　　　　50 000
　　贷:应付股利　　　　　　　　　　　　　　　　　　　　50 000

4. 盈余公积补亏

企业发生的亏损，可以用实现的利润弥补，也可以用累积的盈余公积弥补。用盈余公积弥补亏损时，借记"盈余公积"科目，贷记"利润分配——盈余公积补亏"科目。

5. 企业未分配利润的形成

年度终了，企业需将"利润分配"科目所属其他明细科目的余额转入"利润分配——未分配利润"明细科目，即借记"利润分配——未分配利润"科目，贷记"利润分配——提取法定盈余公积""利润分配——提取任意盈余公积""利润分配——应付现金股利"等科目，以及借记"利润分配——盈余公积补亏"科目，贷记"利润分配——未分配利润"科目。结转后，"利润分配"科目中除未分配利润明细科目外，所属其他明细科目均无余额。

【任务示例5-53】12月31日，绿材智童公司将"利润分配"账户下其他明细分类账户余额转入"利润分配——未分配利润"账户。

业务分析：此项经济业务的发生，是"利润分配"账户的各明细账户之间的转账。编制会计分录如下：

借：利润分配——未分配利润　　　　　　　　　　　　　75 691.63
　　贷：利润分配——提取法定盈余公积　　　　　　　　17 127.75
　　　　　　　　　——提取任意盈余公积　　　　　　　　8 563.88
　　　　　　　　　——应付股利　　　　　　　　　　　　50 000

利润形成与分配业务的账务处理如表5-13所示。

表5-13 利润形成与分配业务的账务处理

情况分类	会计分录	注意事项
期末结转收益或收入时	借：主营业务收入 　　其他业务收入 　　（投资收益） 　　（公允价值变动损益） 　　营业外收入等 　贷：本年利润	
期末结转费用或损失时	借：本年利润 　贷：主营业务成本 　　　其他业务成本 　　　税金及附加 　　　管理费用 　　　销售费用 　　　财务费用 　　　信用减值损失 　　　资产减值损失 　　　（投资收益） 　　　（公允价值变动损益） 　　　营业外支出 　　　所得税费用等	"投资收益"和"公允价值变动损益"若为贷方，从借方转入"本年利润"账户。若为借方余额，则从贷方转入"本年利润"账户

续表

情况分类	会计分录	注意事项
期末，结转"本年利润"时	若"本年利润"为贷方余额，则： 借：本年利润 　　贷：利润分配——未分配利润 若"本年利润"为借方余额，则： 借：利润分配——未分配利润 　　贷：本年利润	期末结转后： （1）各损益类账户没有余额。 （2）"本年利润"账户没有余额。 （3）"利润分配"各明细账中，仅"利润分配——未分配利润"账户有余额，其他利润分配明细账均无余额。"利润分配——未分配利润"若为贷方余额，表示尚未分配的利润；若"利润分配——未分配利润"为借方余额，表示尚未弥补的亏损
提取盈余公积时	借：利润分配——提取法定盈余公积 　　　　　　——提取任意盈余公积 　　贷：盈余公积——法定盈余公积 　　　　　　——任意盈余公积	
向投资者分配利润或股利时	借：利润分配——应付现金股利 　　贷：应付股利	
盈余公积补亏时	借：盈余公积 　　贷：利润分配——盈余公积补亏	
企业未分配利润的形成	借：利润分配——未分配利润 　　贷：利润分配——提取法定盈余公积 　　　　　　——提取任意盈余公积 　　　　　　——应付现金股利 以及： 借：利润分配——盈余公积补亏 　　贷：利润分配——未分配利润	

【拓展阅读】

购入汽车按几年计算折旧

什么是"反向开票"

折旧的计提年限

【项目化集中训练】

一、单项选择题

1. "实收资本"或"股本"账户，属于企业的（　　）账户。
   A. 资产类　　　　　　　　　　B. 负债类
   C. 所有者权益类　　　　　　　D. 损益类
2. 投资者实际出资额超过其认缴的资本数额部分，应记入（　　）账户。
   A. "实收资本"　　B. "资本公积"　　C. "盈余公积"　　D. "营业外收入"

3. 企业向银行借入两年期借款，应记入（　　）账户的贷方。
   A. "短期借款"　　B. "银行存款"　　C. "长期借款"　　D. "应付账款"
4. 一般纳税人购进材料过程中发生的增值税应记入（　　）。
   A. "在途物资"账户的借方　　　　B. "应交税费——应交增值税"账户的贷方
   C. "原材料"账户的借方　　　　　D. "应交税费——应交增值税"账户的借方
5. 下列各项中，不能计入材料采购成本的是（　　）。
   A. 材料采购途中的运杂费　　　　B. 采购材料时所支付的增值税
   C. 运输途中的合理损耗　　　　　D. 入库前的挑选费用
6. "在途物资"账户的期末借方余额表示（　　）的实际成本。
   A. 库存材料　　B. 在途材料　　C. 发出材料　　D. 收入材料
7. 采购员出差预借差旅费时，应借记（　　）账户。
   A. "在途物资"　　B. "其他应收款"　　C. "其他应付款"　　D. "管理费用"
8. 生产车间发生的间接费用，应记入（　　）账户。
   A. "管理费用"　　B. "制造费用"　　C. "生产成本"　　D. "销售费用"
9. "累计折旧"账户，属于（　　）账户。
   A. 资产类　　B. 负债类　　C. 成本类　　D. 损益类
10. "制造费用"账户月末分配结转后，该账户（　　）。
    A. 无余额　　　　　　　　　　　B. 余额在借方
    C. 余额在贷方　　　　　　　　　D. 余额方向不固定
11. 企业生产的产品完工，应将其成本转入（　　）账户。
    A. "生产成本"　　　　　　　　　B. "库存商品"
    C. "主营业务成本"　　　　　　　D. "本年利润"
12. 计提本月固定资产折旧时，应贷记（　　）账户。
    A. "管理费用"　　B. "累计折旧"　　C. "制造费用"　　D. "固定资产"
13. 下列属于生产间接费用的是（　　）。
    A. 管理费用　　B. 制造费用　　C. 财务费用　　D. 销售费用
14. 销售费用属于（　　）账户。
    A. 资产类　　B. 负债类　　C. 所有者权益类　　D. 损益类
15. 结转已销售产品实际成本时，贷记"库存商品"账户，应借记（　　）账户。
    A. "生产成本"　　B. "主营业务成本"　　C. "销售费用"　　D. "本年利润"
16. 企业发生的期间费用应（　　）。
    A. 计入当期生产成本　　　　　　B. 计入当期损益
    C. 计入间接费用　　　　　　　　D. 等待以后分摊
17. 月末计算出应交纳的所得税时，应借记（　　）账户。
    A. "所得税费用"　　B. "应交税费"　　C. "税金及附加"　　D. "管理费用"
18. 期末损益类账户转入（　　）账户后，余额为零。
    A. "本年利润"　　B. "利润分配"　　C. "应付股利"　　D. "所得税费用"
19. "利润分配"账户期末贷方余额，反映企业累计结存的（　　）。

A. 未分配利润　　B. 利润总额　　　C. 净利润　　　D. 未弥补亏损

20. 利润总额减去（　　）后的余额称为净利润。

A. 增值税　　　B. 消费税　　　　C. 所得税费用　　D. 城建税

二、多项选择题

1. 企业的资本金按投资主体不同，可以分为（　　）。

A. 国家资本金　B. 法人资本金　　C. 个人资本金　　D. 外商资本金

2. 下列属于材料采购费用的是（　　）。

A. 买价　　　　　　　　　　　　B. 运输途中的合理损耗
C. 采购时发生的运杂费　　　　　D. 采购人员的差旅费

3. 核算材料采购业务设置的主要账户有（　　）。

A. "原材料"　B. "在途物资"　　C. "应收账款"　　D. "应交税费"

4. 工资费用分配的核算，可能涉及（　　）账户。

A. "生产成本"　　　　　　　　　B. "管理费用"
C. "应付职工薪酬"　　　　　　　D. "制造费用"

5. 下列项目中可记入"制造费用"账户的有（　　）。

A. 车间一般耗用的材料　　　　　B. 车间管理人员的工资
C. 行政管理部门人员的工资　　　D. 车间计提的固定资产折旧

6. 下列项目中属于期间费用的有（　　）。

A. 制造费用　　B. 管理费用　　　C. 销售费用　　　D. 财务费用

7. 下列费用中，属于销售费用核算内容的有（　　）。

A. 代垫运费　　B. 广告费　　　　C. 销售产品运输费　D. 产品展览费

8. 通过"税金及附加"账户核算的税金有（　　）。

A. 增值税　　　B. 消费税　　　　C. 所得税　　　D. 城市维护建设税

9. 在结转损益时，下列账户余额应转入"本年利润"账户的是（　　）。

A. "制造费用"　B. "销售费用"　　C. "管理费用"　　D. "所得税费用"

10. 下列各项中，影响企业营业利润的项目有（　　）。

A. 投资收益　　B. 管理费用　　　C. 营业外收入　　D. 税金及附加

三、判断题

1. 企业的利润分配业务均会引起企业资金退出。　　　　　　　　　　（　　）
2. 负债筹资主要包括短期借款、长期借款以及结算形成的负债等。　　（　　）
3. 生产部门领用的材料，应按该材料的实际成本记入相应的生产成本账户。（　　）
4. 企业在生产经营过程中支付的人员工资、福利费等，均属于成本项目中的直接人工。
　　　　　　　　　　　　　　　　　　　　　　　　　　　　　　　　（　　）
5. 车间机器设备的折旧费、维修费，均为企业发生的制造费用。　　　（　　）
6. 期末应将"制造费用"账户所归集的制造费用分配计入有关的成本计算对象，因此，该账户期末一般无余额。　　　　　　　　　　　　　　　　　　　　（　　）
7. 车间管理人员的工资应计入企业的管理费用。　　　　　　　　　　（　　）

8. 向投资者支付已经宣告分配的现金股利能够导致资产和负债同时减少。（   ）

9. 企业行政管理部门领用的材料成本，应计入企业的管理费用。（   ）

10. 利润总额，是指企业的营业利润加营业外收支净额减去所得税费用后的余额。
（   ）

四、实务训练

1. 绿材智童公司202×年12月份有关资金筹集业务资料如下：

（1）1日，收到大丰公司投入的货币资金500 000元，存入银行。

（2）1日，向银行取得为期6个月的借款100 000元，款项已转存银行。借款年利率为6%，利息到期一次性支付。

（3）5日，向银行取得为期2年的借款300 000元，款项已转存银行。

（4）15日，新兴公司以机器设备一台作为对绿材智童公司的投资，双方协商作价500 000元。

（5）21日，建华公司以一项专利向绿材智童公司投资，该专利的公允价值为150 000元。

（6）31日，计提当期应负担的借款利息500元。

要求：根据上述资料编制会计分录。

2. 绿材智童公司202×年12月份有关固定资产、材料采购、期间费用业务资料如下：（该企业对原材料采用实际成本法核算，运杂费不考虑增值税）

（1）2日，购入不需安装的设备一台，买价50 000元，增值税额6 500元，包装费1 200元，运杂费800元，款项已全部用银行存款支付。

（2）2日，购入A、B两种材料，价款150 000元，增值税专用发票上注明的税额为19 500元，货款已付，材料未到。明细资料如表5-14所示。

表5-14 明细资料

品种	重量/千克	买价/元
A材料	3 000	60 000
B材料	3 000	90 000

（3）3日，以银行存款支付上项购入A、B材料的运杂费6 000元，按材料的重量比例分配该项采购费用。

（4）5日，购入的A、B材料已到，并验收入库，结转材料的实际采购成本。

（5）10日，采购员王红经批准预借差旅费5 000元，付给现金。

（6）12日，以银行存款向海天公司预付购买A材料的货款50 000元。

（7）15日，收到海天公司发来的已预付货款的A材料4 000千克，单价20元，价款80 000元，运杂费4 000元，增值税专用发票上注明的税额10 400元。材料已验收入库，预付款不足部分，尚未支付。

（8）18日，向欣欣公司购入B材料2 000千克，单价30元，计60 000元，增值税进项税额7 800元，欣欣公司代垫运杂费2 000元，材料已运达公司，并验收入库，款项尚未支付。

(9) 20日，以银行存款支付产品广告费20 000元。
(10) 22日，以银行存款44 400元补付海天公司的货款。
(11) 25日，王红出差回来报销差旅费4 600元，退回现金400元。

要求：

(1) 编制材料采购成本计算表，如表5-15所示。

表5-15 材料采购成本计算表

年　月　　　　　　　　　　　　　　　　　　　　　　　元

项目	A材料		B材料	
	总成本（　千克）	单位成本	总成本（　千克）	单位成本
买价				
采购费用				
采购成本				

(2) 编制上述经济业务的会计分录。

3. 绿材智童公司202×年12月份有关生产业务资料如下：

(1) 10日，开出现金支票从银行提取现金120 000元，备发工资。

(2) 10日，以库存现金120 000元支付职工工资。

(3) 20日，以银行存款支付车间办公用品费1 500元、行政管理部门办公用品费5 400元。

(4) 30日，公司根据当月的领料凭证，编制当月材料耗用汇总表，如表5-16所示，分配材料费用。

表5-16 材料耗用汇总表

202×年12月

用途	A材料			B材料			金额合计/元
	数量/千克	单价/元	金额/元	数量/千克	单价/元	金额/元	
生产产品耗用							
其中：甲产品	4 000	21	84 000	2 000	31	62 000	146 000
乙产品	2 000	21	42 000	2 500	31	77 500	119 500
车间一般耗用	300	21	6 300	100	31	3 100	9 400
行政管理部门耗用	200	21	4 200	100	31	3 100	7 300
合计	6 500	21	136 500	4 700	31	145 700	282 200

(5) 31日，根据12月份工资汇总表，如表5-17所示，结算并分配本月应付职工工资。

表 5-17 工资汇总表（简表）

202×年12月   元

项目	应付职工工资
生产工人：	
其中：甲产品	40 000
乙产品	60 000
车间管理人员	6 000
行政管理人员	14 000
销售人员	20 000
合计	140 000

（6）31日，计提本月固定资产折旧13 290元，其中生产车间用固定资产折旧费8 560元，行政管理部门用固定资产折旧费4 730元。

（7）31日，以银行存款支付本月水电费6 200元（不考虑增值税），其中车间耗用水电费3 700元，行政管理部门耗用水电费2 500元。

（8）31日，按照本月甲、乙产品生产工人工资比例分配结转本月发生的制造费用。

（9）31日，本月投产的甲产品2 000件、乙产品1 000件全部完工，并已验收入库，计算并结转其完工产品的生产成本。（假定甲产品、乙产品月初均无在产品）

要求：

（1）根据上述经济业务编制会计分录。

（2）编制制造费用分配表和完工产品生产成本计算单，如表5-18和表5-19所示。

表 5-18 制造费用分配表

年   月   元

产品名称	分配标准（生产工人工资）	制造费用	
		分配率	分配金额
甲产品			
乙产品			
合 计			

表 5-19 完工产品生产成本计算单

年   月   元

成本项目	甲产品（　　件）		乙产品（　　件）	
	总成本	单位成本	总成本	单位成本
直接材料				
直接人工				

续表

成本项目	甲产品（　　件）		乙产品（　　件）	
	总成本	单位成本	总成本	单位成本
制造费用				
产品生产成本				

4. 绿材智童公司202×年12月有关销售业务资料如下：

（1）10日，向华美公司销售甲产品1 000件，单位售价180元；乙产品400件，单位售价320元，价款共计308 000元，增值税销项税额40 040元，款项已收并存入银行。

（2）15日，向万达公司销售甲产品500件，单位售价180元；乙产品500件，单位售价320元，价款共计250 000元，增值税销项税额32 500元，以银行存款为对方代垫运费4 500元，全部款项均未收到。

（3）18日，根据合同预收大发公司购货款50 000元，存入银行。

（4）25日，向大发公司发出甲产品400件，单位售价180元，共计货款72 000元，增值税销项税额9 360元，原预收款不足，其差额部分尚未收到。

（5）31日，结转本月已销售产品的生产成本。（甲产品单位生产成本101.80元，乙产品单位成本205.90元）

（6）31日，按照规定计算出本月应负担的城市维护建设税4 046元，教育费附加1 734元。

要求：根据上述资料编制相应的会计分录。

5. 绿材智童公司202×年12月有关利润形成和分配业务资料如下：（注意：本题建立在1~4题的基础上）

（1）18日，收到永安公司因违反技术服务合同有关条款而支付的罚款金额4 000元，款项已存入银行。

（2）25日，开出转账支票支付环保部门罚款8 000元。

（3）31日，结转本期发生的各种损益。

（4）31日，公司按规定计算本期应交所得税（假定无纳税调整项目，所得税税率25%）。

（5）31日，将"所得税费用"账户的本期发生额转入"本年利润"账户。

（6）31日，根据企业利润分配方案，按本月实现的净利润的10%提取法定盈余公积。

（7）31日，根据企业利润分配方案，公司决定向投资者分配利润20 000元。

（8）31日，将本期实现的净利润转入"利润分配——未分配利润"账户。

（9）31日，将"利润分配"账户下其他明细分类账户余额转入"利润分配——未分配利润"账户。

要求：

（1）根据上述经济业务编制会计分录。

（2）计算本月实现的营业利润、利润总额、净利润和期末未分配利润。

【参考答案】

项目六

会计凭证

素养目标

◇ 培养学生坚定"四个自信"、弘扬社会主义核心价值观的意识
◇ 培养学生客观真实、诚实守信的会计职业道德
◇ 培养学生善于学习、终身学习的意识

知识目标

◇ 了解会计凭证的概念和意义
◇ 明确原始凭证的种类
◇ 掌握原始凭证的内容和填制要求
◇ 明确记账凭证的种类
◇ 掌握记账凭证的内容和填制要求
◇ 了解记账凭证的保管和传递

能力目标

◇ 能规范填制原始凭证
◇ 能规范填制记账凭证
◇ 能正确审核原始凭证

案例导入

湖南假票据大案

2023年6月,湖南地区媒体披露了一起涉案金额巨大的假票据案件。该案件中,不法分子通过伪造印章、贸易信息等手段,疯狂开具商业承兑汇票并进行销售,涉案价值高达23亿余元。这一案件不仅给企业带来了巨大的经济损失,还严重扰乱了票据市场的正常秩序。

案件始于2018年,湘潭一家贸易有限公司(以下简称贸易公司)的财务人员通过池某(湘潭某公司负责人)了解到,该公司可以转让商业承兑汇票。从2018年至2019年年

底，该贸易公司从池某手中购买了共计约 5 000 万元的商业承兑汇票，其中大部分已成功兑付。然而，在贸易公司要求部分出票人付款时，对方公司称被冒用名义开具虚假商业承兑汇票，不予兑付。这引起了贸易公司的警觉，并立即向公安机关报案。警方接报后，迅速奔赴出票人、收票人所在地及票据开户银行所在地进行初步调查。通过调查，警方发现出票人、收票人实际上是由同一家公司掌控，该公司通过伪造印章、贸易往来等手段在银行开立了商业承兑汇票账户。

警方进一步深挖，发现该案背后隐藏着一个涉案金额巨大的诈骗团伙。该团伙以梁某为首，通过伪造企业信息、开立虚假账户等手段，疯狂开具虚假商业承兑汇票进行诈骗。警方历时 1 年半，行程 3 万多里，辗转多个省市调查取证，最终成功锁定了犯罪团伙的主要成员。警方在掌握充分证据后，对犯罪嫌疑人展开了抓捕。尽管主犯梁某潜逃境外，但警方通过不懈努力，成功将其他犯罪嫌疑人抓捕归案，并追回了贸易公司被骗的 500 余万元。

案例分析

根据以上案例，请分析以下问题：
1. 原始凭证的真实性如何保障？
2. 财务部门在审核过程中有哪些责任与风险？
3. 讨论伪造、篡改会计凭证的原因、危害及防范措施。

知识导航

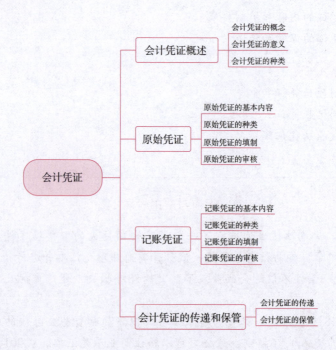

任务一　会计凭证概述

【任务解析1】会计凭证的概念

会计凭证（以下简称凭证）是记录经济业务事项发生或完成情况，明确经济责任，并据以登记账簿的书面证明。

会计管理工作要求会计核算提供真实的会计资料，强调记录的经济业务必须有根有据。因此，会计主体每发生一笔经济业务，都必须由执行或完成该项经济业务的有关人员取得或填制会计凭证，并在凭证上签名或盖章，以对凭证上所记载的内容负责。例如，购买商品、材料由供货方开出发票；接收商品、材料入库要有收货单；发出商品要有发货单；发出材料要有领料单等。任何会计凭证都必须经过有关人员的严格审核，审核无误的会计凭证才能作为经济业务发生或完成的证明，才能作为记账的依据。

【任务解析2】会计凭证的意义

填制和审核会计凭证是会计核算方法之一，也是会计核算工作的起点，在整个会计核算中具有非常重要的意义。

（一）为会计核算提供记账依据

各企业单位在日常的生产经营活动中，会发生各种各样的经济业务，如各项资产的取得和使用、各项债务的发生和偿付、财务成果的形成和分配等，既有货币资金的收付，又有财产物资的进出。通过会计凭证的填制，可以将日常发生的大量经济业务真实地记录下来，及时、准确地反映各项经济业务的内容和完成情况，为会计核算提供必要的依据。

（二）明确经济责任，强化内部控制

填制或取得会计凭证时，经办业务的相关人员必须在凭证上签名或盖章，这是为了明确经办人员的经济责任，从而对经济业务的合法性和凭证的真实性、完整性负责。同时，通过有关人员的签章，还可促进企业内部分工协作，互相牵制，强化企业内部控制。

（三）发挥会计的监督作用

财务部门进行账务处理时，必须对会计凭证进行审核，从而充分发挥会计的监督作用。通过检查每笔经济业务是否合法、合理，是否客观真实，是否符合有关计划和预算的规定，有无铺张浪费和违纪行为，可以促使各单位和经办人树立遵纪守法的观念，促使各单位建立健全各项规章制度，确保财产安全完整。

【任务解析3】会计凭证的种类

会计凭证的形式多种多样，按其填制的程序和用途不同，可以分为原始凭证和记账凭证两大类。

原始凭证是指在经济业务发生或完成时取得或填制的，用以记录或证明经济业务的发生

或完成情况的书面凭证。任何经济业务发生都必须填制和取得原始凭证，原始凭证是会计核算的原始依据。

记账凭证是指财会部门根据审核无误的原始凭证归类、整理，记载经济业务简要内容，确定会计分录的会计凭证。记账凭证是登记会计账簿的直接依据。

任务二　原始凭证

【任务解析1】原始凭证的基本内容

企业发生的经济业务纷繁复杂，反映其具体内容的原始凭证也品种繁多。虽然原始凭证反映经济业务的内容不同，但无论哪一种原始凭证，都应该说明有关经济业务的执行和完成情况，都应该明确有关经办人员和经办单位的经济责任。因此，各种原始凭证，尽管名称和格式不同，但都应该具备一些共同的基本内容。按照《会计基础工作规范》的规定，原始凭证必须具备以下基本内容：

（1）凭证的名称。
（2）填制凭证的日期和凭证编号。
（3）接受凭证的单位名称。
（4）经济业务的内容。
（5）经济业务的数量、单位、金额。
（6）填制原始凭证的单位名称和填制人姓名。
（7）经办人员的签名或盖章。

实际工作中，根据经营管理和特殊业务的需要，有些原始凭证除具备上述内容外，还应增加其他一些项目，如与业务有关的经济合同、结算方式、费用预算等，以更加完整、清晰地反映经济业务。对于不同单位经常发生的共同性经济业务，有关部门可以制定统一的凭证格式。如铁道部统一制定的铁路运单，表明了运货单位、收货单位、提货方式等内容。

【任务解析2】原始凭证的种类

原始凭证种类繁多，形式多样，按照不同的分类标准，可以进行不同的分类。

（一）按来源不同分类

原始凭证按来源不同，可分为外来原始凭证和自制原始凭证两种。

外来原始凭证，是指在经济业务活动发生或完成时，从其他单位或个人处取得的原始凭证。如增值税专用发票、银行转来的结算凭证、对外支付款项时取得的收据、职工出差取得的飞机票、火车票、住宿发票等。

自制原始凭证，是指本单位内部具体经办业务的部门和人员，在执行或完成各项经济业务时所填制的原始凭证。如"收料单""领料单""销货发票""产品入库单""工资结算表"等。

（二）按填制方法不同分类

原始凭证按填制方法不同，可分为一次凭证、累计凭证和汇总凭证三种。

一次凭证，是指反映一笔经济业务或同时反映若干同类经济业务的内容，一次填制完成的原始凭证。日常的原始凭证多属此类，如"现金收据""发货票""收料单"等。一次凭证能够清晰地反映经济业务活动情况，使用方便灵活，但数量较多。

累计凭证，是指在一张凭证上连续登记一定时期内不断重复发生的若干同类经济业务的原始凭证。累计凭证可以连续登记相同性质的经济业务，随时计算出累计数及结余数，期末按实际发生额记账。如"费用限额卡""限额领料单"等。

汇总凭证，也叫原始凭证汇总表，是为了简化记账凭证的填制工作，将一定时期内反映相同经济业务的若干张原始凭证，按一定标准综合后一次填制完成的原始凭证。如"发出材料汇总表""差旅费报销单"等。汇总凭证既可以提供经营管理所需要的总量指标，又可以大大简化核算手续。

（三）按格式不同分类

原始凭证按格式不同分类，可分为通用凭证和专用凭证两种。

通用凭证，是指由有关部门统一印制、在一定范围内使用的具有统一格式和使用方法的原始凭证。通用凭证的使用范围，因制作部门不同而异。可以是某一地区、某一行业，也可以是全国通用。如由人民银行制作的在全国通用的银行转账结算凭证。

专用凭证，是指由单位自行印制，仅在本单位内部使用的原始凭证。如"领料单""差旅费报销单""折旧计算表""借款单""工资费用分配表"等。

（四）按用途不同分类

原始凭证按用途不同，可分为通知凭证、执行凭证和计算凭证三种。

通知凭证，是指要求、指示或命令企业进行某项经济业务的原始凭证，如"罚款通知书""付款通知单"等。

执行凭证，是指用来证明某项经济业务发生或已经完成的原始凭证，如"销货发票""材料验收单""领料单"等。

计算凭证，是指根据原始凭证和有关会计核算资料编制的原始凭证。计算凭证一般是为了便于以后记账和了解各项数据来源和产生的情况而编制的。如"制造费用分配表""产品成本计算单""工资结算表"等。

根据上述原始凭证的分类，归纳如图6-1所示。

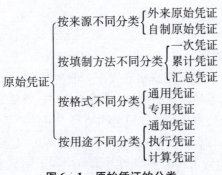

图6-1 原始凭证的分类

【任务解析3】原始凭证的填制

（一）原始凭证的填制要求

原始凭证是具有法律效力的证明文件，是进行会计核算的依据，必须认真填制。为了保证原始凭证能清晰地反映各项经济业务的真实情况，原始凭证的填制必须符合以下要求：

原始凭证的填制与审核

1. 记录要真实

原始凭证上填制的日期、经济业务内容和数字必须是经济业务发生或完成的实际情况，不得弄虚作假，不得以匡算数或估计数填入，不得涂改、挖补。

2. 内容要完整

原始凭证中应该填写的项目要逐项填写，不可缺漏；名称要写全，不要简化；品名和用途要填写明确，不能含糊不清；有关部门和人员的签名和盖章必须齐全。

3. 手续要完备

单位自制的原始凭证必须有经办业务的部门和人员签名盖章；对外开出的凭证必须加盖本单位的公章或财务专用章；从外部取得的原始凭证必须有填制单位公章或财务专用章。总之，取得的原始凭证必须符合手续完备的要求，以明确经济责任，确保凭证的合法性、真实性。

4. 填制要及时

所有经办业务的部门和人员，在经济业务实际发生或完成时，必须及时填写原始凭证，做到不拖延、不积压，不事后补填，并按规定的程序审核。

5. 编号要连续

原始凭证必须连续编号，在填制原始凭证时要按照编号的顺序使用，跳号的凭证要加盖"作废"戳记，连同存根一起保管，不得撕毁。

6. 书写要规范

1）各种原始凭证的书写应使用蓝色或黑色墨水

各种原始凭证的书写应使用蓝色或黑色墨水，一式几联的原始凭证，必须用复写纸套写，且注明各联的用途。套写时可用圆珠笔书写，应使字迹清晰可辨。原始凭证中的文字、数字的书写都要清晰、工整、规范，做到字迹端正、易于辨认，不草、不乱、不造字。大小写金额要一致。

2）数字和金额的书写规范

（1）阿拉伯数字书写时，应紧靠横格底线，一般占据格高的1/2至2/3，且保持必要的斜度，不得连笔书写，对于容易混淆的数字，如6、8、9、0等，圆圈必须封口。阿拉伯金额数字前面应当书写货币币种符号或者货币名称简写。币种符号与阿拉伯金额数字之间不得留有空白。凡阿拉伯数字前写有币种符号的，数字后面不再写货币单位。

（2）以元为单位（其他货币种类为货币基本单位，下同）的阿拉伯数字，除表示单价等情况外，一律填写到角分；无角分的，角位和分位可写"00"，或者符号"—"；有角无分的，分位应当写"0"，不得用符号"—"代替。

(3) 汉字大写数字金额如零、壹、贰、叁、肆、伍、陆、柒、捌、玖、拾、佰、仟、万、亿等，一律用正楷或者行书体书写，不得用一、二、三、四、五、六、七、八、九、十等简化字代替，不得任意自造简化字。大写金额数字到元或者角为止的，在"元"或者"角"字之后应当写"整"字或者"正"字；大写金额数字有分的，分字后面不写"整"或者"正"字。

(4) 大写金额数字前未印有货币名称的，应当加填货币名称，货币名称与金额数字之间不得留有空白。

(5) 阿拉伯金额数字中间有"0"时，汉字大写金额要写"零"字；阿拉伯数字金额中间连续有几个"0"时，汉字大写金额中可以只写一个"零"字；阿拉伯金额数字元位是"0"，或者数字中间连续有几个"0"、元位也是"0"但角位不是"0"时，汉字大写金额可以只写一个"零"字，也可以不写"零"字。

3) 不得涂改、挖补、刮擦

原始凭证所记载的各项内容均不得涂改或用修改液等化学方法修改，随意涂改的原始凭证为无效凭证，不能作为填制记账凭证和登记账簿的依据。若原始凭证填写错误，应当由出具单位重新开具或更正，更正处应当加盖出具单位的印章。原始凭证无论大写或小写金额错误的，一律不得更正，应当由出具单位重新开具。

（二）常见原始凭证的填制方法

1. 支票的填写方法

银行、单位和个人填写的各种票据和结算凭证是办理支付结算和现金收付的重要依据，直接关系到支付结算的准确、及时和安全。因此，填写票据和结算凭证，必须做到标准化、规范化，要素齐全、数字正确、字迹清晰、不错漏、不潦草，防止涂改。支票是银行结算凭证的一种，常见的有转账支票和现金支票。

1) 转账支票的填制

支票上印有"转账"字样的为转账支票，一般分为存根和正联两部分。转账支票应用碳素笔、正楷字填写，字迹工整。填写时，先填写存根部分，再填写正联部分。

(1) 日期的书写方法。正联部分的出票日期必须使用中文大写。为防止变造票据的出票日期，在填写月、日时，月为1、2和10的，日为1至9以及10、20和30的，应在其前加"零"；日为11至19的，应在其前加"壹"。如1月15日，应写成"零壹月壹拾伍日"；10月20日，应写成"零壹拾月零贰拾日"。

(2) 金额书写方法。结算金额分为大写和小写，大写金额数字用中文正楷或行书填写，且紧靠"人民币"字样填写，不得留有空白。阿拉伯小写金额数字前面，均应填写人民币符号"￥"。阿拉伯小写金额数字要认真填写，不得连写分辨不清。

(3) 其他注意事项。收款人处应填写准确完整，不得简称。出票人账号有账号章的，可以加盖账号章。填写用途应实事求是。支票填写完成审核无误后，在出票人签章处加盖预留银行的印鉴，即单位财务专用章和法人名章，然后在支票左边与存根的衔接处加盖财务专用章，最后从骑缝线处剪开，正联交收款人办理转账，存根留下作为记账依据。转账支票填写如表6-1所示。

表 6-1 转账支票

中国工商银行转账支票存根	中国工商银行 转账支票 No：00225845
No：00225845	出票日期（大写） 贰零贰肆年叁月零壹日 付款行名称：市工行桥西支行
科　　目	收款人：济南钢材有限责任公司 出票人账号：160100730461098
对方科目	
出票日期 2024 年 3 月 1 日	人民币（大写） 叁万伍千元整　亿千百十万千百十元角分　¥3500000
收款人：济南钢材有限责任公司	
金　　额：¥35 000.00	用途 购买材料　　　科目（借）
用　　途：购买材料	上列款项请从　　　对方科目（贷）
单位主管　　　会计	我账户内支付　　　付讫日期　年　月　日
	出票人签章　　　复核　　　记账

（本支票付款期限十天）

（2）现金支票的填制。

支票上印有"现金"字样的为现金支票。其填制方法与转账支票基本相同，所不同的是："用途"一般填写"备用金""工资""差旅费"等，必须符合现金的开支范围。

2. 领料单的填制方法

领料单又称发料单，是一种一次有效的发料凭证。它适用于临时性需要和没有消耗定额的各种材料。领料单由领料部门根据生产或其他需要填制，经部门主管审核并签名或盖章后据以领料。领料单通常以一料一单为宜，仓库发料时，填写实发数量；同时，由领发料双方签章，以示负责。领料单应填制一式多联：一联由领料部门带回，作为领用部门核算的依据；一联交财会部门据以记账；一联由仓库留存，据以登记材料明细账。领料单填写如表 6-2 所示。

表 6-2 领料单

领　料　单

领用部门：生产车间　　　　　　　　　　　　　　　　　　　　　编号：001
用　　途：生产 A 产品　　　　　2024 年 7 月 25 日　　　　　　发料仓库：1 号库

材料编号	名称	规格	计量单位	请领数量	实发数量	单位成本/元	金额/元
0016	圆木	6 厘米	立方米	3	3	1 500	4 500
备注						合计	4 500

审批：×× 　　　发料：×× 　　　记账：　　　领料：××

3. 收料单的填制方法

收料单是记录外购材料验收入库的一种原始凭证。收料单一般一式三联：第一联为存根，由采购员带回供应部门备查；第二联为会计记账联，交财会部门据以记账；第三联为仓库记账联，由仓库留下作为登记原材料明细账的依据。材料运到企业，材料保管员验收后，在收料单上填写收料日期、材料名称、计量单位、应收实收数量等项目，会计人员填写材料单价、金额、运杂费等项目。收料单填写如表 6-3 所示。

表6-3 收料单

收料单

供货单位：新华工厂　　　　　　　　　　　　　　　　　　　　　　　编号：001
发票号码：2546245　　　　　　　2024年12月26日　　　　　　　收料仓库：2号库

材料编号	名称	规格	计量单位	应收数量	实收数量	单位成本/元	金额/元
0015	圆钢	25 mm	吨	5	5	3 000	15 000
备注						合计	15 000

收料：××　　　　　记账：　　　　　保管：××　　　　　仓库负责人：××

4. 增值税专用发票的填制方法

增值税一般纳税人因销售货物或提供应税劳务，按规定应向付款人开具增值税专用发票。增值税专用发票为机打发票，全部联次一次性打印完成。该发票基本联次为三联：记账联、抵扣联和发票联，其中记账联留销货单位作会计机构的记账凭证；抵扣联和发票联交购货单位，发票联作为购货单位的结算凭证，抵扣联为税款抵扣凭证。购货单位向一般纳税人购货，应取得增值税专用发票，只有取得增值税专用发票税款抵扣联，支付的进项税额才能在购货单位作为进项税额列示。增值税专用发票填写如表6-4所示。

表6-4 电子发票（增值税专用发票）

动态二维码　　标签　　　　　电子发票（增值税专用发票）　　　发票号码：No00002546245

开票日期：2024年6月7日

购买方信息	名称：振华工厂 统一社会信用代码/纳税人识别号：120155463520				销售方信息	名称：诚景公司 统一社会信用代码/纳税人识别号：120156475821		
项目名称	规格型号	单位	数量	单价	金额	税率	税额	
圆钢	25 mm	吨	5	3 000	15 000.00	13%	1 950.00	
合计					¥15 000.00		¥1 950.00	
价税合计（大写）壹万陆仟玖佰伍拾元整						（小写）¥16 950.00		
备注								

开票人：李华

5. 借款单的填制方法

企业职工因公出差或其他原因向企业借款，须填制借款单。借款单可作为职工的借据、企业与职工之间结算的依据及会计人员记账的依据。借款单中的借款日期、借款单位、借款理由、借款金额由借款人填好后，在借款人处签字，再由相关负责人审批，同意后签字；然后交财务主管审批并签字；最后交出纳员支取现金。借款单填写如表6-5所示。

表 6-5 借款单

借 款 单

2024 年 8 月 16 日

部门	审计部	借款理由	出差
借款金额	金额（大写）贰仟元整		￥2 000.00
部门负责人（签字） 张强 2024 年 8 月 16 日	财务负责人（签字） 钱敏 2024 年 8 月 16 日	借款人：高明 2024 年 8 月 16 日	

6. 银行进账单的填制方法

当企业持有转账支票、银行汇票和银行本票等到银行办理进账时，须填制进账单。进账单一般一式三联：第一联为回单，是出票人开户银行交给出票人的回单；第二联为贷方凭证，由收款人开户银行作为贷方凭证；第三联为收账通知，是收款人开户银行在款项收妥后给收款人的收账通知。进账单填完审核无误后，需连同进账票据一起交给开户银行办理转账。银行审核无误后，在第三联上加盖银行印章，然后传递给企业作为记账依据。银行进账单填写如表 6-6 所示。

表 6-6 中国工商银行进账单（收账通知）

中国工商银行进账单（收账通知）3

填制日期 2024 年 8 月 18 日

出票人	全称	华新商厦	收款人	全称	通达有限公司									此联是收款人开户银行交收款人的收账通知
	账号	16257842125		账号	16258721164									
	开户银行	工行开发区支行		开户银行	工行新华支行									
人民币（大写）玖万肆仟柒佰柒拾元整					千	百	十	万	千	百	十	元	角	分
							￥	9	4	7	7	0	0	0
票据种类		转账支票	收款人开户银行盖章											
票据张数		1 张												
票据号码		00225845												
复核		记账												

7. 限额领料单的填制方法

限额领料单是一种在规定的领用限额之内多次使用的累计发料凭证。它适用于经常需要并规定有消耗定额的各种材料。在其有效期间（一般以一个月为限），只要不超过领用限额，就可以继续使用。它是由材料供应部门会同生产计划部门，根据各单位的生产任务和开展业务的需要以及材料消耗定额核定的领用限额来填制的。限额领料单一般按照每种材料、每一用途分别填制。限额领料单应填制一式两联：一联交仓库作为物料发料依据；一联交领用部门作为领料的凭证。每次领料发料时，仓库应认真审查清理数量，如未超过限额，应予发料。发料后在两联同时填写实发数，并计算出限额结余数，并由发料人和领料人同时签章。月末结出实发数量和金额交财会部门据以记账。限额领料单填写如表 6-7 所示。

表6-7 限额领料单

限额领料单

领料部门：二车间　　　　　　　　　2024年8月　　　　　　　　发料仓库：1号库
用　　途：生产工具　　　　　　　　　　　　　　　　　　　　　No.135678421

材料编号	材料名称	规格	计量单位	领用限额	单价	全月实用	
						数量	金额
0012	圆钢	15 mm	千克	6 000	2.50	5 800	14 500
领用日期	请领数量	实发数量		领料人	发料人	限额结余	
5	1 200	1 200		略	略	4 800	
10	1 200	1 200				3 600	
15	1 200	1 200				2 400	
19	1 200	1 200				1 200	
25	1 000	1 000				200	
合计	5 800	5 800				200	

审核：××　　　　　　保管：××　　　　　　领料：××

8. 发出材料汇总表的填制方法

企业生产过程中发出材料业务非常频繁，平时根据领发料凭证逐笔登记材料明细分类账，以详细反映各种材料的收发和结存余额。总分类核算一般是将领、发料凭证，按领用部门和用途进行归类汇总，并编制发出材料汇总表，作为月末一次登记总分类账的依据，这样就可大大简化记账工作。发出材料汇总表填写如表6-8所示。

表6-8 发出材料汇总表

2024年12月31日　　　　　　　　　　　　　　　　　　　　　　　元

会计科目		领料部门	原材料	燃料	合计
生产成本	基本生产车间	一车间	150 000	5 800	155 800
		二车间	130 600	3 000	133 600
		小计	280 600	8 800	289 400
	辅助生产车间	供电车间	8 600	1 500	10 100
		供气车间	9 150	1 320	10 470
		小计	17 750	2 820	20 570
制造费用		一车间	4 200	510	4 710
		二车间	3 100		3 100
		小计	7 300	510	7 810
管理费用		行政部门	2 000		2 000
合计			307 650	12 130	319 780

财会负责人：王华　　　　　　复核：张红　　　　　　制表：柳军

【任务解析4】原始凭证的审核

（一）原始凭证的审核

为了正确反映和监督各项经济业务，财务部门对取得的原始凭证，必须进行严格审核和核对，保证核算资料的真实、合法、合规。只有经过审查无误的凭证，方可作为编制记账凭证和登记账簿的依据。原始凭证的审核，是会计监督工作的一个重要环节，一般应从以下几方面进行：

1. 真实性审核

包括审核原始凭证本身是否真实以及原始凭证反映的经济业务事项是否真实两方面。即确定原始凭证是否虚假，是否存在伪造或者涂改等情况；核实原始凭证所反映的经济业务是否发生过，是否反映了经济业务事项的本来面目等。

2. 合法性审核

即审核原始凭证所反映的经济业务事项是否符合国家有关法律法规、政策和国家统一会计制度的规定，是否符合有关审批权限和手续的规定，以及是否符合单位的有关规章制度，有无违法乱纪、弄虚作假等现象。

3. 完整性审核

即根据原始凭证所反映的基本内容的要求，审核原始凭证的内容是否完整，手续是否齐备，应填项目是否齐全，填写方法、填写形式是否正确，有关签章是否具备等。

4. 正确性审核

即审核原始凭证的摘要和数字是否填写清楚、正确，数量、单价、金额的计算有无错误，大写与小写金额是否相符。

（二）原始凭证审核后的处理

原始凭证经会计机构相关会计人员审核后，对于核对无误的，可以作为编制记账凭证的依据；对于审核中发现的问题，采取以下方法进行处理：

对于不真实、不合法的原始凭证有权不予接受，并应当报告单位负责人，要求查明原因，作出处理。

对于记载不准确、不完整的原始凭证应予以退回，并要求有关经济业务事项的经办人员按国家统一会计制度的规定更正、补充，待内容补充完整、手续完备后，再予以办理。对于数字填写有差错的凭证，应退还给经办人进行更正或者要求重开，确认无误后方可办理相关手续。

原始凭证的审核是一项严肃细致的重要工作，为了做好这项工作，审核人员必须熟悉国家有关的方针、政策、法令、规定和制度，以及本单位的有关规定，并掌握本单位内部各部门的工作情况。另外，审核人员应做好宣传解释工作，因原始凭证所证明的经济业务需要由有关的领导和职工去经办，只有对他们做好宣传解释工作，才能避免违法乱纪经济业务的发生。

任务三　记账凭证

由于原始凭证只表明经济业务的内容，而且种类繁多、数量庞大、格式不一，因而不能直接记账，必须按会计核算方法的要求，将其归类、整理、编制记账凭证，标明经济业务应记入的账户名称及应借应贷的金额，才能作为记账的直接依据。

【任务解析1】 记账凭证的基本内容

《会计基础工作规范》规定，记账凭证必须具备以下内容：
（1）记账凭证的名称。
（2）填制凭证的日期、凭证编号。
（3）经济业务的内容摘要。
（4）经济业务应记入账户的名称、记账方向和金额。
（5）所附原始凭证的张数和其他附件资料。
（6）会计主管、记账、复核、出纳、制单等有关人员签名或盖章。

记账凭证和原始凭证同属于会计凭证，但二者存在以下不同：原始凭证由经办人员填制，记账凭证一律由会计人员填制；原始凭证根据发生或完成的经济业务填制，记账凭证根据审核后的原始凭证填制；原始凭证仅用以记录、证明经济业务已经发生或完成，记账凭证要依据会计科目对已经发生或完成的经济业务进行归类、整理；原始凭证是填制记账凭证的依据，记账凭证是登记账簿的依据。

在会计教学中，为简化表述，记账凭证通常以会计分录来代替。

【任务解析2】 记账凭证的种类

记账凭证按不同标准，可以分为不同的种类。

（一）按反映的经济内容不同，可分为专用记账凭证和通用记账凭证

1. 专用记账凭证

专用记账凭证是指专门用于某一类经济业务的记账凭证。它包括收款凭证、付款凭证和转账凭证。在实际工作中，为了便于识别，避免差错，提高会计工作效率，各种专用记账凭证通常用不同颜色的纸张印刷。

（1）收款凭证是指专门用于记录现金和银行存款收款业务的会计凭证，收款凭证是出纳人员收讫款项的依据，也是登记总账、现金日记账和银行存款日记账以及有关明细账的依据，一般按现金和银行存款分别编制。

（2）付款凭证是指专门用于记录现金和银行存款付款业务的会计凭证。付款凭证是出纳人员支付款项的依据，也是登记总账、现金日记账和银行存款日记账以及有关明细账的依据，一般按现金和银行存款分别编制。

（3）转账凭证是指专门用于记录不涉及现金和银行存款收付款业务的会计凭证。它是登记总账和有关明细账的依据。

2. 通用记账凭证

通用记账凭证是指一种采用通用格式记录全部经济业务的记账凭证。采用通用记账凭证的单位无论是款项的收付还是转账业务，都采用统一格式的记账凭证。这种凭证通常适用于规模不大、款项收付业务不多的企业。

（二）按填制方式不同，分为单式记账凭证和复式记账凭证

1. 单式记账凭证

单式记账凭证是指在每张凭证上只填列经济业务事项所涉及的一个会计科目及其金额的记账凭证。填列借方科目的称为借项记账凭证，填列贷方科目的称为贷项记账凭证。一项经济业务涉及几个科目，就分别填制几张凭证，并采用一定的编号方法将它们联系起来。

单式记账凭证的优点是内容单一，便于记账工作的分工，也便于按科目汇总，并可加速凭证的传递。其缺点是凭证张数多，内容分散，在一张凭证上不能完整地反映一笔经济业务的全貌，不便于检验会计分录的正确性，故需加强凭证的复核、装订和保管工作。

2. 复式记账凭证

复式记账凭证是指将每一笔经济业务事项所涉及的全部会计科目及其发生额均在同一张会计凭证中反映的记账凭证。即在一张记账凭证上登记一项经济业务所涉及的两个或者两个以上的会计科目，既有借方，又有贷方。

复式记账凭证的优点是可以集中反映账户的对应关系，有利于了解经济业务的全貌；同时还可以减少凭证的数量，减轻编制记账凭证的工作量，便于检验会计分录的正确性。其缺点是不便于汇总计算每一会计科目的发生额和进行分工记账。在实际工作中，普遍使用的是复式记账凭证。上述介绍的收款凭证、付款凭证、转账凭证和通用记账凭证都是复式记账凭证。

记账凭证的分类如图6-2所示。

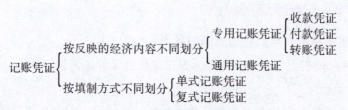

图6-2 记账凭证的分类

【任务解析3】记账凭证的填制

（一）记账凭证的填制要求

记账凭证是进行会计处理的直接依据，填制时除了要做到及时填制、内容完整、手续齐备、字迹清晰外，还应当遵守以下要求：

1. 填制记账凭证必须有依据

填制记账凭证的依据，必须是经审核无误的原始凭证或汇总原始凭证。记账凭证可以根据每一张原始凭证填制，或者根据若干张同类原始凭证汇总填制，也可

以根据原始凭证汇总表填制。但不得将不同内容和类别的原始凭证汇总填制在一张记账凭证上。

除结账和更正错误的记账凭证可以不附原始凭证外，其他记账凭证必须附有原始凭证。如果一张原始凭证涉及几张记账凭证的，可将该原始凭证附在一张主要的记账凭证后面，在其他记账凭证上注明附件在××字××号记账凭证上。如果原始凭证需另行保管时，则应在记账凭证上注明"附件另订"和原始凭证名称、编号，要相互关联。

一张原始凭证所列支出需要几个单位共同负担的，应当将其他单位负担的部分，开给对方原始凭证分割单，进行结算。原始凭证分割单必须具备原始凭证的基本内容：凭证名称、填制凭证日期、填制凭证单位名称或者填制人姓名、经办人的签名或者盖章、接收凭证单位名称、经济业务内容、数量、单价、金额和费用分摊情况等。

2. 记账凭证日期的填写要求

记账凭证的日期一般为编制记账凭证当天的日期，但不同的会计事项，其编制日期也有区别，收付款业务的日期一般应填写货币资金收付的实际日期，它与原始凭证所记的日期不一定一致；转账凭证的填制日期为收到原始凭证的日期，但在"摘要"栏注明经济业务发生的实际日期。

3. 摘要填写要确切、简明

摘要应与原始凭证内容一致，能正确反映经济业务和主要内容，表达简短精练。对于收付款业务，要写明收付款对象的名称、款项内容，使用银行支票的，还应填写支票号码；对于购买材料、商品的业务，要写明供应单位名称和主要数量；对于经济往来业务，应写明对方单位、业务经手人、发生时间等内容。

4. 记账凭证的编号要求

记账凭证的编号，采取按月份编顺序号的方法。采用通用记账凭证的，一个月编制一个顺序号，即"顺序编号法"。采用专用记账凭证的，可采用"字号编号法"，它可以按收款业务、付款业务、转账业务三类分别编制顺序号。具体地编为"收字第××号""付字第××号""转字第××号"。也可以按现金收入、现金支出、银行存款收入、银行存款支出和转账五类进行编号，具体为"现收字第××号""现付字第××号""银收字第××号""银付字第××号""转字第××号"。

如果一笔经济业务需要填制两张或两张以上的记账凭证，记账凭证的编号可采用"分数编号法"。例如，转字第50号凭证需要填制3张记账凭证，就可以编成转字50 $\frac{1}{3}$、50 $\frac{2}{3}$、50 $\frac{3}{3}$ 号。前面的整数表示业务顺序，分数中的分子分别表示三张中的第一张、第二张和第三张。记账凭证在按月编号的情况下，月末应在最后一张记账凭证的编号旁加注"全"字。

5. 附件张数的填写要求

记账凭证上应注明所附原始凭证的张数，以便核查。所附原始凭证张数的计算，一般以原始凭证的自然张数为准。如果记账凭证中附有原始凭证汇总表，则应该把所附原始凭证和原始凭证汇总表的张数一起计入附件的张数之内。但报销差旅费的零散票券，可以粘贴在一张纸上，作为一张原始凭证。

6. 填制记账凭证时若发生错误，应当按要求更正或重新填制

如果在填制记账凭证时发生错误，应当重新填制。已经登记入账的记账凭证，在发现填写错误时，可用红字填写一张与原内容相同的记账凭证，同时再用蓝字重新填制一张正确的记账凭证。如果会计科目正确，只是金额错误，也可以将正确数额与错误数额间的差额，另编一张调整的记账凭证，调增数额用蓝字，调减数额用红字。

7. 对空行的处理要求

记账凭证填制后，如果有空行，应当自金额栏最后一笔金额数字下的空行处至合计数上的空行处划斜线或"S"线注销，合计金额首位前要填写货币符号。

（二）记账凭证的填制方法

1. 单式记账凭证的填制

单式记账凭证，就是在一张凭证上只填列一个会计科目。一项经济业务的会计分录涉及几个会计科目，就填几张记账凭证。为了保持会计科目间的对应关系，便于核对，在填制一个会计分录时编一个总号，再按凭证张数编几个分号，如第4笔经济业务涉及三个会计科目，编号则为 $4\frac{1}{3}$、$4\frac{2}{3}$、$4\frac{3}{3}$。为了便于区别借项记账凭证和贷项记账凭证，两者常用不同的颜色印制。

【任务示例6-1】 2024年12月5日，厂部管理人员王宏出差预借差旅费3 000元，以现金支付。填制单式记账凭证如表6-9和表6-10所示。

表6-9　借项记账凭证

对应科目：库存现金　　　　　　2024年12月5日　　　　　　记字第 $6\frac{1}{2}$ 号

摘要	贷方科目		记账	金额								
	总账科目	明细科目		千	百	十	万	千	百	十	元	角	分
王宏预借差旅费	其他应收款	王宏						3	0	0	0	0	0
合计				¥	3	0	0	0	0	0

会计主管：　　　记账：　　　出纳：陈玉　　　复核：王冰　　　制单：张宁

表6-10　贷项记账凭证

对应科目：其他应收款　　　　　2024年12月5日　　　　　　记字第 $6\frac{2}{2}$ 号

摘要	贷方科目		记账	金额								
	总账科目	明细科目		千	百	十	万	千	百	十	元	角	分
王宏预借差旅费	库存现金							3	0	0	0	0	0
合计				¥	3	0	0	0	0	0

会计主管：　　　记账：　　　出纳：陈玉　　　复核：王冰　　　制单：张宁

2. 复式记账凭证的填制

复式记账凭证就是在一张记账凭证上记载一笔完整的经济业务所涉及的全部会计科目。为了清晰地反映经济业务的来龙去脉,不应将不同的经济业务合并填制。

1) 专用记账凭证的填制

(1) 收款凭证的填制。

收款凭证是根据审核无误的现金和银行存款收款业务的原始凭证编制的。收款凭证左上角的"借方科目",按收款的内容填写"库存现金"或"银行存款";日期填写编制本凭证的日期;右上角填写编制收款凭证的顺序号;"摘要"栏简明扼要地填写经济业务的内容梗概;"贷方科目"栏填写与收入"库存现金"或"银行存款"科目相对应的总账科目及所属明细科目;"金额"栏填写与各贷方科目相对应的实际收款金额;"金额"栏的合计数,表示借方科目"库存现金"或"银行存款"的金额;"记账栏(√)"供记账人员在根据收款凭证登记有关账簿后作记号用,表示已经记账,防止经济业务事项的重记或漏记;该凭证右边"附件 张"根据所附原始凭证的张数填写;凭证最下方有关人员签章处供有关人员在履行了责任后签名或签章,以明确经济责任。

专用记账凭证的填制

【任务示例6-2】2024年12月20日,收到光明厂前欠货款12 500元,存入银行。填制收款凭证如表6-11所示。

表6-11 收款凭证

借方科目:银行存款　　　　　2024年12月20日　　　　　银收字第10号

摘要	贷方科目		√	金额									附件1张
	总账科目	明细科目		千	百	十	万	千	百	十	元	角	分	
收到光明厂前欠货款	应收账款	光明厂					1	2	5	0	0	0	0	
合计							¥	1	2	5	0	0	0	0

会计主管:　　　记账:　　　出纳:陈玉　　　复核:王冰　　　制证:张宁

(2) 付款凭证的填制。

付款凭证是根据审核无误的现金和银行付款业务的原始凭证编制的。付款凭证的左上角"贷方科目",应填列"库存现金"或者"银行存款","借方科目"栏应填写与"库存现金"或"银行存款"科目相对应的总账科目及所属的明细科目。其余各部分的填制方法与收款凭证基本相同。

【任务示例6-3】2024年12月21日,以银行存款支付广告费20 000元。填制付款凭证如表6-12所示。

表 6-12 付款凭证

付款凭证

贷方科目：银行存款　　　　　　　2024 年 12 月 21 日　　　　　　　银付字第 8 号

摘要	借方科目		√	金额								附件2张
	总账科目	明细科目		千	百	十	万	千	百	十	元	角	分
支付广告费	销售费用	广告费					2	0	0	0	0	0
合计						¥	2	0	0	0	0	0

(3) 转账凭证的填制。

转账凭证是根据审核无误的不涉及现金和银行存款收付的转账业务的原始凭证编制的。转账凭证的会计科目栏应按照先借后贷的顺序分别填写应借应贷的总账科目及所属的明细科目；借方总账科目及所属明细科目的应记金额，应在与科目同一行的"借方金额"栏内相应栏次填写；贷方总账科目及所属明细科目的应记金额，应在与科目同一行的"贷方金额"栏内相应栏次填写；"合计"行的借方金额合计数与贷方金额合计数应相等。

【任务示例 6-4】2024 年 12 月 31 日，计提当期固定资产折旧费，其中生产车间折旧费 6 000 元，管理部门折旧费 3 000 元。填制转账凭证如表 6-13 所示。

表 6-13 转账凭证

转账凭证

2024 年 12 月 31 日　　　　　　　　　　　　　　　转字第 15 号

摘要	总账科目	明细科目	√	借方金额										贷方金额									附件1张
				千	百	十	万	千	百	十	元	角	分	千	百	十	万	千	百	十	元	角	分
计提折旧	制造费用	折旧费						6	0	0	0	0	0										
	管理费用	折旧费						3	0	0	0	0	0										
	累计折旧																	9	0	0	0	0	0
合计							¥	9	0	0	0	0	0				¥	9	0	0	0	0	0

会计主管：　　　　　记账：　　　　　出纳：　　　　　复核：王冰　　　　　制证：赵文

需要注意的是：

① 对于只涉及"库存现金"和"银行存款"两个账户间发生对应关系的经济业务，如现金存入银行，或从银行存款账户提取现金的业务，为了避免重复记账，通常只填制付款凭证，不填制收款凭证。具体来说，将现金存入银行时，只填制现金付款凭证，不再填制银行存款收款凭证；从银行提取现金时，只填制银行存款付款凭证，不再填制现金收

款凭证。

②如果在同一项经济业务中，既有现金或银行存款的收付业务，又有转账业务时，应相应地填制收、付款凭证和转账凭证。如职工李明出差回来，报销差旅费500元，之前已预借700元，剩余款项交回现金。对于这项经济业务，应根据收款收据的记账联填制现金收款凭证，同时根据差旅费报销凭证填制转账凭证。

2）通用记账凭证的填制

通用记账凭证的格式及填制方法与转账凭证相同。

仍以【任务示例6-3】为例，填制通用记账凭证如表6-14所示。

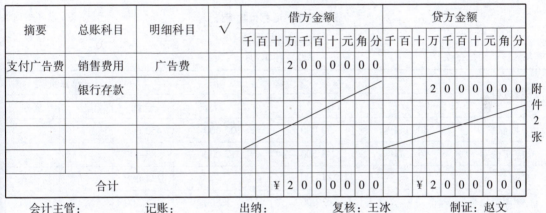

表6-14　通用记账凭证

记账凭证

2024年12月21日　　　　　　　　　　　　记字第15号

摘要	总账科目	明细科目	√	借方金额 千百十万千百十元角分	贷方金额 千百十万千百十元角分	
支付广告费	销售费用	广告费		2 0 0 0 0 0		
	银行存款				2 0 0 0 0 0	附件2张
	合计			¥ 2 0 0 0 0 0	¥ 2 0 0 0 0 0	

会计主管：　　　　记账：　　　　出纳：　　　　复核：王冰　　　　制证：赵文

3. 汇总记账凭证的填制

除设置收款凭证、付款凭证和转账凭证之外，根据企业账务处理程序的不同，有时还要填制汇总记账凭证，并以此作为登记总分类账的依据。

汇总收款凭证根据现金或银行存款的收款凭证，按现金或银行存款科目的借方分别设置，并按贷方科目加以归类汇总，定期填列一次，每月编制一张。月份终了，计算出汇总收款凭证的合计数后，分别登记现金或银行存款总账的借方，以及各个对应账户的贷方。

汇总付款凭证根据现金或银行存款的付款凭证，按现金或银行存款科目的贷方分别设置，并按借方科目加以归类汇总，定期填列一次，每月编制一张。月份终了，计算出汇总付款凭证的合计数后，分别登记现金或银行存款总账的贷方，以及各个对应账户的借方。

汇总转账凭证根据转账凭证按每个科目的贷方分别设置，并按对应的借方科目归类汇总，定期填列一次，每月编制一张。月份终了，计算出汇总转账凭证的合计数后，分别登记各有关总账的贷方或借方。

汇总记账凭证的填制如表6-15～表6-17所示（单位：元）。

表6-15 汇总收款凭证

汇总收款凭证

借方科目：银行存款　　　　　　　　　2024年12月　　　　　　　　　　　第1号

贷方科目	金额				总账页数	
	1—10日	11—20日	21—31日	合计	借方	贷方
主营业务收入	400 000		100 000	500 000		
应交税费	68 000		17 000	85 000		
应收账款	32 000	17 000		49 000		
合计	500 000	17 000	117 000	634 000		

表6-16 汇总付款凭证

汇总付款凭证

贷方科目：银行存款　　　　　　　　　2024年12月　　　　　　　　　　　第1号

贷方科目	金额				总账页数	
	1—10日	11—20日	21—31日	合计	借方	贷方
原材料	300 000	50 000	100 000	450 000		
应交税费	57 500	8 500	17 000	83 000		
应付账款		234 000		234 000		
管理费用		2 000	1 500	3 500		
合计	357 500	294 500	118 500	770 500		

表6-17 汇总转账凭证

汇总转账凭证

贷方科目：应付账款　　　　　　　　　2024年12月　　　　　　　　　　　第1号

借方科目	金额				总账页数	
	1—10日	11—20日	21—31日	合计	借方	贷方
原材料	200 000	60 000	80 000	340 000		
应交税费	34 000	10 200	13 600	57 800		
合计	234 000	70 200	93 600	397 800		

【任务解析4】记账凭证的审核

记账凭证填制以后，必须由专人进行审核，借以监督经济业务的真实性、合法性和合理性，并检查记账凭证的编制是否符合要求。特别要审核最初证明经济业务实际发生、完成的原始凭证。因此，对记账凭证的审核是一项严肃细致、政策性很强的工作。只有做好这项工作，才能正确地发挥会计反映和监督的作用。记账凭证审核的基本内容包括以下几项：

（一）内容是否真实

审核记账凭证是否有原始凭证为依据，所附原始凭证的内容是否与记账凭证的内容一致，记账凭证汇总表的内容与其所依据的记账凭证的内容是否一致等。

（二）项目是否齐全

审核记账凭证各项目的填写是否齐全，如日期、凭证编号、摘要、金额、所附原始凭证张数及有关人员签章等。

（三）科目是否正确

审核记账凭证的应借、应贷科目是否正确，是否有明确的账户对应关系，所使用的会计科目是否符合国家统一会计制度的规定等。

（四）金额是否准确

审核记账凭证所记录的金额与原始凭证的有关金额是否一致、计算是否正确，记账凭证汇总表的金额与记账凭证的金额合计是否相符等。

（五）书写是否规范

审核记账凭证中的记录是否文字工整、数字清晰等。

在审核过程中，如果发现不符合要求的地方，应要求有关人员采取正确的方法进行更正。只有经过审核无误的记账凭证，才能作为登记账簿的依据。

任务四　会计凭证的传递和保管

【任务解析1】会计凭证的传递

企业的一项经济业务往往涉及若干部门和经办人员，会计凭证作为记录经济业务的载体，也要在不同部门和人员之间传递，以反映经济业务的完成情况，履行有关部门的责任和手续。

（一）会计凭证传递的概念

会计凭证传递，是指从会计凭证取得或填制起至归档保管时止，在单位内部有关部门和人员之间按照规定的时间、程序进行处理的过程。各种会计凭证，其所记录的经济业务不尽相同，所以办理会计手续的程序和占用的时间也不同。实际工作中，应该为每种会计凭证的传递程序和在各个环节上停留的时间作出规定。即会计凭证填制后，应当交到哪个部门、哪个工作岗位上,由谁接办业务手续,直到归档保管为止。会计凭证的传递是会计制度的一个重要组成部分,应在会计制度中作出明确的规定。

(二)会计凭证传递的要求

正确组织会计凭证的传递,对及时地反映和控制经济业务的发生与完成情况,合理组织会计核算,强化经济责任制,具有重要的意义。科学的传递程序,应该使会计凭证按最快捷、最合理的流向运行。因此,在制定会计凭证传递程序时,应该着重考虑以下几点:

1. 根据经济业务的特点、机构设置和人员分工情况,明确会计凭证的传递程序

由于企业生产经营业务的内容不同,企业管理的要求也不尽相同。在会计凭证的传递过程中,要根据具体情况,确定每一种凭证的传递程序和方法。合理制定会计凭证所经过的环节,规定每个环节负责传递的相关责任人员,规定会计凭证的联数以及每一联凭证的用途。做到既可使各有关部门和人员了解经济活动情况、及时办理手续,又可避免凭证经过不必要的环节,以提高工作效率。

2. 规定会计凭证经过每个环节所需要的时间,以保证凭证传递的及时性

会计凭证的传递时间,应考虑各部门和有关人员的工作内容和工作量在正常情况下完成的时间,明确规定各种凭证在各个环节上停留的最长时间,不能拖延和积压会计凭证,以免影响会计工作的正常程序。一切会计凭证的传递和处理,都应在报告期内完成,不允许跨期,否则会影响会计核算的准确性和及时性。

3. 建立严格的会计凭证交接和签收制度

建立严格的会计凭证交接和签收制度,保证会计凭证的安全完整。做到责任明确,手续齐全、严密。

【任务解析2】会计凭证的保管

(一)会计凭证保管的概念

会计凭证保管是指会计凭证记账后的整理、装订、归档和存查工作。

会计凭证是记录经济业务、明确经济责任、具有法律效力的证明文件,又是登记账簿的依据,所以,它是重要的经济档案和历史资料。任何企业在完成经济业务手续和记账之后,必须按规定立卷归档,形成会计档案资料,妥善保管,以便日后随时查阅。

(二)会计凭证保管的要求

(1)会计凭证登记完毕后,应当按照分类和编号顺序保管,不得散乱丢失。

(2)各种记账凭证,连同所附原始凭证和原始凭证汇总表,要分类按顺序编号,定期(1天、5天、10天或1个月)装订成册,并加具封面、封底,注明单位名称、凭证种类、所属年月和起讫日期、起止号码、凭证张数等。为防止任意拆装,应在装订处贴上封签,并由经办人员在封签处加盖骑缝章。

会计实务中收到的原始凭证纸张往往大小不一,因此,需要按照记账凭证的大小进行折叠或粘贴。通常,对面积大于记账凭证的原始凭证采用折叠的方法,按照记账凭证的面积尺寸,将原始凭证先自右向左,再自下向上两次折叠。折叠时应注意将凭证上的左上角或左侧

面空出，以便于装订后的展开查阅。对于纸张面积过小的原始凭证，则采用粘贴的方法，即按一定次序和类别将原始凭证粘贴在一张与记账凭证大小相同的白纸上。粘贴时要注意，应尽量将同类同金额的票据粘在一起；粘贴完成之后，应在白纸一旁注明原始凭证的张数和合计金额。对于纸张面积略小于记账凭证的原始凭证，则可以用回形针或大头针别在记账凭证后面，待装订凭证时，抽去回形针或大头针。

（3）对一些性质相同、数量很多或各种随时需要查阅的原始凭证，可以单独装订保管，在封面上注明记账凭证日期、编号、种类，同时在记账凭证上注明"附件另订"字样和原始凭证的名称及编号。

（4）各种经济合同、存出保证金收据以及涉外文件等重要原始凭证，应当另编目录，单独登记保管，并在有关原始凭证和记账凭证上注明日期和编号。

（5）原始凭证不得外借，其他单位如因特殊原因需要使用原始凭证时，经本单位会计机构负责人、会计主管人员批准，可以复制。向外单位提供的原始凭证复制件，应当在专设的登记簿上登记，并由提供人员和收取人员共同签名或者盖章。

（6）从外单位取得的原始凭证如有遗失，应当取得原开出单位盖有公章的证明，并注明原来凭证的号码、金额和内容等，由经办单位会计机构负责人、会计主管人员和单位领导人批准后，才能代作原始凭证。如果确实无法取得证明的，如火车、轮船、飞机票等凭证，由当事人写出详细情况，由经办单位会计机构负责人、会计主管人员和单位领导人批准后，代作原始凭证。

（7）会计凭证装订成册后，应由专人负责分类保管，年终应登记归档。会计凭证的保管期限和销毁手续，应严格按照《会计档案管理办法》进行管理。

（8）会计凭证在归档后，应按年月日顺序排列，以便查阅。对已归档凭证的查阅、调用和复制，都应得到批准，并办理一定的手续。会计凭证在保管中应防止霉烂破损和鼠咬虫蛀，以确保其安全和完整。

【拓展阅读】

会计凭证保管期限	代人开普票的后果	发票错位能否正常使用

【项目化集中训练】

一、单项选择题

1. 会计凭证按（　　）不同，可以分为原始凭证和记账凭证。
   A. 填制的方式　　　　　　　　B. 填制的程序和用途
   C. 取得的来源　　　　　　　　D. 反映经济业务的次数

2. 下列会计凭证中属于自制原始凭证的是（　　）。
   A. 收款凭证　　　B. 付款凭证　　　C. 银行结算凭证　　　D. 收料单
3. 原始凭证按（　　）分类，分为一次凭证、累计凭证和汇总原始凭证。
   A. 用途和填制程序　　　　　　B. 取得的来源
   C. 填制方法　　　　　　　　　D. 填制程序和内容
4. 下列原始凭证中属于外来原始凭证的是（　　）。
   A. 借款单　　　　　　　　　　B. 发出材料汇总表
   C. 购货发票　　　　　　　　　D. 领料单
5. 下列各项中，不属于记账凭证审核内容的有（　　）。
   A. 凭证是否符合有关的计划和预算
   B. 会计科目使用是否正确
   C. 凭证的金额与所附原始凭证的金额是否一致
   D. 凭证的内容与所附原始凭证的内容是否一致
6. 企业从银行提取现金应编制（　　）。
   A. 收款凭证　　　B. 付款凭证　　　C. 转账凭证　　　D. 原始凭证
7. 在审核原始凭证时，对于数字填写有错误的原始凭证，应该（　　）。
   A. 拒绝办理，并向本单位负责人报告
   B. 予以抵制，对经办人员进行批评
   C. 由会计人员重新填制或予以更正
   D. 予以退回，要求更正或者重开
8. 会计分录在会计实务中是填写在（　　）上的。
   A. 原始凭证　　　B. 记账凭证　　　C. 总分类账　　　D. 明细分类账
9. 不涉及库存现金和银行存款收付业务，应编制的记账凭证是（　　）。
   A. 收款凭证　　　B. 付款凭证　　　C. 转账凭证　　　D. 原始凭证
10. 用转账支票支付前欠货款，应填制（　　）。
    A. 转账凭证　　　B. 收款凭证　　　C. 付款凭证　　　D. 原始凭证

二、多项选择题

1. 下列各项中属于一次凭证的有（　　）。
   A. 收料单　　　B. 报销凭单　　　C. 领料单　　　D. 限额领料单
2. 涉及现金与银行存款之间收付款业务时，可以编制的记账凭证有（　　）。
   A. 现金收款凭证　　　　　　　B. 现金付款凭证
   C. 银行存款收款凭证　　　　　D. 银行存款付款凭证
3. 企业购买材料一批验收入库，该项业务可能取得的原始凭证有（　　）。
   A. 支票存根　　　B. 购货发票　　　C. 入库单　　　D. 运输发票
4. 下列各项中属于记账凭证审核内容的有（　　）。
   A. 金额是否正确　　　　　　　B. 项目是否齐全
   C. 科目是否正确　　　　　　　D. 书写是否规范
5. 下列凭证中属于自制原始凭证的有（　　）。

A. 购货发票 B. 差旅费报销单
C. 限额领料单 D. 发出材料汇总表
6. 某一张记账凭证的编制依据可以是（　　）。
A. 某一张原始凭证 B. 反映一类经济业务的多张原始凭证
C. 汇总原始凭证 D. 不同类别和内容的经济业务
7. 会计凭证可以用来（　　）。
A. 记录经济业务 B. 明确经济责任
C. 登记账簿 D. 编制报表
8. 下列凭证中能作为编制记账凭证依据的是（　　）。
A. 收货单 B. 发票 C. 发货单 D. 购销合同
9. 专用记账凭证主要包括（　　）。
A. 汇总收款凭证 B. 收款凭证 C. 转账凭证 D. 付款凭证
10. 限额领料单同时属于（　　）。
A. 记账凭证 B. 累计凭证 C. 一次凭证 D. 自制凭证

三、判断题

1. 记账凭证填制日期应当与原始凭证填制日期相同。（　　）
2. 企业每项经济业务的发生都必须从外部取得原始凭证。（　　）
3. 原始凭证是登记明细分类账的依据，记账凭证是登记总分类账的依据。（　　）
4. 一式几联的原始凭证，应当注明各联的用途，只能以一联作为报销凭证。（　　）
5. 所有记账凭证都必须附有原始凭证并如实填写所附原始凭证的张数。（　　）
6. 企业将现金存入银行或从银行提取现金，可以只编制付款凭证，不用编制收款凭证。（　　）
7. 对于不真实、不合法的原始凭证，会计人员有权不予接受；对于记载不准确、不完整的原始凭证，会计人员有权要求其更正、补充。（　　）
8. 原始凭证不得外借，其他单位如因特殊需要使用原始凭证时，会计人员可以直接为其复制。（　　）
9. 原始凭证记载的各项内容均不得涂改，原始凭证有错误的，必须由出具单位重开。（　　）
10. 记账凭证的审核与编制不能是同一会计人员。（　　）

四、实务处理

诚景公司 2024 年 11 月份发生下列经济业务：
（1）11 月 3 日从银行提取现金 3 000 元备用。
（2）11 月 6 日，公司市场部员工张强出差，经市场部李明经理批准，向财务部预借差旅费 2 000 元。出纳审核其借款单后给付现金。
（3）11 月 15 日，销售一批 B 产品给兴华装饰有限公司，数量 20 吨，单价 150 元/吨，价款 3 000 元，增值税额 390 元，价税合计 3 390 元，开出增值税专用发票一张，对方以转账支票办理结算，款项已收讫。

(4) 11月20日,上月购入的材料到达,办理验收入库手续,收到钢材10吨,单价每吨100元。

要求:根据所给业务编制收款凭证、付款凭证和转账凭证。

【参考答案】

项目七

会计账簿

素养目标

◇ 培养学生精益求精、一丝不苟的工匠精神
◇ 培养学生坚持准则、守责敬业的会计职业道德
◇ 培养学生善于学习、勇于创新的意识

知识目标

◇ 理解会计账簿的意义
◇ 明确会计账簿的分类
◇ 掌握各种账簿的格式及登账方法
◇ 掌握错账更正的各种方法
◇ 理解对账的意义及内容
◇ 掌握不同账簿的结账方法
◇ 了解账簿的启用、更换和保管

能力目标

◇ 能正确运用各种账簿的格式及登账方法
◇ 能正确查找登账错误,并规范更正

案例导入

假发票揪出蛀虫

"记账凭证模糊不清,原始单据不完整,发票摘要与实际支出存根不符。"不久前,云南省普洱市纪委监委在调查普洱路盈公路工程检测有限公司有关问题线索时,该公司混乱的财务账目引起了工作人员的注意。

"公司会计、出纳都由李某某一人承担,财务账目都是她经手办理的。"走访中,该公司一名工作人员向专案组反映。会计、出纳由同一人担任违反了稽核规定,专案组决定从发票存根入手进行核查。经到税务机关查询认定,发现假发票涉及金额达80多万元。

据李某某交代，自 2011 年负责公司财务以来，频繁采取将公司账户的钱转入其个人银行卡或者直接取现单位备用金转存到自己银行卡等方式，把公司资产当成私人的"提款机"。从贪污公司支付实验器材费用剩下的 78 元开始，到用公司账户一次性给自己转账 10 余万元，贪欲越来越大。

直到 2015 年 5 月，公司来了新的出纳，害怕自己挪用公款的事被发现，李某某才急着做这几年的财务账目。虚构接待费用、办公用品、茶叶等费用，虚报检测费用、咨询评审费用……李某某所做的会计凭证充斥着大量假账，单位真实支出票据被其遗失，真账假账相互交织，十分混乱。

经查，2011 年至 2022 年间，李某某利用职务便利，采用伪造发票、修改对账单、模仿领导签字、模仿经手人签字、伪造财政授权支付凭证、虚构经济业务等方式多次将公司资金非法占为己有，贪污次数多达 200 余笔，共计人民币 165 万余元。而这些钱都被其用于餐饮娱乐、家庭用度，以及偿还网络贷款等开支。

最终，李某某受到开除处理，因犯贪污罪被判处有期徒刑三年零六个月，追缴违法所得。针对该公司暴露出的财务管理漏洞，普洱市监委制发监察建议书，督促其围绕财务管理、资金使用审批、重点岗位权力运行等进行立查立改，全面梳理排查资金管理使用中存在的问题和风险点，建立健全财务监督管理制度，规范工作流程，严防此类问题再次发生。（来源：中央纪委国家监委网站）

案例分析

根据以上案例，请分析以下问题：
1. 会计账簿的意义是什么？
2. 如何正确地登记账簿？登记账簿的依据是什么？

知识导航

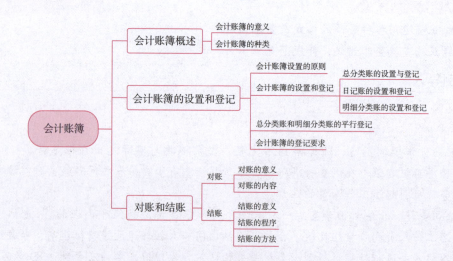

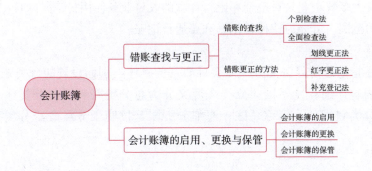

任务一　会计账簿概述

【任务解析1】 会计账簿的意义

会计账簿（简称账簿）是指由具有一定格式、相互联系的账页组成，以会计凭证为依据，用以全面、系统、序时、分类、连续地记录各项经济业务的簿记。

各单位应当按照国家统一会计制度的规定和会计业务的需要设置会计账簿。设置和登记账簿是编制会计报表的基础，是连接会计凭证与会计报表的中间环节，在会计核算中具有重要意义，主要体现在以下几点：

（1）设置和登记会计账簿可以系统地归纳和积累会计核算资料，为改善企业经营管理，合理使用资金提供资料；

（2）设置和登记会计账簿可以为计算财务成果、编制会计报表提供依据；

（3）设置和登记会计账簿可以利用账簿的核算资料，为开展财务分析和会计检查提供依据。

会计账户存在于会计账簿之中，账簿中的每一账页就是账户的存在形式和载体，没有账簿，账户就无法存在；账簿序时、分类地记录经济业务，是在个别账户中完成的，因此，账簿只是一个外在形式，账户才是它的真实内容。会计账簿与会计账户的关系是形式和内容的关系。

【任务解析2】 会计账簿的种类

会计核算中应用的账簿很多，不同的账簿，其用途、形式、内容和登记方法都不相同。为了更好地了解和使用各种账簿，对其进行分类是很有必要的。账簿按不同的标准可作如下分类：

（一）按用途不同可分为序时账簿、分类账簿与备查账簿

1. 序时账簿

序时账簿又称日记账，是指按照经济业务发生或完成的先后顺序，逐日逐笔登记经济业

务的账簿。通常大多数企业只对现金和银行存款的收付业务使用日记账。日记账按所核算和监督经济业务的范围,可分为特种日记账和普通日记账。

2. 分类账簿

分类账簿是指通过对经济业务按照会计要素的具体类别而设置的分类账户进行登记的账簿。按记账内容详细程度不同,分类账簿又分为总分类账和明细分类账。总分类账是按总分类账户分类登记的,简称总账;明细分类账是按明细分类账户分类登记的,简称明细账。

3. 备查账簿

备查账簿也称备查簿、辅助登记账簿,是指对某些在日记账和分类账等主要账簿中未能记载的事项进行补充登记的账簿,如设置租入固定资产登记簿、代销商品登记簿等。这种账簿不是企业必须设置的,而是企业根据实际需要自行决定设置的。

(二)按外表形式不同可以分为订本式账簿、活页式账簿和卡片式账簿

1. 订本式账簿

订本式账簿是指在启用之前就把编有序号的若干账页固定装订成册的账簿。采用这种账簿,其优点是可以避免账页散失,防止人为抽换账页;其缺点是一般不能准确地为各账户预留账页。在实际工作中,这种账簿一般用于总分类账、现金日记账和银行存款日记账。

2. 活页式账簿

活页式账簿是指在账簿登记之前并不固定装订在一起,而是装在活页账夹中的账簿。当账簿登记完毕后(通常是一个会计年度)才将账页予以装订,加具封面,并给各账页连续编号。这类账簿的优点是记账时可以根据实际需要,随时将空白账页装入账簿,或抽出不需要的账页,也便于分工记账;其缺点是如果管理不善,可能会造成账页散失和被抽换。这种账簿主要适用于一般的明细分类账。

3. 卡片式账簿

卡片式账簿又称卡片账,是指一种将账户所需格式印刷在硬卡片上的账簿。严格来说,卡片账也是一种活页账,只不过它不是装在活页账夹中,而是装在卡片箱内。在我国,企业一般只对固定资产明细账核算采用卡片账形式。少数企业在材料核算中也使用材料卡片账。

(三)按账页格式不同可分为三栏式账簿、多栏式账簿和数量金额式账簿

1. 三栏式账簿

三栏式账簿是指设有借方、贷方和余额三个基本栏目的账簿。总分类账、日记账以及资本、债权、债务明细账一般采用三栏式。

2. 多栏式账簿

多栏式账簿是指在账簿的两个基本栏目借方和贷方按需要分设若干专栏的账簿。如多栏式日记账、多栏式明细账,收入、费用明细账一般也采用这种账簿格式。

3. 数量金额式账簿

数量金额式账簿是指在账簿的借方、贷方和余额三个栏目内,都分设数量、单价和金额

三小栏，借以反映财产物资的实物数量和价值量。如原材料、库存商品等明细账一般都采用数量金额式账簿。

任务二　会计账簿的设置和登记

【任务解析1】 会计账簿设置的原则

任何会计主体都应该按照国家统一会计制度的规定，结合企业的实际需要设置账簿，包括确定账簿的种类及数量，设计账页的格式及内容。既要有科学性、严密性和完整性，又要有合理性、适用性和可操作性，同时还要避免重复设置和防止过于简化，设置账簿一般应遵循以下原则：

（一）统一性原则

各单位应按照国家统一会计制度的规定和会计业务的需要设置账簿。设置的账簿应能够全面反映本单位经济业务活动情况，满足各方面信息使用者的需要，有利于加强经济单位的内部经营管理。

（二）科学性原则

设置账簿要组织严密、层次分明。账簿之间要相互衔接、互相补充又要相互制约，能够清楚地反映账户的对应关系，以便提供完整、系统的会计核算资料。

（三）实用性原则

设置账簿要以经济单位规模的大小、经济业务的繁简、会计人员的多少和满足管理的需要为出发点，既要防止账簿重叠，又要防止过于简化。

一般企业，不论规模大小、业务多少，都应设置总分类账、日记账和各种明细账，以系统反映本单位资金的运用和结存情况。

（四）合法性原则

《会计法》明确规定，各单位所发生的各项经济业务，应当依法设置会计账簿并进行统一登记、核算，不得违反规定私设会计账簿。

【任务解析2】 会计账簿的设置和登记

（一）总分类账的设置与登记

总分类账也称总账，是按总分类科目设置的账簿。总分类账能全面、总括地反映和记录经济业务引起的资金运动和财务收支情况，并能为编制会计报表提供数据。总账一般采用订本式账簿，常用的账页格式为三栏式，在账页中设有借方、贷方和余额三个金额栏。现以应付账款为例说明总账账户的设置方法，如表7-1所示。

表 7-1 总分类账
总分类账

会计科目：应付账款

202×年		凭证号数	摘要	借方								贷方								借或贷	余额							
月	日			十	万	千	百	十	元	角	分	十	万	千	百	十	元	角	分		十	万	千	百	十	元	角	分
3	1		期初余额																	贷		3	5	1	0	0	0	0

总分类账的记账依据和登记方法取决于企业采用的账务处理程序。既可以根据记账凭证逐笔登记，也可以根据经过汇总的科目汇总表或汇总记账凭证等登记。具体登记方法如下：

（1）日期栏：填写登记总账所依据的记账凭证上的日期。

（2）凭证字、号栏：填写登记总账所依据的记账凭证的字（如现收、银收、转、记、科汇、汇收）和编号。

（3）摘要栏：填写所依据的凭证的简要内容。依据记账凭证登账的，应填写与记账凭证一致的摘要内容；依据科目汇总表登账的，可填写"×日至×日发生额合计"字样；依据汇总记账凭证登账的，可填写"第×号至第×号记账凭证"字样。

（4）借或贷栏：表示余额的方向，填写"借"字或"贷"字。

（5）借方、贷方金额栏：填写所依据凭证上记载的各账户的借、贷发生额。

（二）日记账的设置和登记

按照国家统一会计制度的规定，企业必须设置现金日记账和银行存款日记账，有外币业务的单位还需要按币种不同分别设置外币现金日记账和银行存款日记账。

1. 现金日记账

1）现金日记账的设置

现金日记账一般采用订本账，账页的格式有三栏式和多栏式两种，但在实际工作中大多采用三栏式，即在同一张账页上设借方、贷方和余额三个基本的金额栏目，并在金额栏与摘要栏之间插入对方科目，以便记账时标明现金收入的来源科目和现金支出的用途科目，如表 7-2 所示。

表 7-2 现金日记账
现金日记账

第 页

202×年		凭证号数	摘要	对方科目	借方							贷方							余额						
月	日				万	千	百	十	元	角	分	万	千	百	十	元	角	分	万	千	百	十	元	角	分
3	1		期初余额																1	8	0	0	0	0	0

2）现金日记账的登记

现金日记账应由出纳人员根据审核无误的现金收款凭证和现金付款凭证及从银行提取现金业务的银行存款付款凭证，按经济业务发生的时间逐日逐笔登记。具体登记方法如下：

(1) 日期栏填写与现金实际收、付日期一致的记账凭证的日期。
(2) 凭证栏填写所入账的收、付款凭证的"字"和"号"。
(3) 摘要栏注明经济业务的简要内容。
(4) 对方科目栏填写与"库存现金"账户发生对应关系的账户的名称。
(5) 借方栏、贷方栏填写每笔经济业务的现金实际收付的金额。

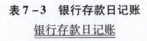

现金日记账的登记

2. 银行存款日记账的设置和登记

银行存款日记账一般采用订本账，按企业在银行开立的账户和币种分别设置，每个银行账户设置一本日记账。银行存款日记账的格式和现金日记账的格式基本相同，通常采用三栏式，如表7-3所示。

表7-3 银行存款日记账

银行存款日记账

第　　页

202×年		凭证号数	摘要	对方科目	借方									贷方									余额								
月	日				百	十	万	千	百	十	元	角	分	百	十	万	千	百	十	元	角	分	百	十	万	千	百	十	元	角	分
3	1		期初余额																					4	8	9	0	0	0	0	0

银行存款日记账应由出纳员根据与银行存款收付业务有关的记账凭证及将现金存入银行业务的现金付款凭证按时间先后顺序逐日逐笔登记。具体登记方法如下：

(1) 日期栏填写与银行存款实际收、付日期一致的记账凭证的日期。
(2) 凭证栏填写所入账的收、付款凭证的"字"和"号"。
(3) 摘要栏填写经济业务的简要内容。
(4) 对方科目栏填写与"银行存款"账户发生对应关系的账户的名称。
(5) 借方栏、贷方栏填写银行存款实际收、付的金额。

（三）明细分类账的设置和登记

明细分类账简称明细账，是按照总分类科目的二级科目或三级科目分类设置，用以记录某一类经济业务明细核算资料的账簿。明细分类账对于监督资产的收发和保管、往来款项的结算、收入的取得以及费用的开支等起着重要的作用。因此，每一个企业都应设置原材料、库存商品、债权债务、固定资产、业务收入、费用开支以及其他各种必要的明细分类账。

明细分类账的登记

由于明细分类账反映的经济业务多种多样，因此其账簿可以有多种形式，如订本账、活页账、卡片账等，其账页格式有三栏式、多栏式、数量金额式等。

1. 三栏式明细账

三栏式明细账的金额栏主要由借方、贷方和余额三栏组成。主要用来反映某项资金增加、减少和结余的情况及结果。这种账簿适用范围较广，适用于只需要进行金额核算的经济业务。如应收账款、其他应收款、短期借款、应付账款和实收资本等科目的明细分类账户。现以应收账款为例说明其明细账户的开设方法，如表7-4所示。

表7-4 应付账款明细分类账

应付账款明细分类账

明细科目：宏达公司

202×年		凭证号数	摘要	借方									贷方									借或贷	余额								
月	日			十	万	千	百	十	元	角	分	十	万	千	百	十	元	角	分			十	万	千	百	十	元	角	分
3	1		期初余额																	贷		3	5	1	0	0	0	0

2. 数量金额式明细账

数量金额式明细账的账页设有借方、贷方和余额三大栏，并在每大栏下再分设数量、单价和金额三小栏。这种账簿一般适用于既要进行金额核算又要进行数量核算的财产物资账户，如"原材料明细账""库存商品明细账"等账户。现以原材料为例说明其明细账户的开设方法，如表7-5所示。

表7-5 原材料明细分类账

原材料明细分类账

材料类别：主要材料　　　　　　存放地点：
名称和规格：甲材料　　　　　　计量单位：吨　　　　　　　　　　　第　　页

202×年		凭证号数	摘要	收入										发出										结存									
月	日			数量	单价	金额								数量	单价	金额								数量	单价	金额								
						万	千	百	十	元	角	分			万	千	百	十	元	角	分				万	千	百	十	元	角	分
3	1		期初余额																			1	4 980	4	9	8	0	0	0

3. 多栏式明细账

多栏式明细账是为了提供多项管理信息，根据各类经济业务的内容和管理需要来设置多个栏目,从而将属于同一个总账科目的各个明细科目合并在一张账页上进行登记。这类账簿首先将账户分为借方、贷方和余额三栏,再在借(或贷)方分别按明细科目设置多个栏目,用于提供管理所需要的信息。主要用于应记借方(或贷方)的经济业务较多,而另一方反映的经济业务较少或基本不发生的账户。如"管理费用明细账""生产成本明细账"(表7-6)"制造费用明细账""应交税费——应交增值税明细账"等。在实务中需注意,这种账簿的账页正反面内容可能不一样的,若是活页式账页,务必将顺序排好。

表7-6 生产成本明细账

生产成本明细账

编号:____总页_____
车间:_____   计量单位:_____
产品名称:_____   完工产量:_____

202×年		凭证		摘要	借方					合计
月	日	字	号		直接材料	直接人工	制造费用			

不同类型经济业务的明细账,可以根据管理的需要,依据记账凭证、原始凭证或汇总原始凭证逐日逐笔或定期汇总登记。现金、银行存款账户由于已设置了日记账,不必再设明细账,其日记账实质上也是一种明细账。

【任务解析3】 总分类账和明细分类账的平行登记

总分类账户是所属明细分类账户的统驭账户,对所属明细分类账户起着控制作用;而明细分类账户则是某一总分类账户的从属账户,对其所隶属的总分类账户起着辅助作用。某一总分类账户及其所属明细分类账户的核算对象是相同的,它们所提供的核算资料互相补充,只有把二者结合起来,才能既总括又详细地反映统一的核算内容。因此,总分类账户和明细分类账户必须采用平行登记的方法。

总分类账户与明细分类账户平行登记的要点如下:

(一)同期

凡在总分类账户下设有明细分类账户的,对于每一项经济业务,一方面要记入有关账户的总分类账户,另一方面要在同一会计期间记入各总分类账户所属的明细分类账户。

(二)同据

登记总分类账及其所属的明细分类账的依据应当相同。其最终依据都是记账凭证及其所属的原始凭证。

(三)同向

在某一总分类账户及其所属的明细分类账户中登记经济业务时,方向必须相同,即在总分类账户中记入借方,在其所属的明细分类账户中也记入借方;在总分类账户中记入贷方,在其所属的明细分类账户中也应记入贷方。

(四)等额

记入某一总分类账户的金额必须与记入其所属的一个或几个明细分类账户的金额合计相等。

【任务示例7-1】 诚景公司的材料供应商有甲、乙、丙三家,202×年3月应付账款的期初余额为12 000元,其中应付甲公司4 000元,应付乙公司6 000元,应付丙公司2 000元。本月用银行存款偿还应付账款共计8 000元,其中,3月8日偿还甲公司4 000元,3月16日偿还乙公司2 000元,3月23日偿还丙公司2 000元。根据上述业务编制会计分录如下:

(1) 3月8日:

  借:应付账款——甲公司   4 000

    贷:银行存款   4 000

(2) 3月16日:

  借:应付账款——乙公司   2 000

    贷:银行存款   2 000

(3) 3月23日:

  借:应付账款——丙公司   2 000

    贷:银行存款   2 000

根据上述分录,对应付账款总分类账和明细分录账进行平行登记。如表7-7~表7-10所示。

表7-7 总分类账户

账户名称:应付账款   元

202×年		凭证号数	摘要	借方	贷方	借或贷	余额
月	日						
3	1		期初余额			贷	12 000
	8		偿还欠款	4 000		贷	8 000
	16		偿还欠款	2 000		贷	6 000
	23		偿还欠款	2 000		贷	4 000

表7-8 应付账款明细分类账

账户名称:甲公司   元

202×年		凭证号数	摘要	借方	贷方	借或贷	余额
月	日						
3	1		期初余额			贷	4 000
	8		偿还欠款	4 000		平	0

表 7-9　应付账款明细分类账

账户名称：乙公司　　　　　　　　　　　　　　　　　　　　　　　　　　　　　　元

202×年		凭证号数	摘要	借方	贷方	借或贷	余额
月	日						
3	1		期初余额			贷	6 000
	16		偿还欠款	2 000		贷	4 000

表 7-10　应付账款明细分类账

账户名称：丙公司　　　　　　　　　　　　　　　　　　　　　　　　　　　　　　元

202×年		凭证号数	摘要	借方	贷方	借或贷	余额
月	日						
3	1		期初余额			贷	2 000
	23		偿还欠款	2 000		平	0

【任务解析4】会计账簿的登记要求

启用订本式账簿，应当从第一页到最后一页顺序编定页数，不得跳页、缺号。使用活页式账页，应当按账户顺序编号，并需定期装订成册。装订后再按实际使用的账页顺序编定总页码，另加目录，记录每个账户的名称和页次。具体记账要求如下：

（一）依据可靠

会计人员应当根据审核无误的会计凭证登记会计账簿。

（二）准确完整

登记会计账簿时，应当将会计凭证日期、编号、业务内容摘要、金额和其他有关资料逐项记入账内，做到数字准确、摘要清楚、登记及时、字迹工整。

（三）注明记账符号

登账完毕后，要在记账凭证上签名或盖章。并注明已经登记的符号，表示已经记账。

（四）书写留空

账簿中书写的文字和数字上面要留有适当空格，不要写满格，一般应占格距的1/2。

（五）蓝黑墨水记账

登记账簿要用蓝黑墨水或者碳素墨水书写，不得使用圆珠笔（银行的复写账簿除外）或者铅笔书写。

（六）特殊情况用红色墨水记账

(1) 按照红字冲账的记账凭证，冲销错误记录；
(2) 在不设借贷等栏的多栏式账页中，登记减少数；
(3) 在三栏式账户的余额栏前，如未印明余额方向的，在余额栏内登记负数余额；
(4) 根据国家统一会计制度的规定可以用红字登记的其他会计记录。

（七）按顺序连续登账

各种账簿按页次顺序连续登记，不得跳行、隔页。如果发生跳行、隔页，应当将空行、隔页划线注销。或者注明"此行空白""此页空白"字样，并由记账人员签名或者盖章。

（八）余额结算

凡需要结出余额的账户，结出余额后，应当在借或贷等栏内写明"借"或者"贷"等字样。没有余额的账户，应当在借或贷等栏内写"平"字，并在余额栏内用"0"表示。现金日记账和银行存款日记账必须逐日结出余额。

（九）跨页结转

每一账页登记完毕结转下页时，应当结出本页合计数及余额，写在本页最后一行和下页第一行有关栏内，并在摘要栏内分别注明"过次页"和"承前页"字样。

（十）错账更正

账簿记录发生错误，不得刮擦、挖补、涂抹或用药水等更正，要按照国家统一会计制度规定的方法来更正。

任务三　对账和结账

【任务解析1】对账

（一）对账的意义

对账是指企业、行政事业单位在期末结账前，将账簿记录与相关的会计凭证、财产物资的实际结存数额相核对，对账簿所记载的数据进行核对、检查，以保证账簿记录的真实、准确。

对账就是按照一定的方法和手续核对账目，主要是对账簿记录进行核对、检查。账簿记录是否真实、准确，直接影响到对经济活动效果的分析和会计报告的质量。在实际工作中，由于各种主客观原因，可能会造成账簿记录的错记、漏记，因此，必须建立健全的对账制度，定期组织好各项核对工作。

（二）对账的内容

对账主要包括以下几个方面的内容：

1. 账证核对

账证核对是指各种账簿（总分类账、明细分类账、现金日记账和银行存款日记账等）上记载的内容与其入账时所依据的记账凭证及其所附的原始凭证进行逐项核对。核对时，依次检查依据会计凭证所记入的账户、金额、记账方向及其他相关栏目记录是否相符。账证核对是会计人员日常会计核算工作的一项重要内容。账证相符是保证账账相符、账实相符的基础。

2. 账账核对

账账核对是将有内在联系的各有关账簿之间的记录进行核实、查对，达到账账相符。账账核对的主要内容包括以下几项：

1）总账的核对

总分类账簿各账户的期初余额、本期发生额和期末余额之间存在着对应平衡关系，即同一会计期间各总分类账户借方发生额之和与本期贷方发生额之和相等，各账户的期末借方余额之和与期末贷方余额之和相等。这种平衡关系是通过编制总分类账试算平衡表进行的。

2）总分类账与日记账的核对

将库存现金日记账、银行存款日记账与总分类账"库存现金""银行存款"账户的本期借贷方发生额和期末余额相核对，检查是否相符。

3）总分类账与明细分类账的核对

期末通过编制明细分类账本期发生额及余额表，核对各明细分类账户之和与所属的总分类账户的发生额是否相符，方向是否一致；核对各明细分类账户的余额之和与其所属的总分类账户的余额是否相符，方向是否一致。

4）明细账的核对

将会计部门各种财产物资明细分类账期末余额与财产物资保管或使用部门的有关财产物资明细分类账的期末余额核对，以检查其余额是否相符。

3. 账实核对

账实核对是指各项财产物资、债权债务等账面余额与实有数额之间的核对。具体内容包括：

（1）核对现金日记账的账面余额与库存现金实存数是否相符。核对时，不准以白条抵库。

（2）核对银行存款日记账账面余额与银行对账单的余额是否相符。

（3）核对各项财产物资明细账账面余额与财产物资的实有数额是否相符

（4）核对有关债权债务明细账账面余额与对方单位的账面记录是否相符等。

有关账实核对的具体内容详见项目九财产清查。

【任务解析2】结账

（一）结账的意义

结账是指在把一定时期内所发生的全部经济业务登记入账的基础上，将各类账簿记录核算完毕，结出各种账簿本期发生额合计和期末余额的一项会计核算工作。通过结账为进一步总结分析一定时期内企业、行政事业单位的财务状况、经营管理情况、编制会计报告等工作提供翔实、具体的资料数据。

（二）结账的程序

1. 将本期发生的经济业务全部登记入账，并保证其正确性

在会计核算工作中，为了归类记录和反映资产、负债、所有者权益、收入、费用和利润六大会计要素的增减变化情况，并为编制财务会计报告提供所需的各种数据资料，有必要将记账凭证所提供的分散资料分别登记到相应的会计账户中去。结账前，必须查明本期内发生的经济业务是否已全部入账，若发现漏记、错记，应及时补记、更正。不得为赶编财务会计报告而提前结账,也不能把本期发生的经济业务延至下期入账,更不得先编制财务会计报告后结账。

2. 结账前的账项调整

按照权责发生制会计基础,应该按照收入和费用的归属期确认企业在各会计期间应得的收入和应负担的费用,以便正确计算本期的经营成果。但由于企业实际经济业务的复杂性,加之会计分期是人为划分而成的,必然存在一些收入和费用的收支期与归属期不一致的情况,在期末结账前,必须对这些账项作必要的调整。

1)收入的账项调整

需调整的收入主要包括应计收入和预收收入。

(1)应计收入的账项调整。

应计收入是指那些已在本期实现、应计入本期收入但尚未收到款项的收入。主要是由于向企业外部提供商品、劳务,或转让资产使用权而尚未结算或延期付款等原因,致使本期的收入尚未收到。如应收出租包装物的租金收入、应收银行存款的利息收入、应收佣金等。按权责发生制会计基础,凡属于本期的收入,不论其款项是否收到,都应作为本期的收入,并于期末将尚未收到的款项登记入账。

为了反映应计收入的增减变动情况,企业需设置"应收账款""其他应收款""应收利息""应收股利"等账户。该类账户借方记录已经提供产品或劳务,但尚未收到款项的各种应收款债权;贷方记录收到的应收款项;余额在借方,反映期末结存尚未收到的应收款项。该类账户属于资产类账户。

【任务示例7-2】 诚景公司于7月1日出租柜台,租赁合同约定每月400元租金,年底支付半年租金2 400元。

这笔收入虽然于12月收到,但按权责发生制会计基础,应该归属于7—12月份,平均每月分摊400元。所以,企业7—11月每月末应编制调整会计分录如下:

借:其他应收款　　　　　　　　　　　　　　　　　　400
　　贷:其他业务收入——租金　　　　　　　　　　　　　　400

12月份收到租金时,编制会计分录如下:

借:银行存款　　　　　　　　　　　　　　　　　　2 400
　　贷:其他应收款　　　　　　　　　　　　　　　　　　2 000
　　　　其他业务收入——租金　　　　　　　　　　　　　　400

(2)预收收入的账项调整。

预收收入指本期或以前会计期间已收款入账,但尚未向对方提供商品或劳务,或财产物资使用权不属于或不完全属于本期收入的预收款项,属于负债性质。这种预收的收入只能作为一项负债登记入账,该项债务到期应由企业提供一定的商品或劳务偿还。

为了反映预收收入增减变动情况,企业需设置"预收账款"账户,该账户贷方登记企业向购货单位预收的货款,以及销售实现时购货方补付的货款;借方登记按提供的产品或劳务逐渐转化为各期收入的货款。该账户属于负债类账户。

【任务示例7-3】 诚景公司于6月18日预收A公司一批购货款20 000元存入银行。收到预收货款时,编制会计分录如下:

借：银行存款 20 000
　　贷：预收账款——A公司 20 000

7月25日，诚景公司按购销合同发货给A公司，货物价款为40 000元，增值税专用发票注明增值税额5 200元。编制调整分录如下：

借：预收账款——A公司 45 200
　　贷：主营业务收入 40 000
　　　　应交税费——应交增值税（销项税额） 5 200

7月28日，A公司补付货款，编制会计分录如下：

借：银行存款 25 200
　　贷：预收账款——A公司 25 200

2）费用的账项调整

需调整的费用主要包括应计费用和预付费用。

（1）应计费用的账项调整。

应计费用是指企业在本期已受益或已耗用，但本期尚未实际支付的费用。按权责发生制会计基础，凡属于本期的费用，不论其款项是否支付，都应作为本期费用处理。因此，期末应将此类费用按应计金额做账项调整，记入有关费用账户。

为了反映应计费用，企业需设置"应付职工薪酬""应付利息""应付账款""其他应付款"等。该类账户的贷方登记企业应由本期成本费用负担，但尚未实际支付的费用；借方登记实际支付预先已计入成本费用的应计费用；余额在贷方，反映期末结存的已经从成本费用中提取，尚未支付的费用。该类账户属于负债类账户。

【任务示例7-4】诚景公司年初借入3年期、每年付息到期还本的长期借款6 000 000元，合同约定年利率为4%，每年末编制会计分录如下：

年末计提利息时：

借：财务费用 240 000
　　贷：应付利息 240 000

实际支付利息时：

借：应付利息 240 000
　　贷：银行存款 240 000

（2）预付费用的账项调整。

预付费用是指本期已付款，但其受益期为本期和以后多期，应由本期和以后多期分别负担的费用。按权责发生制会计基础，凡不属于本期的费用，不论其款项是否支付，都不应作为本期费用处理。

为了反映预付费用的增减变动情况，企业需设置"长期待摊费用"等账户。该类账户的借方登记已经支付，但应由本期和以后多期分摊的费用额；贷方登记按各受益期分期摊销计入成本费用的金额；余额在借方，反映期末结存的已经支付，但应由以后各期分摊的费用。该类账户属于资产类账户。

【任务示例7-5】诚景公司筹建期间以银行存款支付有关人员工资5 000元，注册登记费2 000元，其他开支8 000元，合计15 000元。编制会计分录如下：

借：长期待摊费用　　　　　　　　　　　　　　　　　　　　　　　　　15 000
　　贷：银行存款　　　　　　　　　　　　　　　　　　　　　　　　　　　15 000

诚景公司正式营业，上述开办费按5年分摊，每月应分摊250元。每月末编制调整会计分录如下：

借：管理费用　　　　　　　　　　　　　　　　　　　　　　　　　　　　250
　　贷：长期待摊费用　　　　　　　　　　　　　　　　　　　　　　　　　　250

3）成本的账项调整。

成本的结转是指将制造费用在本期所生产的各种产品之间进行分配，计算确定完工产品和本期销售产品的制造成本，并在有关账户之间进行结转的会计方法。

4）损益类账户的结转

将损益类账户转入"本年利润"账户，结平所有损益类账户，如"主营业务收入""其他业务收入""营业外收入""投资收益""主营业务成本""其他业务成本""营业外支出""财务费用""管理费用""销售费用""所得税费用"等账户。

5）结转本年利润及利润分配账户

将"本年利润"账户转入"利润分配——未分配利润"账户，并将"利润分配"各明细分类账户转入"利润分配——未分配利润"账户。

6）结出资产、负债和所有者权益账户的本期发生额和余额

结出资产、负债和所有者权益账户的本期发生额和余额，按规定在账簿上作出结账的手续，并结转下期。

（三）结账的方法

1. 月结

1）日记账

会计人员每日应在本日所记最后一笔经济业务行的下一行进行本日合计，并在本日合计行内的摘要栏填写"本日合计"字样，分别合计本日的现金收入和现金支出金额，并计算出余额。

如果一个单位的现金收付业务不多，可不填写本日合计行，但需结出每日的余额并填写在每日所记的最后一笔经济业务行的余额栏内；每日的现金余额应与库存现金核对，以检查现金收付是否有误。

现金、银行存款日记账的月结方法即在本月最后一笔记录下划一条通栏单红线，并在下一行的摘要栏中用红字居中书写"本月合计"，同时在该行结出本月发生额合计及余额，然后在"本月合计"行下面再划一条通栏单红线。

2）明细账

若某一明细账的业务量较大，平时可每隔五天结一次余额。明细账在月结时应注意区别以下几种情况：

（1）本月没有发生额的账户，不必进行月结，不划结账通栏单红线。

（2）对需按月结出本月发生额的账户，如应交税费、生产成本、制造费用及各种损益类明细账等，由于会计报表须填写本月发生额，每月结账时，要在最后一笔经济业务记录下面划通栏单红线，在其下一行摘要栏注明"本月合计"字样，结出本月发生额和余额，并

在"本月合计"行下面再划一条通栏单红线。

（3）对不需要按月记本期发生额的账户，如各项债权、债务明细账和各项财产物资明细账等，每次记账以后，都要随时结出余额，每月最后一笔余额即为月末余额。月末结账时，只需要在最后一笔经济业务记录之下划通栏单红线，不需要再结记一次余额。

3）总分类账

总账账户平时只需在最后一笔业务栏结出月末余额，并在该行下划一条通栏单红线，表示"本月记录到此结束"。对于业务较多的总分类账账户，平时也可每隔十天结一次余额。

2. 年结

1）封账

年终结账时，在各账户按上述方法进行月结的同时，为反映全年各项资产、负债及所有者权益增减变动的全貌，便于核对账目，要将所有总分类账账户结计全年发生额和年末余额，在摘要栏内注明"本年合计"字样，并在该行下面划通栏双红线，表示"年末封账"。

2）结转新账

结转下年时，凡是有余额的账户，都应在"本年合计"行下面划通栏双红线后，在下一行摘要栏内注明"结账下年"字样，把年末余额从相反方向转入下年新账，在借或贷栏内注明"平"字，并在余额栏的"元"位上填列"0"符号，表示账目已经结平。同时应在下年新启用的账页第一行摘要栏内注明"上年结转"字样，并在余额栏内填写上年结转的余额。

3. 新年度建账

一般来说，总账、日记账和多数明细账应每年更换一次账本，但考虑有些财产物资或债权债务明细账，由于材料品种、规格和往来单位较多，更换新账，重抄一遍工作量较大，因此，可跨年度使用，不必每年更换，各种备查簿也可连续使用。

4. 结计"过次页"发生额

结计"过次页"的发生数额合计数，应根据不同账户记录，采用不同的方法。

（1）对需要按月结出本月发生额的账户，结计每张"过次页"的发生额合计数时，应为从本月初至本月末止的发生额合计数，此举便于本月结账时加计"本月合计"数额。

（2）对需要结计"本年累计发生额"的账户，结计前11个月的本年累计发生额及12月份"过次页"的本页合计数时，应为从年初起至本页（月）末止的累计数，此举便于年终结账时加计"本年累计"数额。

（3）结计"过次页"之后，在下一页第一行摘要栏内注明"承前页"字样，并在发生额和余额栏内填写上页结转数。

任务四　错账查找与更正

【任务解析1】错账的查找

错账的类型主要表现为以下两种：一是编制记账凭证而引起的错账。如记账凭证填制时会计科目错误、所记金额错误等；或汇总记账凭证时发生漏汇、重汇或错汇等错误。二是记账错误。记账凭证编制正确，登账时出现记反方向、数字错位、数字颠倒等错误。

根据错账的类型，查找错账的方法有两种：

（一）个别检查法

个别检查法，就是针对错账的数字进行检查的方法。常用的方法有差数法、倍数法和除9法三种。

差数法，是首先确定错账的差数，再根据差数去查找错账的方法。该方法适用于查找漏记的业务。

倍数法，是将确定的差数除以2，根据得出的数字查找错账的方法。该方法适用于查找数字记反方向而产生的错账。

除9法，是将确定的差额除以9，得出的数可能是记错位的原数。该方法适用于因数字错位或数字颠倒而产生的错账。

（二）全面检查法

全面检查法是对一定时期的账目进行全面核对检查的错账查找方法。具体又分为顺查法和逆查法。

顺查法，是按照记账的顺序，从原始凭证、记账凭证到明细分类账、总分类账及余额表等的检查，直至找到错误为止。

逆查法，是逆着记账方向，从余额表到账户、再到记账凭证、原始凭证的检查。

【任务解析2】错账更正的方法

对于查找出的错账，不能随意更改，必须采用正确的方法予以更正。常用的错账更正方法有划线更正法、红字更正法和补充登记法。

错账更正

（一）划线更正法

划线更正法是在错误的文字或数字上划一条红线，表示注销，再在红线上方用蓝字或黑字写上正确的文字或数字，并由更正人在红线的尾端盖章以明确责任。

划红线时应注意，仅文字错误的，只划去错误的文字，而对于数字错误的，必须将全部数字划去，不能只划错误的数字。

划线更正法适用于记账凭证正确，在记账或结账过程中发现只是账簿记录中文字或数字的错误。

【任务示例7-6】会计人员登账时，将"银行存款"账户借方发生额5 600元误记为5 006元，则更正方法如图7-1所示。

【任务示例7-7】会计人员登账时，将"应收账款"账户借方发生额6 000元误记在贷方，则更正方法如图7-2所示。

【任务示例7-8】会计人员登账时，将应记入"库存现金"账户借方的1 000元，误记入"银行存款"账户借方，则更正方法如图7-3和图7-4所示。

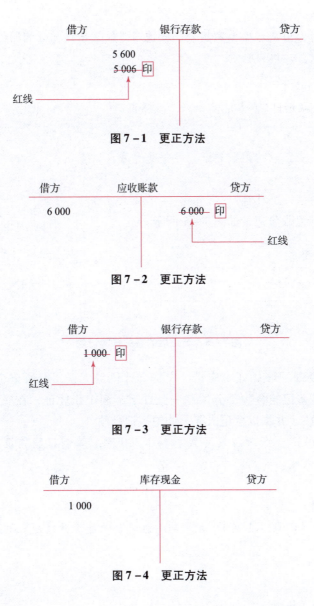

图 7-1 更正方法

图 7-2 更正方法

图 7-3 更正方法

图 7-4 更正方法

（二）红字更正法

红字更正法适用于下列情况：

(1) 登账后，发现记账凭证中应借、应贷会计科目记账方向颠倒或会计科目用错，导致登账错误。更正时，先用红字填制一张内容与错误的记账凭证完全相同的记账凭证，并在摘要栏中写明"更正第××号凭证错误"，并据以用红字金额登记入账，冲销原有的错误记录；然后，再用蓝字重新填制一张正确的记账凭证并登记入账。

【任务示例 7-9】生产车间生产甲产品领用 A 材料 2 000 元，编制记账凭证时，借方科目误记为"制造费用"并已登记入账。

原错误的记账凭证为：

借：制造费用　　　　　　　　　　　　　　　　　　　　　　　　2 000

　　　　贷：原材料　　　　　　　　　　　　　　　　　　　　　　　　2 000

　　更正上述错误时，应用红字金额填制一张内容与原来错误凭证相同的记账凭证，并据此登账，以注销原错误。

　　　　借：制造费用　　　　　　　　　　　　　　　　　　　　　　　 2 000
　　　　　　贷：原材料　　　　　　　　　　　　　　　　　　　　　　　2 000

（注：☐ 表示红字）

再用蓝字填制一张正确的记账凭证，并据此登账，以更正。

　　　　借：生产成本　　　　　　　　　　　　　　　　　　　　　　　 2 000
　　　　　　贷：原材料——A 材料　　　　　　　　　　　　　　　　　　2 000

上述更正后的有关账簿记录如图 7-5 所示。

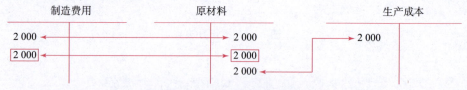

图 7-5　更正后的有关账簿记录

（2）登账后，发现记账凭证中应借、应贷会计科目无误，但所记金额大于正确金额，导致登账错误。可按多记的金额部分填制一张红字金额记账凭证，在摘要栏内注明"冲转第××号凭证多记数"，并据以登记入账，冲销多记金额。

【任务示例 7-10】 生产产品领用 A 材料 1 300 元。编制记账凭证时，将金额误记为 1 800 元，并已登记入账。

　　　　借：生产成本　　　　　　　　　　　　　　　　　　　　　　　 1 800
　　　　　　贷：原材料　　　　　　　　　　　　　　　　　　　　　　　1 800

以红字金额 500（1 800 - 1 300）元填制一张记账凭证，并据此登账，以更正。

　　　　借：生产成本　　　　　　　　　　　　　　　　　　　　　　　　500
　　　　　　贷：原材料　　　　　　　　　　　　　　　　　　　　　　　　500

上述更正后的有关账簿记录如图 7-6 所示。

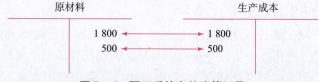

图 7-6　更正后的有关账簿记录

（三）补充登记法

补充登记法，是将少记的金额（所记金额小于正确金额的差额）用蓝字填制一张记账凭证，在摘要栏内注明"补记第××号凭证少记数"，并据以登记入账，以补充原来少记的金额。

补充登记法适用于登账后,发现记账凭证中应借、应贷会计科目运用正确,但所记金额小于正确金额,导致登账错误。

【任务示例 7–11】职工王明报销预借差旅费 800 元。编制记账凭证时,将金额误记为 500 元,并已登记入账。

借:管理费用　　　　　　　　　　　　　　　　　　　　　　　　　　500
　　贷:其他应收款　　　　　　　　　　　　　　　　　　　　　　　　500

以少记金额 300（800 – 500）元填制一张记账凭证,并据此登账,以补充少记金额。

借:管理费用　　　　　　　　　　　　　　　　　　　　　　　　　　300
　　贷:其他应收款　　　　　　　　　　　　　　　　　　　　　　　　300

上述更正后的有关账簿记录如图 7–7 所示。

图 7–7　更正后的有关账簿记录

任务五　会计账簿的启用、更换与保管

【任务解析一】会计账簿的启用

（一）会计账簿的基本内容

在实际工作中,账簿的格式是多种多样的,不同格式的账簿所包括的具体内容也不尽相同,但各种账簿都应具有以下基本要素:

1. 封面

封面主要表明账簿的名称。如总分类账、各明细分类账、现金日记账、银行存款日记账等。

2. 扉页

扉页主要列明科目索引、账簿启用和经管人员一览表及其签章等内容。

3. 账页

账页是账簿用来记录经济业务的载体,其格式因记录经济业务的内容不同而有所不同,但基本内容包括账户的名称、登记账户的日期栏、凭证种类和号数栏、摘要栏、金额栏、总页次和分户页次等。

（二）会计账簿的启用

会计账簿在启用时,应首先在账簿的封面上写明单位名称、账簿名称和使用年度,然后认真填写账簿扉页上的账簿启用及交接登记表,如表 7–11 所示,内容包括单位名称、账簿

名称、账簿编号、账簿页数、起讫日期等，填写会计机构负责人、会计主管和记账人员的姓名并盖章，在指定位置加盖单位公章。遇记账人员、会计机构负责人或会计主管有工作变动时，应按国家统一会计制度的有关规定办理交接手续，并由交出、接管和监交人员在相关账簿的扉页填明交接日期、姓名、职务，加盖有关人员名章。实行会计电算化的单位，更换操作员时，还需要重新设定操作员口令和权限，以保障会计核算资料的安全。

表7-11 账簿启用及交接登记表

账簿名称		编号		企业名称		
起讫日期		验印日期		企业盖章		
账簿册数		共 册 第 册				
账簿页数		号 至 号 共 页				
会计主管		记账员				
交 接 记 录						
移交日期	移交人		接管日期		接管人	监交人
审 核 记 录						
审核人	职务			审核时间	起讫	
	姓名					
	签章					
税务局签章				贴印花处		

【任务解析2】会计账簿的更换

会计账簿的更换通常在新会计年度建账时进行。一般来说，总账、日记账和多数明细账应每年更换一次。但有些财产物资明细账和债权债务明细账因材料品种、规格和往来单位较多，更换新账，重抄一遍工作量较大，因此，可以跨年使用，不必每年更换一次。各种备查账如固定资产明细账也可以连续使用。

新旧账簿之间的余额转记，不必填制记账凭证。

在建立新账前，要对原有各种账簿的账户进行年结，注明"结转下年"；建立新账时，在新账簿扉页要填写单位名称、启用日期、页数、账簿目录等，并由记账人员签章。建立新账时上年余额结转有两种方法：

（一）账簿余额直接结转

根据上年度账簿"结转下年"资料，登记在相应的新账簿账户首页的第一行，在摘要栏注明"上年结转"字样，作为新年度开始的年初余额。这种方法简便，得到普遍采用。

（二）余额表结转

根据上年度账簿"结转下年"资料，编制年终账户余额表作为记账凭证，据以按账户余额登记在相应的新账簿各账户首页的第一行，在摘要栏注明"上年结转"字样，作为新年度开始的年初余额。年终账户余额表如表 7–12 所示。

表 7–12　年终账户余额表

年　　月　　日　　　　　　　　　　　　　　　　　　　　　　　　　第　　页

总分类账户名称	明细分类账户名称	金额
合计		

制表：　　　　　　　　　　　　复核：

"上年结转"有多项来源的，还需要在摘要栏内写明其组成内容或附明细表，以备查对。新账簿登记完毕，要账账核对，并要与上年度会计决算报表的有关资料一致。

【任务解析3】 会计账簿的保管

会计账簿作为会计档案的重要组成部分，每个单位必须按照国家统一会计制度的规定，建立管理制度，妥善保管，保管期满，按规销毁。账簿管理分为日常管理和归档保管两部分。

（一）日常管理的要求

（1）各种账簿的管理要分工明确，指定专人管理，账簿经管人员既要负责本账簿的记账、对账和结账工作，又要负责保证账簿安全、完整。

（2）会计账簿未经会计负责人或有关人员批准，非经管人员不得随意翻阅、查看、摘抄和复制等。

（3）会计账簿除需要与外单位核对外，通常不能携带外出。对携带外出的账簿，一般应由经管人员或会计主管指定专人负责。

（4）会计账簿不能随意交予其他人员管理，以保证账簿安全和防止任意涂改账簿等问题发生。

（二）旧账归档保管

年度终了更换并启用新账后，对更换下来的旧账要整理装订，造册归档。归档前，旧账的整理工作包括：检查和补齐应办的手续，如改错盖章、注销空行及空页、结转余额等；活页账应撤出未使用的空白账页，再装订成册，并注明各账页号数。

旧账装订时应注意：活页账一般按账户分类装订成册，一个账户装订成一册或数册；某些账户账页较少，也可以合并装订成一册，装订时应检查账簿扉页的内容是否填写齐全。装订后应由经办人员及装订人员、会计主管人员在封口处签名或盖章。旧账装订完毕应编制目录，因为本年度发生的业务可能与上年度发生联系，故上年度的会计资料可以存放保管在财务部门的档案柜内，以便查询；以前年度的会计资料装订完毕，应编制目录和移交清单，按期移交单位档案部门保管。

各种账簿同会计凭证和会计报表一样，都是重要的经济档案，必须按照国家统一会计制度规定的保存年限妥善保管，不得丢失和任意销毁。根据《会计档案管理办法》的规定，会计账簿，包括总账、明细账、日记账、固定资产卡片及其他辅助性账簿均应进行归档；总分类账、明细分类账、辅助账、日记账均应保存30年，固定资产卡片账保管至清理后5年。保管期满后，一定按照规定的审批程序报经批准后才能销毁。

（三）会计账簿的销毁

《会计档案管理办法》要求单位应当定期对已到保管期限的会计档案进行鉴定，并形成会计档案鉴定意见书。经鉴定，仍需继续保存的会计档案，应当重新划定保管期限；对保管期满、确无保存价值的会计档案，可以销毁。单位档案管理机构负责组织会计档案的销毁工作，并与会计管理机构共同派员监销。监销人在会计档案销毁前，应当按照会计档案销毁清册所列内容进行清点核对；在会计档案销毁后，应当在会计档案销毁清册上签名或盖章。

【拓展阅读】

会计账簿的重要性　　登记会计账簿的十大基本要求　　查找错账的方法

【项目化集中训练】

一、单项选择题

1. 按照经济业务发生或完成的时间先后顺序逐日逐笔连续登记的账簿是（　　）。
   A. 明细分类账　　B. 总分类账　　C. 日记账　　D. 备查账

2. 用于分类记录单位的全部交易或事项，提供总括核算资料的账簿是（　　）。
   A. 总分类账　　　　　　　　B. 明细分类账
   C. 日记账　　　　　　　　　D. 备查账

3. 下列明细账中，不宜采用三栏式账页格式的是（　　）。
   A. 应收账款明细账　　　　　B. 应付账款明细账
   C. 管理费用明细账　　　　　D. 生产成本明细账

4. 记账人员根据记账凭证登记账簿后，要在记账凭证上注明已记账的符号，主要是为了（　　）。
   A. 便于明确记账责任　　　　B. 避免重记或漏记
   C. 避免错行或隔页　　　　　D. 防止凭证丢失

5. 下列账簿中，要求必须逐日结出余额的是（　　）。

A. 债权债务明细账 B. 现金日记账和银行存款日记账
C. 总账 D. 财产物资明细账

6. 下列账簿中,可以采用卡片式账簿的是( )。
A. 固定资产总账 B. 固定资产明细账
C. 日记总账 D. 日记账

7. 总账、现金日记账和银行存款日记账应采用( )。
A. 活页账 B. 订本账 C. 卡片账 D. 以上均可

8. 记账人员在登记账簿后,发现所依据的记账凭证中使用的会计科目有误,则更正时应采用的更正方法是( )。
A. 涂改更正法 B. 划线更正法 C. 红字更正法 D. 补充登记法

9. 记账凭证填制正确,记账时文字或数字发生笔误引起的错账,应采用( )进行更正。
A. 划线更正法 B. 重新登记法 C. 红字更正法 D. 补充登记法

10. 记账人员根据正确的记账凭证登记账簿时,误将某账户的 200 元金额记为 2 000 元,则该项错账应采用( )方法进行更正。
A. 红字冲账法 B. 红字更正法 C. 补充登记法 D. 划线更正法

二、多项选择题

1. 会计账簿按用途不同可分为( )。
A. 日记账 B. 分类账 C. 总账 D. 备查账

2. 会计账簿按外形特征不同可分为( )。
A. 多栏式账簿 B. 订本式账簿 C. 活页式账簿 D. 卡片式账簿

3. 下列账簿的账页,可以采用三栏式的有( )。
A. 应收账款明细账 B. 应付账款明细账
C. 管理费用明细账 D. 原材料明细账

4. 下列账簿中应采用数量金额式账簿的有( )。
A. 应收账款明细账 B. 应付账款明细账
C. 库存商品明细账 D. 原材料明细账

5. 活页账的主要优点有( )。
A. 可以根据实际需要随时插入空白账页
B. 可以防止账页散失
C. 可以防止记账错误
D. 便于分工记账

6. 下列各项,属于账实核对内容的是( )。
A. 将现金日记账账面余额与库存现金余额核对
B. 将银行存款日记账账面余额与银行对账单余额核对
C. 将有关债权债务明细账余额与对方单位的账面记录核对
D. 将各项财产物资明细账余额与对应财产物资的实有数额核对

7. 可以用红色墨水记账的情形有( )。

A. 按照红字冲账的记账凭证，冲销错误记录
B. 在不设借贷等栏的多栏式账页中，登记减少数
C. 在三栏式账户的余额栏前，如未印明余额方向的，在余额栏内登记负数余额
D. 在三栏式账户的余额栏前，印明余额方向的，也可以在余额栏内登记负数余额

8. 账簿按其账页格式不同可分为（   ）。
A. 三栏式　　　　B. 多栏式　　　　C. 订本式　　　　D. 活页式

9. 错账更正的方法有（   ）。
A. 划线更正法　　B. 红字冲销法　　C. 补充登记法　　D. 刮擦更正法

10. 在下列错误中，应采用红字更正法更正的是（   ）。
A. 记账凭证无误，但记账记录有数字错误
B. 因记账凭证中的会计科目错误而引起的账簿记录错误
C. 记账凭证中的会计科目正确但所记金额大于应记金额而引起的账簿记录错误
D. 记账凭证中的会计科目正确但所记金额小于应记金额而引起的账簿记录错误

三、判断题

1. 各单位不得违反《会计法》和国家统一会计制度的规定私设会计账簿。（   ）
2. 日记账应逐日逐笔顺序登记，总账可以逐笔登记，也可以汇总登记。（   ）
3. 登记会计账簿时，如果不慎发生隔页，应立即将空页撕掉，并更改页码。（   ）
4. 原材料明细账的每一账页登记完毕结转下页时，可以只将每页末的余额结转次页，不必将本页的发生额结转次页。（   ）
5. 根据具体情况，会计人员可以使用铅笔、圆珠笔、钢笔、蓝黑墨水或红色墨水填制会计凭证，登记账簿。（   ）
6. 若发现记账凭证上应记科目和金额错误，并已登记入账，则可将填错的记账凭证销毁，并另填一张正确的记账凭证，据以入账。（   ）
7. 一般情况下，总账、日记账和大部分明细分类账应当每年更换一次。（   ）
8. 结账的标志为划红线，月结划通栏单红线，年结划通栏双红线。（   ）
9. 总账采用订本式账簿，其账页格式通常采用多栏式。（   ）
10. 按照权责发生制会计基础，期末结账前必须对应计收入做必要的调整。

四、实务训练

1. 某企业2024年8月31日银行存款日记账余额为300 000元，现金日记账的余额为3 000元。9月发生下列银行存款和现金收付业务：
（1）5日，投资者投入现金25 000元，存入银行（银收1001号）。
（2）7日，以银行存款10 000元归还短期借款（银付1001号）。
（3）7日，以银行存款20 000元偿还应付账款（银付1002号）。
（4）10日，将现金1 000元存入银行（现付1001号）。
（5）11日，用现金暂付职工差旅费800元（现付1002号）。
（6）13日，从银行提取现金2 000元备用（银付1003号）。
（7）18日，收到应收账款50 000元存入银行（银收1004号）。

(8) 19 日，从甲公司购入材料一批，价款 30 000 元，增值税税率 13%，以银行存款元支付（银付 1004 号）。

(9) 19 日，以银行存款 1 000 元支付购入材料运费（银付 1005 号）。

(10) 20 日，从银行提取现金 18 000 元备发工资（银付 1006 号）。

(11) 20 日，用现金 18 000 元发放职工工资（现付 1003 号）。

(12) 25 日，以银行存款支付本月电费 1 800 元（银付 1007 号）。

(13) 26 日，销售商品一批给乙公司，价款 50 000，增值税 6 500 元，价税款已收到并存入银行（银收 1003 号）。

(14) 27 日，以银行存款支付销售费用 390 元（银付 1008 号）。

(15) 27 日，以银行存款支付广告费 3 500 元（银付 1009 号）。

要求：

(1) 根据上述业务编制会计分录。

(2) 根据上述会计分录登记库存现金日记账和银行存款日记账，并结出余额。

2. 某企业 2024 年 11 月"原材料""应付账款"账户期初余额如下：

原材料 78 000 元，其中：A 材料 300 吨，单价 200 元，金额 60 000 元；B 材料 900 千克，单价 20 元，金额 18 000 元。应付账款 9 500 元，其中：甲工厂 5 500 元；乙工厂 4 000 元。

该企业本月发生下列经济业务：

(1) 5 日，向甲工厂购入以下材料：B 材料 400 千克，单价 20 元，金额 8 000 元；C 材料 1 000 件，每件 5 元，金额 5 000 元，增值税 1 690 元，材料均已验收入库，货款未付。

(2) 18 日，以银行存款偿还甲工厂货款 8 000 元。

(3) 19 日，向乙工厂购入 C 材料 200 件，每件 5 元，金额 1 000 元，增值税 130 元，材料已验收入库，货款暂欠。

(4) 23 日，生产领用以下材料：A 材料 200 吨，单价 200 元，金额 40 000 元；B 材料 500 千克，单价 20 元，金额 10 000 元；C 材料 700 件，单价 5 元，金额 3 500 元。

要求：

(1) 根据上述业务编制会计分录。

(2) 根据上述会计分录登记"原材料"和"应付账款"总分类账和明细分类账。

3. 企业月末对账时，发现下列经济业务的凭证或账簿记录有误：

(1) 开出现金支票 800 元，偿还应付赔偿款。

原编制会计分录为：

借：其他应付款   800
　　贷：库存现金   800

登记账簿如图 7-8 所示。

(2) 结转本月实际完工产品的生产成本 59 000 元。

原编制会计分录为：

借：库存商品   59 000
　　贷：生产成本   59 000

登记账簿如图 7-9 所示。

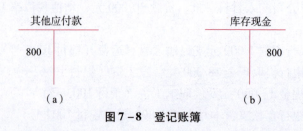

图7-8 登记账簿

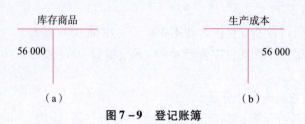

图7-9 登记账簿

(3) 用银行存款支付前欠货款4 800元。

原编制会计分录为：

借：应付账款　　　　　　　　　　　　　　　　　　　　　　　　480
　　贷：银行存款　　　　　　　　　　　　　　　　　　　　　　　　480

登记账簿如图7-10所示。

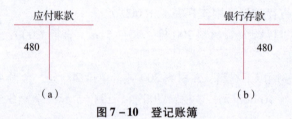

图7-10 登记账簿

(4) 企业购买办公用品，支付现金200元。

原编制会计分录为：

借：管理费用　　　　　　　　　　　　　　　　　　　　　　　　2 000
　　贷：库存现金　　　　　　　　　　　　　　　　　　　　　　　2 000

登记账簿如图7-11所示。

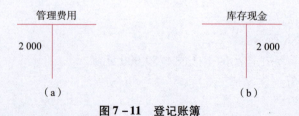

图7-11 登记账簿

(5) 结算本月应付职工工资，其中生产工人工资为380 000元，管理人员工资为120 000元。

原编制会计分录为：
借：应付职工薪酬　　　　　　　　　　　　　　　　　　　　　500 000
　　贷：生产成本　　　　　　　　　　　　　　　　　　　　　380 000
　　　　管理费用　　　　　　　　　　　　　　　　　　　　　120 000
登记账簿如图 7 – 12 所示。

图 7 – 12　登记账簿

（6）将库存现金 2 000 元存入银行。
原编制会计分录为：
借：银行存款　　　　　　　　　　　　　　　　　　　　　　　2 000
　　贷：库存现金　　　　　　　　　　　　　　　　　　　　　　2 000
登记账簿如图 7 – 13 所示。

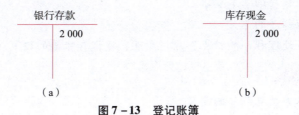

图 7 – 13　登记账簿

要求：请更正上述错账。

【参考答案】

项目八

账务处理程序

素养目标

◇ 培养学生持续学习和终身学习的意识
◇ 培养学生严谨细致、诚实守信的职业素养
◇ 培养学生的社会责任感和社会参与意识

知识目标

◇ 了解账务处理程序的基本要求
◇ 明确账务处理程序的意义
◇ 掌握不同账务处理程序的特点、应用原理、凭证和账簿的设置、优缺点及适用范围

能力目标

◇ 能正确理解账务处理程序的意义
◇ 能运用不同账务处理程序
◇ 能理解不同账务处理程序的区别

案例导入

小李、小王、小张、小刘是同一所大学会计专业毕业的好朋友,现在就职于不同的企业,任职会计。在毕业不久之后的聚会中,他们聊起了账务处理中的一个问题——总账的登记依据是什么?

小张:"总账是根据记账凭证直接登记的呀。"

小王:"你说的不对,记账凭证的量那么大,如果根据记账凭证来登记总账,那么登账的工作量就太大了。我们每个月应该分别做汇总记账凭证,然后根据汇总记账凭证来登记总账。"

小李:"不对、不对,我们企业需要上中下旬分别根据记账凭证做一份科目汇总表,然后根据科目汇总表来登记总账,这样总账的登记工作量很小。"

小刘:"你们说的都没错,总账是可以根据记账凭证、科目汇总表、汇总记账凭证来登记的,这个取决于你们企业采用的账务处理程序,也就是你们的会计核算组织程序。"

案例分析

请根据以上案例分析：
1. 他们四个人的说法是否正确？
2. 账务处理程序到底有几种呢？

知识导航

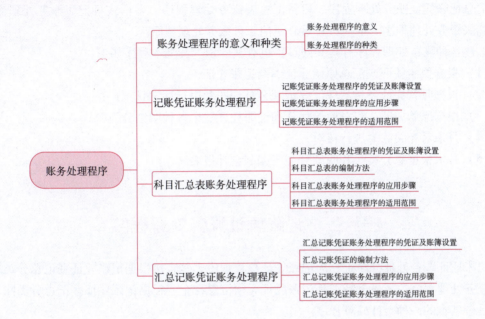

任务一　账务处理程序的意义和种类

【任务解析1】账务处理程序的意义

账务处理程序也称会计核算组织程序，是指账簿记录及产生会计信息的步骤和方法。具体来说，是指从审核、整理和编制原始凭证开始，到填制记账凭证、登记各种账簿以及编制各种会计报表，提供会计信息的一系列工作步骤和方法。不同的凭证、账簿组织及记账程序的相互结合则可以构成不同的账务处理程序。其中账簿组织，也就是总分类账簿登记的依据及方法是账务处理程序的核心。

会计核算过程其实只是会计信息的加工制造过程。企业需要根据经济业务的具体内容及会计信息处理要求，设计会计凭证的种类和格式，设置会计账簿的种类和格式，使用统一、规范的会计报表的种类和格式。会计凭证的填制、会计账簿的登记、会计报表的编制相互联系并相互制约。选择科学的、合理的账务处理程序，可以保证会计信息处理过程科学、有序地进行；可以保证会计信息的正确、完整；可以提高会计信息形成的工作效率，以便迅速形成会计信息；可以提高会计信息的质量，为会计信息使用者提供准确的会计信息资料。

账务处理程序的选择，应结合企业经济活动的特点、规模和业务量的大小，以及会计人员的力量等进行。要从本单位的实际情况出发，正确、及时、完整地向会计信息使用者提供会计信息，要提高会计信息处理的工作效率、节约会计信息处理费用。

【任务解析2】账务处理程序的种类

在我国会计实务中，一般采用的账务处理程序主要有以下五种：记账凭证账务处理程序、汇总记账凭证账务处理程序、科目汇总表账务处理程序、多栏式日记账账务处理程序、日记总账账务处理程序。本项目着重介绍前三种账务处理程序。

上述各种账务处理程序有其共同点，也有其区别。其基本程序如下：

(1) 根据原始凭证或汇总原始凭证编制记账凭证；
(2) 根据收款凭证及付款凭证登记现金日记账和银行存款日记账；
(3) 根据原始凭证、汇总原始凭证和记账凭证登记各种明细分类账；
(4) 月末对相关账簿进行核对；
(5) 月末根据总分类账和明细分类账编制会计报表。

任务二 记账凭证账务处理程序

记账凭证账务处理程序也称为记账凭证核算程序，是直接根据记账凭证登记总分类账的一种账务处理程序。其显著特点是记账凭证无须汇总，企业根据记账凭证登记总分类账。该程序是最基本的一种会计核算程序。

【任务解析1】记账凭证账务处理程序的凭证及账簿设置

在记账凭证账务处理程序下，对记账凭证的设置没有特殊要求。为了使登记总账方便，可以设置收款凭证、付款凭证和转账凭证，以分别反映收、付款经济业务和转账经济业务。也可以设置一种通用格式的记账凭证，综合反映各类经济业务。

在记账凭证账务处理程序下，需要设置如下会计账簿：现金日记账、银行存款日记账、总分类账、明细分类账。上述日记账和总分类账一般采用三栏式订本账账簿格式，明细分类账可以根据需要采用三栏式、数量金额式、多栏式账簿格式。

【任务解析2】记账凭证账务处理程序的应用步骤

记账凭证账务处理程序的应用步骤如下：

(1) 根据各种原始凭证或汇总原始凭证编制记账凭证（收、付、转格式记账凭证或通用格式记账凭证）；
(2) 根据收款凭证和付款凭证逐日逐笔登记现金日记账和银行存款日记账；
(3) 根据记账凭证并参考原始凭证或汇总原始凭证登记各类明细分类账；
(4) 根据各种记账凭证逐笔登记总分类账；
(5) 月末将现金日记账、银行存款日记账及各种明细分类账分别与其总分类账进行

核对;

(6) 月末根据总分类账及明细分类账的有关资料加工、整理、归类，汇总编制会计报表。

记账凭证账务处理程序的应用步骤如图 8-1 所示。

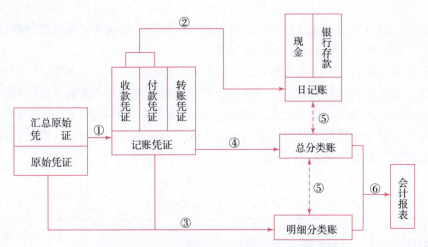

图 8-1 记账凭证账务处理程序的应用步骤

【任务解析3】记账凭证账务处理程序的适用范围

记账凭证账务处理程序简明，便于理解和掌握，省略了有关总分类账登记的若干程序。但因需要根据记账凭证逐笔登记总账，所以在业务量较大时，会增加总分类账登记的工作量。

为了减少总账登记的程序，对于生产经营或业务规模较小、业务量较少、会计凭证不多的企业，适合选择记账凭证账务处理程序，而大中型企业则不适合采用此程序。

任务三 科目汇总表账务处理程序

科目汇总表账务处理程序是根据记账凭证定期地编制科目汇总表，并依据科目汇总表登记总分类账的一种账务处理程序。其显著特点是定期编制科目汇总表，根据科目汇总表登记总分类账。

【任务解析1】科目汇总表账务处理程序的凭证及账簿设置

在科目汇总表账务处理程序下，记账凭证除设置收款凭证、付款凭证和转账凭证，或是设置一种通用记账凭证，为定期对总账科目发生额加以汇总，还需要设置会计科目汇总表。

科目汇总表账务处理程序对账簿设置没有特殊要求，同样需要设置现金日记账、银行存款日记账、各种明细分类账和总分类账。其账簿格式与记账凭证账务处理程序中的账簿格式相同。

【任务解析2】科目汇总表的编制方法

科目汇总表的编制依据是一定期间的全部记账凭证。具体编制方法是：将一定期间的全部记账凭证按相同科目的借方和贷方归类、汇总，计算出每个总账科目的借方本期发生额和贷方本期发生额，填列在科目汇总表相关栏目中，并结出所有会计科目借方发生额合计和贷方发生额合计。若借方发生额合计与贷方发生额合计相等，则说明记账凭证和科目汇总表编制基本正确，可以根据科目汇总表登记总分类账。

科目汇总表的编制时间，应根据企业经济业务量的多少确定，业务量小，则可5天或一旬汇总一次，业务量多，可每天汇总一次。科目汇总表作为总分类账的登记依据，若在一个会计期间内编制的次数多，则登记总分类账的次数就越多。但若按月、分旬编制科目汇总表，也可每月编制一张科目汇总表，表内按旬汇列，月末全月一次加总，据此每月登记一次总分类账。科目汇总表如表8-1所示。

表8-1　科目汇总表

×××年×月×日至×日　　　　　　　　　　　　　　　科汇第1号

会计科目	总账页数	本期发生额		记账凭证起止号数
		借方	贷方	
库存现金				
银行存款				
预付账款				
其他应收款				
在途物资				
原材料				
固定资产				
短期借款				
应付账款				
应付职工薪酬				
应交税费				
长期借款				
实收资本				
主营业务收入				
合计				

【任务解析3】科目汇总表账务处理程序的应用步骤

科目汇总表账务处理程序的应用步骤如下：
（1）根据各种原始凭证或汇总原始凭证编制记账凭证（为了便于按科目归类汇总，最

好编制一借一贷的会计分录,或使用复合记账凭证);

(2) 根据收款凭证和付款凭证逐日逐笔登记现金日记账和银行存款日记账;

(3) 根据原始凭证和各种记账凭证登记各种明细分类账;

(4) 根据各种记账凭证定期汇总编制科目汇总表;

(5) 根据科目汇总表登记总分类账;

(6) 月末,将现金日记账、银行存款日记账及各种明细分类账的余额,与有关总分类账的余额进行核对;

(7) 月末根据总分类账和明细分类账编制会计报表。

科目汇总表账务处理程序的应用步骤如图 8-2 所示。

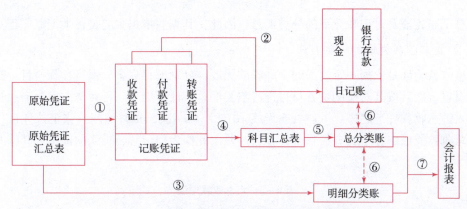

图 8-2 科目汇总表账务处理程序的应用步骤

【任务解析 4】科目汇总表账务处理程序的适用范围

科目汇总表账务处理程序手续简便,可以减少总分类账登记的工作量,同时还可以通过科目汇总表进行本期发生额的试算平衡。但该程序不能明确反映各账户之间的对应关系,因而不便于对企业经济活动进行检查和分析。

为了简化总分类账登记的手续和记账工作,经济业务量大、会计凭证多的企业适宜采用科目汇总表账务处理程序。在会计实务中,该程序被很多大中型企业所采用。

任务四 汇总记账凭证账务处理程序

汇总记账凭证账务处理程序是根据汇总记账凭证登记总账的一种账务处理程序。其显著特点是需要将记账凭证定期汇总,编制汇总记账凭证,然后根据汇总记账凭证定期登记总分类账。汇总记账凭证账务处理程序是以记账凭证账务处理程序为基础形成的。

【任务解析 1】汇总记账凭证账务处理程序的凭证及账簿设置

在汇总记账凭证账务处理程序下,对会计凭证设置有特殊要求,即除设置收款凭证、付款凭证和转账凭证外，还需设置汇总收款凭证、汇总付款凭证和汇总转账凭证。在各个汇总记账凭证中，要反映汇总科目及相关科目。其中汇总收款凭证按库存现金、银行存款借方科目设置并反映对应科目；汇总付款凭证按库存现金、银行存款贷方科目设置并反映对应科目；汇总转账凭证按汇总账户贷方科目设置并反映对应科目。

在汇总记账凭证账务处理程序下，对会计账簿设置没有特殊要求，需设置的账簿有现金日记账、银行存款日记账、总分类账和明细分类账。现金日记账和银行存款日记账一般采用三栏式账簿格式；总分类账采用三栏式格式；明细分类账可根据需要采用三栏式、数量金额式或多栏式账簿格式。

【任务解析2】 汇总记账凭证的编制方法

汇总记账凭证是对记账凭证的分类汇总，因此，其编制依据主要是各类记账凭证。

（一）汇总收款凭证的编制方法

汇总收款凭证是依据一定期间的全部收款凭证，分别库存现金、银行存款科目，按其借方科目设置，然后按其对应的贷方科目进行归类汇总，计算出每一科目贷方发生额总计，再将其填入汇总收款凭证之中。一般按5天或10天汇总一次，每月编制一张汇总凭证，月末结出汇总收款凭证中各个贷方科目合计金额，并以此作为登记总分类账的依据。其格式如表8-2所示。

表 8-2 汇总收款凭证

借方账户：银行存款　　　　　　　　　202×年4月　　　　　　　　　汇收　号

贷方账户	金额				过账	
	1—10日 收至 号	11—20日 收至 号	21—30日 收至 号	合计	借方	贷方
主营业务收入						
应交税费						
其他业务收入						
固定资产清理						
长期借款						
实收资本						
营业外收入						
投资收益						
合计						

（二）汇总付款凭证的编制方法

汇总付款凭证是依据一定期间的全部付款凭证，分别库存现金、银行存款科目，按其贷方科目设置，然后按其对应的借方科目进行归类和汇总，计算出每一科目借方发生额合计，将其填入汇总付款凭证之中。一般按5天或10天汇总一次，每月编制一张汇总凭证。月末结出汇总付款凭证中各个借方科目合计金额,并以此作为登记总分类账的依据。其格式如表 8-3 所示。

表 8-3　汇总付款凭证

贷方账户:银行存款　　　　　　　　　　202×年4月　　　　　　　　　　汇付　号

借方账户	金额				过账	
	1—10日 收至 号	11—20日 收至 号	21—30日 收至 号	合计	借方	贷方
材料采购						
应交税费						
库存现金						
制造费用						
管理费用						
销售费用						
财务费用						
营业外支出						
合计						

在编制汇总付款凭证时,对现金和银行存款之间的划转业务,应以付款凭证为依据加以汇总填列。

(三)汇总转账凭证的编制方法

汇总转账凭证是依据一定期间的全部转账凭证按每一贷方科目分别设置并按月汇总编制的。编制时,按每一贷方科目对应的借方科目归类汇总,计算出每一科目借方发生额合计,将其列入汇总转账凭证之中。一般按5天或10天汇总一次,每月编制一张。月末,结出汇总转账凭证中各借方科目合计金额,并以此作为登记总分类账的依据。其格式如表8-4所示。

表 8-4　汇总转账凭证

贷方账户:原材料　　　　　　　　　　　202×年4月　　　　　　　　　　汇转　号

借方账户	金额				过账	
	1—10日 收至 号	11—20日 收至 号	21—30日 收至 号	合计	借方	贷方
生产成本						
——甲产品						
——乙产品						
制造费用						
管理费用						
合计						

在会计实务中，有些转账凭证中编制复合会计分录，这时会出现一个借方科目与几个贷方科目相对应的情况，这就给编制汇总转账凭证带来了不便，为此，企业需要规定不编制一借多贷的转账凭证。在转账凭证数量不多的情况下，为了简化核算，也可不编制汇总转账凭证，直接根据转账凭证登记总分类账。

【任务解析3】 汇总记账凭证账务处理程序的应用步骤

汇总记账凭证账务处理程序的应用步骤如下：
（1）根据原始凭证或汇总原始凭证编制记账凭证；
（2）根据收款凭证和付款凭证登记现金日记账和银行存款日记账；
（3）根据原始凭证和各种记账凭证登记各种明细分类账；
（4）根据各种记账凭证编制汇总收款记账凭证、汇总付款凭证及汇总转账凭证；
（5）根据汇总记账凭证登记总分类账；
（6）月末，将现金日记账、银行存款日记账及各种明细分类账的余额，与有关总分类账的余额进行核对；
（7）月末根据总分类账和明细分类账资料编制会计报表。

汇总记账凭证账务处理程序的应用步骤如图8-3所示。

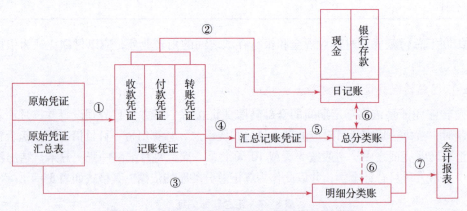

图8-3　汇总记账凭证账务处理程序的应用步骤

【任务解析4】 汇总记账凭证账务处理程序的适用范围

汇总记账凭证账务处理程序，可以通过汇总记账凭证清晰地反映账户之间的对应关系，便于了解经济业务之间的联系，有利于查对账目，可以简化总分类账的登记工作。但是也存在增加汇总记账凭证的手续，不利于会计核算合理分工等不足。

对于经营规模较大、经济业务较多的企业，为了减轻总分类账登记的工作量，可以采用汇总记账凭证账务处理程序。而经营规模小、经济业务少的企业则不适宜采用这种程序。

【拓展阅读】

企业账务处理流程图及基本流程

新《会计法》施行，财务人员最需要注意的三点

【项目化集中训练】

一、单项选择题

1. 各种会计账务处理程序的主要区别是（　　）。
A. 填制会计凭证的依据和方法不同
B. 登记总账的依据和方法不同
C. 编制会计报表的依据和方法不同
D. 登记明细账的依据和方法不同

2. 在汇总记账凭证账务处理程序下，总分类账账页格式一般采用（　　）。
A. 三栏式　　　　　　　　　　B. 多栏式
C. 设有"对应科目"栏的三栏式　　D. 数量金额式

3. 汇总记账凭证账务处理程序的优点是（　　）。
A. 总账能反映账户对应关系，便于对经济业务进行分析和检查
B. 减少登记总账的工作量
C. 同一贷方科目的转账凭证不多时，可以减少核算工作量
D. 有利于对全部账户的发生额进行试算平衡

4. 科目汇总表的作用是（　　）。
A. 减少总分类账的记账工作量
B. 进行登记总账前的试算平衡
C. 反映账户的对应关系
D. 汇总有关账户的本期借、贷方发生额

5. 编制科目汇总表的直接依据是（　　）。
A. 原始凭证　　　　　　　　　B. 原始凭证汇总表
C. 记账凭证　　　　　　　　　D. 汇总记账凭证

6. 编制汇总记账凭证的依据是（　　）。
A. 一定期间的全部转账凭证　　B. 一定期间的全部付款凭证
C. 一定期间的全部收款凭证　　D. 一定期间的全部记账凭证

7. 汇总记账凭证账务处理程序适用于（　　）企业。
A. 经营规模小的　B. 业务较多的　C. 业务较少的　D. 小型微利

8. 直接根据记账凭证逐笔登记总分类账的账务处理程序是（　　）。
   A. 记账凭证账务处理程序　　　　B. 科目汇总表账务处理程序
   C. 汇总记账凭证账务处理程序　　D. 日记账账务处理程序
9. 在常见的账务处理程序中，不属于共同的账务处理工作的是（　　）。
   A. 均应填制记账凭证　　　　　　B. 均应填制和取得原始凭证
   C. 均应填制汇总记账凭证　　　　D. 均应设置和登记总账
10. 科目汇总表定期汇总的是（　　）。
   A. 每一账户的本期借方发生额　　B. 每一账户的本期贷方发生额
   C. 每一账户的本期借方与贷方发生额　D. 每一账户的本期借方贷方余额

二、多项选择题

1. 登记总分类账的依据可以是（　　）。
   A. 记账凭证　　　　　　　　　　B. 科目汇总表
   C. 汇总记账凭证　　　　　　　　D. 原始凭证
2. 账务处理程序的内容包括（　　）。
   A. 账簿组织　　　　　　　　　　B. 报表体系
   C. 记账程序及方法　　　　　　　D. 编制报表的方法
3. 在采用汇总记账凭证账务处理程序时，编制记账凭证的要求是（　　）。
   A. 收款、付款、转账凭证均可一借一贷
   B. 转账凭证可一借多贷
   C. 转账凭证可一贷多借
   D. 收款凭证可一借多贷
4. 账务处理程序的选择取决于（　　）。
   A. 企业经济活动的特点
   B. 企业规模和业务量的大小
   C. 企业会计人员的力量
   D. 企业自己的决策
5. 以下（　　）属于账务处理程序的基本环节。
   A. 根据原始凭证编制记账凭证
   B. 根据记账凭证登记明细账
   C. 根据收、付款凭证登记现金和银行存款日记账
   D. 根据总账和明细账编制会计报表
6. 在汇总记账凭证账务处理程序下，记账凭证的汇总形式通常包括（　　）。
   A. 一借一贷　　B. 一借多贷　　C. 一贷多借　　D. 多借多贷
7. 下列（　　）账簿通常采用数量金额式账页。
   A. 银行存款日记账　　　　　　　B. 应收账款明细账
   C. 库存商品明细分类账　　　　　D. 材料明细分类账
8. 科目汇总表账务处理程序的特点包括（　　）。
   A. 根据记账凭证直接登记总分类账

B. 根据科目汇总表登记总分类账

C. 减少了登记总账的工作量

D. 有利于查账和对账

9. 以下（　　）属于常见的账务处理程序。

A. 记账凭证账务处理程序　　　　B. 科目汇总表账务处理程序

C. 汇总记账凭证账务处理程序　　D. 原始凭证账务处理程序

10. 在科目汇总表账务处理程序下，（　　）步骤是必要的。

A. 编制原始凭证　　　　　　　　B. 编制记账凭证

C. 编制科目汇总表　　　　　　　D. 根据科目汇总表登记总分类账

三、判断题

1. 汇总记账凭证账务处理程序的特点是根据记账凭证逐笔登记总账。（　　）

2. 科目汇总表的主要缺点是不能反映账户之间的对应关系。（　　）

3. 根据记账凭证逐笔登记总分类账是汇总记账凭证财务处理程序的主要特点。（　　）

4. 在科目汇总表账务处理程序中，每月可以编制多张科目汇总表。（　　）

5. 在不同的账务处理程序下，报表的编制方法也不尽相同。（　　）

6. 无论采用何种账务处理程序，明细账既可以根据记账凭证登记，也可以根据部分原始凭证或是原始凭证汇总表登记。（　　）

7. 科目汇总表可以按旬汇总，也可以按月汇总。（　　）

8. 生产经营或业务规模较小、业务量较少、会计凭证不多的企业，适合选择记账凭证账务处理程序。（　　）

9. 科目汇总表账务处理程序能明确反映各账户之间的对应关系，因而有利于对企业经济活动进行检查和分析。（　　）

10. 汇总记账凭证账务处理程序，可以通过汇总记账凭证清晰地反映账户之间的对应关系，便于了解经济业务之间的联系，有利于查对账目，可以简化总分类账的登记工作。

（　　）

四、实务训练

诚景公司2024年5月有关的经济业务分类汇总如下：

（1）用现金支付厂部办公费100元；

（2）用银行存款支付厂部水电费2 000元；

（3）结算本月应付厂部管理人员的工资1 200元；

（4）计提仓库折旧费800元；

（5）管理部门领用材料3 000元；

（6）银行通知企业存款的利息收入200元已转做存款；

（7）本月产品完工，结转完工产品成本7 500元；

（8）预提本月银行借款利息4 000元；

（9）收到投资人投入资金500 000元；

（10）分摊本月应负担的车间财产保险费600元，管理部门财产保险费200元。

要求：

（1）根据上列经济业务编制记账凭证。

（2）编制科目汇总表，并登记"管理费用"科目总账和明细账。

【参考答案】

项目九

财产清查

素养目标

◇ 培养学生诚实守信、严谨细致的职业素养
◇ 培养学生具备与本专业职业发展相适应的劳动素养、劳动技能
◇ 培养学生遵纪守法、忠于职守的法规意识

知识目标

◇ 了解财产清查的概念、作用和种类
◇ 理解财产物资的盘存制度
◇ 掌握货币资金、实物和往来款项的清查方法
◇ 掌握财产清查结果的账务处理

能力目标

◇ 能正确理解财产物资的盘存制度
◇ 能正确运用清查方法
◇ 能针对清查结果进行账务处理

案例导入

交通银行:"智慧记账"破解企业收付款对账难题

"以前每次对账都要花上一整天盯着电脑屏幕,还要不断找相关同事询问核实。使用交通银行(以下简称交行)的'智慧记账'产品后,工作效率大大提升了!"北京市某贸易企业的财务人员表示。据交行相关负责人介绍,交行"智慧记账"产品是以算法设计为核心、破解结算问题的产品,有效解决了客户实际收款与应收账款对账匹配难的痛点。该产品于2021年7月正式推出,一个多月内累计交易额已突破2亿元。

企业之间的收付款往来,由于层层审批、流程烦琐,往往导致贸易合同与实际转账的弱关联关系。多笔合并付款、拆分付款、不确定时间付款等操作都会给收款方带来对账困难。交行"智慧记账"产品的研发人员介绍,交行团队针对企业间的频繁交易场景,建

立数学模型,再引入业务实际情况,调整模型测算路径,降低运算复杂度,进而设计出可行的、客户可接受的账务核销解决方案。交行"智慧记账"产品依托算法的先发优势,发挥金融科技和软件开发能力,通过自动匹配贸易信息与收款信息,给公司客户提供全新的便捷体验。同时,该产品还具有"智能高、上线快、使用门槛低"的特性。

据悉,交行正在持续推动"数字化新交行"建设,近年来进一步加大了AI等金融科技创新,深度参与企业全链条数字化改造,提升服务实体经济的能力。(来源:人民网)

案例分析

根据以上案例,请分析以下问题:
1. 企业为什么要进行银行对账?
2. 如果对账后发现银行日记账与银行对账单余额不符,该怎么处理?

知识导航

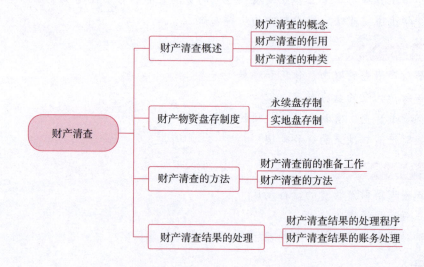

任务一　财产清查概述

【任务解析1】财产清查的概念

财产清查是指通过对实物、现金的实地盘点和对银行存款、往来款项的核对,查明各项财产物资、货币资金、往来款项的实有数和账面数是否相符的一种会计核算的专门方法。

账簿记录是否正确和完整,会直接影响会计信息的真实性。加强对会计凭证的日常审核,进行账证核对和账账核对,只能保证登账不出差错,并不一定能保证账簿记录与客观实际相符。由于主观和客观的原因会使账簿记录的结存数与各项财产的实存数不一致,即账实不符。造成账实不符的原因主要有以下几个方面：

（1）在财产物资收发时，由于计量、计算和检查不准确而造成品种、规格、数量、质量上的差错；

（2）收发财产物资过程中，发生错收、错付或在凭证、账簿中出现漏记、重记或错记；

（3）财产物资在保管过程中发生自然损溢，如干耗、销蚀、升重等自然现象，而导致的数量或质量上的变化，这种变化在日常会计核算中是不反映的；

（4）因管理不善或工作失职造成财产物资损坏、变质或短缺以及货币资金和往来款项的差错；

（5）不法分子贪污盗窃、营私舞弊等造成财产物资损失；

（6）自然灾害造成非常损失；

（7）未达账项引起的账实不符等。

由于以上原因的存在，就需要对各项财产物资定期或不定期地进行盘点或核对，对账实不符造成的差异，要调整账簿记录，并查明原因和责任，按有关规定作出处理。

【任务解析2】财产清查的作用

（一）保证会计核算的准确、真实

通过财产清查，可以查明各项财产的实存数、实存数同账存数的差异以及发生差异的原因和责任，以便采取措施，保证账实相符和会计资料的真实可靠。

（二）保护财产物资的安全、完整

通过财产清查，可以查明各项财产物资的保管情况是否良好，有无损失浪费、霉烂变质和非法挪用、贪污盗窃等情况，以便查明原因进行处理，并从中吸取教训，采取措施，堵塞漏洞，建立健全各项物资管理制度，保护企业财产物资的安全和完整。

（三）挖掘财产物资潜力，合理使用资财

通过财产清查，可以查明各种财产的储备、保管、使用情况，以及有无超储、积压和呆滞等情况，从而可以采取措施，充分挖掘物资潜力，加速资金周转，提高物资使用效果。

（四）维护财经纪律，遵守结算制度

通过财产清查，可以查明企业是否切实遵守财经纪律，是否遵守结算制度，对各种往来款项有无逾期拖欠情况，从而促使企业严格地遵守各项财经制度和纪律，按财务制度和财经纪律进行正常的经济活动。

【任务解析3】财产清查的种类

（一）按清查范围分类

财产清查按清查范围可分为全面清查和局部清查。

1. 全面清查

全面清查就是对所有的财产物资进行全面清查、盘点和核对。其清查对象一般包括以下几种：

(1) 现金、银行存款等各种货币资产；
(2) 各种库存材料物资、库存商品等实物形态的流动资产；
(3) 房屋、建筑物、机器设备等各种固定资产和在建工程；
(4) 各种应收、应付、预收、预付的债权债务和有关缴拨结算款项；
(5) 在途材料、在途货币资金等在途资产；
(6) 各种股票、国库券、债券等有价证券；
(7) 受托加工、保管的各种财产物资；
(8) 委托加工保管的材料物资；
(9) 需要清查、核实的其他内容。

由于全面清查的内容多、范围广，工作量很大，一般在年终决算前以及单位撤销、合并、改组、改变隶属关系和开展全面资产评估时才采用。

2. 局部清查

局部清查是根据需要，对一部分财产物资所进行的盘点与核对。一般情况下，对于流动性较大的材料物资，除年度清查外，年内还要轮流盘点或重点抽查；对于各种贵重物资，每月都应清查盘点一次；对于现金，应由出纳人员当日清点核对；对于银行存款，每月至少要同银行核对一次；对各种应收账款，每年至少核对一至两次。

（二）按清查时间分类

财产清查按清查时间可分为定期清查和不定期清查。

1. 定期清查

定期清查是在规定时间对资产所进行的清查，一般是在年度、半年度、季度或月度结账时进行。这种清查可以是全面清查，也可以是局部清查。

2. 不定期清查

不定期清查是指根据实际情况的需要而临时进行的财产清查。这种清查可以是全面清查，也可以是局部清查。这种清查通常在下列情况下进行：
(1) 更换财产、物资和现金经管人员时；
(2) 财产物资发生非常灾害或意外损失时；
(3) 上级主管部门、财政机关等部门对企业进行会计检查时；
(4) 进行临时性清产核资时；
(5) 单位撤销、合并、改组、改变隶属关系时。

（三）按清查执行单位分类

财产清查按清查执行单位可分为内部清查和外部清查。

1. 内部清查

内部清查是由企业自行组织清查工作小组所进行的财产清查工作。

2. 外部清查

外部清查是由上级主管部门、审计机关、司法部门、注册会计师等根据国家的有关规定或情况的需要对企业所进行的清查。

任务二　财产物资盘存制度

企业对财产物资的收入、付出、结存，反映在账簿上的记录方法，可采用永续盘存制和实地盘存制两种盘存制度。

【任务解析1】永续盘存制

永续盘存制也称账面盘存制，是指对各项财产物资的增加和减少情况都必须根据会计凭证在有关账簿中进行连续登记，并随时在账簿上结算出各项财产物资结存数的一种方法。

具体方法是：收入和支出某项财产时，应根据有关会计凭证及时将收入数（数量和金额）和支出数（数量和金额）登记在相应明细账簿的收入栏和支出栏，并将该项财产的结存数额及时结出，登记在账簿的结存栏内。该项财产结存数额的计算公式如下：

$$结存数额 = 原结存数额 + 收入数额 - 支出数额$$

采用永续盘存制度的优点是：会计核算手续较为严密，对财产的增减变动反映及时，有利于掌握财产收、发、存状况；通过对财产、物资的实地盘点清查，查明账实是否相符，以及账实不符的原因，有利于加强财产物资的管理。

采用永续盘存制度的不足之处是：日常工作量比较大；企业常会发生账实不符现象，需要进行定期和不定期的财产清查。这种方法适用范围广，一般情况下企业都采用永续盘存制。

【任务解析2】实地盘存制

实地盘存制也称定期盘存制，是指通过定期对实物的清点，来确定各项财产的期末结存数量，从而倒推出发出数量和金额的一种方法。

具体方法是：对于某项财产的增减变动，平时只依据会计凭证将增加数量和金额登记在相应账簿的收入栏内，至于该项财产的减少数，则不在账簿中逐笔登记；到结账时（一般在月末）根据实地盘点的数量作为结存数量，计算结存金额，并记入账簿的结存栏；以此为基础，再按下列公式倒挤出该项财产的本期减少数，并记入账簿的支出栏。

$$本期减少数 = 期初结存 + 本期增加数 - 期末实存数$$

采用实地盘存制的优点是：平时核算工作量小。

采用实地盘存制的不足之处是：手续不严密，平时在账面上不能反映各项财产、物资的减少数和结存数，差错、毁损、丢失、盗窃等情况造成的短少均计入本期发出数，不能通过财产清查检查账实是否相符，不能发挥会计系统的控制作用，因而不利于财产物资的管理。所以这种方法的适用范围比较小，一般只有在特殊情况下才使用，如用于对某些价值很小而收发业务频繁的零星材料或是零售商店的非贵重商品及定额损耗大的鲜活商品的核算。

任务三　财产清查的方法

【任务解析1】财产清查前的准备工作

财产清查是加强会计核算和改善经营管理的重要手段,是一项涉及面广、工作量大、非常复杂细致的工作。它不仅涉及有关物资保管部门,而且涉及各生产车间和各个职能部门乃至个人。为了做好财产清查工作,使其发挥应有的积极作用,在进行清查前,必须充分做好准备工作,包括组织准备和业务准备等工作。

(一)组织准备

为了做好财产清查工作,在进行财产清查前要根据财产清查工作的实际需要建立财产清查工作小组,由企业主要领导负责,财会部门、财产管理部门、财产使用部门等有关部门共同参与,以保证财产清查工作在统一领导下,分工协作,圆满完成清查任务。

(二)业务准备

为了做好财产清查工作,清查前必须做好以下几项工作:

(1)清查前必须把有关账目登记齐全,结出余额,并核对清楚,做到账证相符,账账相符,为财产清查提供准确、可靠的账存数;

(2)清查之前必须对所要清查的财产物资进行整理、排列,按品种、规格、结存数量等进行标注标签,以便在进行清查时与账簿记录核对;

(3)清查前必须按国家标准计量校正各种度量衡器具,减少误差;

(4)准备好各种空白的清查盘存报告表。

【任务解析2】财产清查的方法

(一)货币资金的清查

因为货币资金的收支业务频繁,易出差错,所以要进行定期或不定期的清查。货币资金的清查一般包括库存现金和各种银行存款的清查。

1. 库存现金的清查

库存现金的清查是通过实地盘点的方法,确定库存现金的实存数,再与现金日记账的账面余额核对,以查明账实是否相符。具体内容和方法如下:

(1)在盘点前,出纳人员应先将现金收、付款凭证全部登记入账,并结出余额;

(2)盘点时,出纳人员必须在场,现金应逐张清点,如发现盘盈、盘亏,必须会同出纳人员核实清楚。盘点时,除查明账实是否相符外,还要查明有无违反现金管理制度规定,如有无以白条抵充库存现金,现金库存是否超过银行核定的限额,有无坐支现金等;

(3)盘点结束后,应根据盘点结果,及时编制库存现金盘点报告表,如表9-1所示,并由检查人员和出纳人员签章。该表既是盘存单,又是账存实存对比表;既是反映现金实存数,用以调整账簿记录的原始凭证,也是分析账实发生差异的原因,明确经济责任的依据。

表 9-1　库存现金盘点报告表

单位：　　　　　　　　　　　　　　年　月　日

币别	实存金额	账存金额	对比结果		备注
			盘盈	盘亏	

盘点人签章：　　　　　　　　　　　出纳员签章：

值得注意的是，库存现金清查时间一般以一天业务开始前或一天业务结束后为宜；清查方式一般以突击检查为好。

2. 银行存款的清查

银行存款的清查是通过核对的方法，将开户银行送来的对账单与本企业银行存款日记账的账面余额核对，以查明账实是否相符。核对前，应先详细检查本企业银行存款日记账的正确性和完整性，然后再与开户银行送来的对账单逐笔核对，确定双方记账的正确性。但由于办理结算手续和凭证传递等原因，即使本企业和银行记账均无误，由于未达账项的影响，银行对账单上的余额与本企业银行日记账的余额往往也会不一致。

银行存款余额调节表的编制

所谓未达账项，是指由于双方记账时间不一致而发生的，一方已经登记入账，另一方因尚未接到有关凭证而未登记入账的款项。企业与银行之间的未达账项，主要有以下四种情况：

(1) 企业已收款入账，登记银行存款增加，而开户银行尚未入账；
(2) 企业已付款入账，登记银行存款减少，而开户银行尚未入账；
(3) 开户银行已代企业收款入账，登记银行存款增加，而企业尚未入账；
(4) 开户银行已代企业付款入账，登记银行存款减少，而企业尚未入账。

由于存在以上未达账项，因此，一定时期企业的银行存款日记账余额可能大于或小于开户银行的对账单余额。这就要求在清查过程中，查找出双方未达账项的金额，并据以编制银行存款余额调节表，清除未达账项的影响，以便检查双方记账有无差错，并确定企业银行存款的实有数。

银行存款余额调节表的编制，是以双方账面余额为基础，各自分别加上对方已收款入账而自己尚未入账的数额，减去对方已付款入账而自己尚未入账的数额。现举例说明：

【任务示例 9-1】诚景公司 2024 年 5 月末银行存款日记账的账面余额为 70 000 元，银行送来的对账单上存款余额为 76 000 元，经逐笔核对，发现有以下未达账项：

(1) 公司于月末开出转账支票 3 000 元，持票人尚未向银行办理转账手续，银行尚未入账。
(2) 公司于月末存入从其他单位收到的转账支票 5 000 元，银行尚未入账。
(3) 公司委托银行代收外地销货款 10 000 元，银行已经收到入账，但企业尚未收到收款通知，公司尚未入账。
(4) 银行代公司支付水电费 2 000 元，但公司尚未收到付款通知，公司尚未入账。

根据上述资料，编制银行存款余额调节表，如表9-2所示。

表9-2 银行存款余额调节表

2024年5月31日 元

项目	金额	项目	金额
企业银行存款日记账的账面余额	70 000	银行对账单的存款余额	76 000
加：银行已记增加，企业未记增加的款项	10 000	加：企业已记增加，银行未记增加的款项；	5 000
减：银行已记减少，企业未记减少的款项	2 000	减：企业已记减少，银行未记减少的款项	3 000
调节后的存款余额	78 000	调节后的存款余额	78 000

从编制的银行存款余额调节表可知，在双方记账都不发生错误的前提下，调整后的存款余额应该相等，该数额就是企业银行存款的实有数额。如果调整后的存款数额仍不相等，表明双方在记账方面存在错误，应进一步查明错账原因，并及时更正。

值得注意的是，由于未达账项不是错账、漏账，因此，不能把银行存款余额调节表作为原始凭证作任何账务处理，双方账面仍保持原有的余额，待收到有关凭证之后，再与正常业务一样进行处理。银行存款余额调节表只是起到检查账簿记录的作用。银行存款的清查一般每月进行一次。

（二）实物的清查

1. 实物的清查方法

对各种实物都必须从数量上和质量上进行清查。由于企业各种财产物资的实物形态、体积重量、堆放方式不完全相同，因而应采用不同的清查方法，一般包括实地盘点法、技术推算法和抽样盘点法等。

（1）实地盘点法是对各项实物逐一清点，或用计量器具确定其实存数量的方法。这种方法适用范围较为广泛，大部分财产物资都可采用此方法。

（2）技术推算法是通过量方、计尺等技术方法推算有关财产物资实有数量的方法。这种方法适用于大量成堆难以逐一清点的财产物资的清查，如堆存的煤或沙石等。

（3）抽样盘点法是指对某些价值较小、数量又较多、不便于逐一进行清点的财产，可先测定其总体积或总重量，然后从其总体或总量中抽取少量样本，确定样本的数量，从而推算出总体数量的一种方法。这种方法适用于数量较多、价值较低、难以逐一清点的财产物资的清查。

2. 存货的清查

存货的清查是指对库存商品、原材料、在产品、产成品、低值易耗品、包装物等的清查。一般按下列程序进行：

（1）要由清查人员协同材料物资保管人员在现场对材料物资采用相应的清查方法进行盘点，确定其实有数量，并同时检查其质量情况。

（2）对盘点的结果要如实地登记在盘存单上，并由盘点人员和实物保管人员签章，以明确经济责任。盘存单的一般格式如表9-3所示，它既是记录实物盘点结果的书面证明，又是反映材料物资实有数的原始凭证。

表 9-3　盘存单

单位名称：　　　　　　　　　盘点时间：
财产类别：　　　　　　　　　存放地点：　　　编号：　　　金额单位：

编号	名称	规格或型号	计量单位	数量	单价	金额	备注

盘点人：（签章）　　　　　　实物保管人：（签章）

（3）根据盘存单和相应的材料物资账簿的记录情况，填制账存实存对比表。其一般格式如表 9-4 所示。

表 9-4　账存实存对比表

单位名称：　　　　　　　　　　　　　　　　　　　　　年　月　日

编号	类别及名称	规格或型号	计量单位	单价	账存		实存		对比结果				备注
									盘盈		盘亏		
					数量	金额	数量	金额	数量	金额	数量	金额	

账存实存对比表是一个重要的原始凭证，它是调整账簿记录的原始依据，也是分析账存数和实存数发生差异的原因，确定经济责任的原始证明材料。

3. 固定资产的清查

固定资产的清查是指对企业房屋及建筑物、机器设备、运输设备、工具器具等所实施的清查。固定资产在企业的资产总额中占有很大的比重，因此每年至少要清查一次。

固定资产的清查要求如下：

（1）应查明固定资产的实物是否与账面记录相符，严防出现固定资产的流失情况；

（2）要查明固定资产在保管、维护保养及核算上存在的问题，保证企业固定资产核算的正确性；

（3）清查固定资产的使用情况，如发现长期闲置、封存或使用率不高、结构不合理、生产能力不均衡等情况，应及时处理，保证其合理、有效的使用。

固定资产通常采用实地盘点法清查，具体方法是：将固定资产明细账上的记录情况与固定资产实物逐一核对，包括明细账上所列固定资产的类别、名称、编号等；如发现固定资产盘亏或毁损情况，要进一步查明该项固定资产的原值、已提折旧等；如发现固定资产盘盈，要对其估价，以编制固定资产盘盈、盘亏报告单。其格式如表 9-5 所示。

表9-5　固定资产盘盈、盘亏报告单

部门：　　　　　　　　　　　　　　　　　　　　　　　　　　　　　　年　月　日

固定资产编号	固定资产名称	固定资产规格及型号	盘盈			盘亏			毁损			原因
			数量	重置价值	估计折旧	数量	原价	已提折旧	数量	原价	已提折旧	
处理意见	审批部门			清查小组				使用保管部门				

（三）往来款项的清查

往来款项的清查是指对各种应收款、应付款、预收款、预付款的清查。其清查一般是采用同对方核对账目的方法进行。

清查时，首先将各种往来款项正确完整地登记入账。然后，逐户编制一式两联的对账单，送交对方单位进行核对，如对方单位核对无误，应在回单上盖章后退回发出单位；如对方发现数字不符，应在回单上注明不符原因后退回发出单位，或者另抄对账单退回，作为进一步核对的依据。发出单位收到对方的回单后，应根据清查结果编制往来款项清查报告单，一般格式如表9-6所示，对不符的账目应及时查明原因，并按规定的手续和方法加以处理。

表9-6　往来款项清查报告单

××企业　　　　　　　　　　　　　　　　　　　　　　　　　　　　　年　月　日

明细分类账户		清查结果		不符的原因分析				
单位名称	金额	相符	不相符	未达账项	拖欠款项	争执款项	无法收回	其他

记账员签章：　　　　　　　　　　　　　　　清查人员签章：

任务四　财产清查结果的处理

【任务解析1】财产清查结果的处理程序

财产清查结果处理一般指的是发生盘盈、盘亏、毁损情况的处理。当实存数大于账存数时，称为盘盈；当实存数小于账存数时，称为盘亏；实存数等于账存数时，账实相符，但实存的财产物资发生损坏，不能正常使用，称为毁损。不论盘盈、盘亏、毁损，都要以国家有关政策、法令制度和有关规定为依据，严肃认真地做好清查结果的处理工作。

其处理程序如下：

（一）分析产生差异的原因，按规定进行处理

对于财产清查中发现的账实不符应客观分析其原因，明确经济责任，并按规定程序如实

将盘盈、盘亏情况及处理意见，报请股东大会或董事会或经理（厂长）会议或类似机构批准处理。

（二）积极处理多余积压物资，清理往来款项

财产清查的任务不仅是核对账实，而且通过清查，还能反映经营管理中存在的问题。如果发现企业多余积压的呆滞物资及长期不清或有争执的债权、债务，应当报请批准后积极处理。积压物资除在企业内部尽量利用外，应积极组织调拨或销售；债权、债务方面存在问题，应指定专人负责，查明原因，限期清理。

（三）建立健全有关财产物资管理制度

针对财产清查中所发现的问题，应当总结经验教训，建立健全有关财产物资管理制度，提出改进措施，加强财产物资管理的岗位责任制，保护财产安全完整。

（四）调整账簿记录，做到账实相符

财产清查中发现的盘盈、盘亏、毁损等情况，应当按照有关规定及时进行处理，调整有关的会计账簿记录，切实做到账实相符。会计上对账实不符差异的具体处理，可分两个步骤进行：

（1）审批之前，根据财产清查中反映财产盘盈、盘亏或毁损数字的原始凭证编制记账凭证，据以登记有关账簿，调整账簿记录，使各项财产物资的账存数与实存数一致。

（2）审批之后再根据批准的处理决定，编制记账凭证，分别记入有关账户。

【任务解析2】财产清查结果的账务处理

为了核算和监督企业在财产清查中查明的财产盘盈、盘亏和毁损及其处理情况，应设置"待处理财产损溢"账户，该账户下设"待处理固定资产损溢"和"待处理流动资产损溢"两个明细账户。"待处理财产损溢"账户属双重性质账户，借方用来登记发生的各项财产盘亏、毁损数和经批准处理盘盈财产的转销数；贷方登记发生的各项财产盘盈数和经批准处理的盘亏、毁损财产转销数；期末如为借方余额，表示尚待处理的净损失，如为贷方余额，表示尚待处理的净溢余。本账户不论是否批准，会计年末应全部转销，不保留余额，第二年批准后，若实际转销数与应转销数不符，按其差额调整会计报表相关项目的年初数。

"待处理财产损溢"账户的用途和结构如图9-1所示。

待处理财产损溢

期初余额：尚未处理的各项财产损失 发生额： （1）各项财产发生的盘亏、毁损数 （2）各项财产发生盘盈转销数	期初余额：尚未处理的各项财产溢余 发生额： （1）各项财产发生的盘盈数 （2）各项财产发生盘亏、毁损转销数
期末余额：尚未处理的财产净损失	期末余额：尚未处理的财产净溢余

图9-1 "待处理财产损溢"账户的用途和结构

（一）库存现金清查结果的处理

在库存现金清查中，发现现金短缺或溢余时，除了要查明原因外，还应及时根据现金盘点报告表进行账务处理。

1. 现金溢余

发现有待查明原因的现金溢余时，应借记"库存现金"账户，贷记"待处理财产损溢——待处理流动资产损溢"账户。查明原因是属于应支付给有关人员和单位的，应借记"待处理财产损溢——待处理流动资产损溢"账户，贷记"其他应付款"账户。属于无法查明原因的，经批准后应借记"待处理财产损溢——待处理流动资产损溢"账户，贷记"营业外收入"账户。

【任务示例9-2】 某企业某日进行现金清查，发现现金溢余65元。

发现现金溢余应编制会计分录如下：

借：库存现金　　　　　　　　　　　　　　　　　　　　　65
　　贷：待处理财产损溢——待处理流动资产损溢　　　　　　　65

若报经批准作为营业外收入处理，应编制会计分录如下：

借：待处理财产损溢——待处理流动资产损溢　　　　　　65
　　贷：营业外收入　　　　　　　　　　　　　　　　　　　　65

2. 现金短缺

发现有待查明原因的现金短缺时，应借记"待处理财产损溢——待处理流动资产损溢"账户，贷记"库存现金"账户。查明原因属于有关人员或保险公司应该赔偿的，应借记"其他应收款"账户，贷记"待处理财产损溢——待处理流动资产损溢"账户。属于无法查明原因的，经批准后应借记"管理费用"账户，贷记"待处理财产损溢——待处理流动资产损溢"账户。

【任务示例9-3】 某企业某日进行现金清查，发现现金短款70元。

发现现金短缺应编制会计分录如下：

借：待处理财产损溢——待处理流动资产损溢　　　　　　70
　　贷：库存现金　　　　　　　　　　　　　　　　　　　　　70

若经检查属于出纳员责任，应由其赔偿。编制会计分录如下：

借：其他应收款——××出纳员　　　　　　　　　　　　70
　　贷：待处理财产损溢——待处理流动资产损溢　　　　　　　70

（二）存货清查结果的处理

1. 盘盈

审批前，借记有关账户，贷记"待处理财产损溢——待处理流动资产损溢"账户。审批后，属于计量和核算的误差等原因造成的，冲减管理费用，借记"待处理财产损溢——待处理流动资产损溢"账户，贷记"管理费用"账户。

【任务示例9-4】 某企业在财产清查中发现甲材料盘盈200公斤，每公斤14元。

审批前应编制会计分录如下：

借：原材料——甲材料　　　　　　　　　　　　　　　2 800
　　贷：待处理财产损溢——待处理流动资产损溢　　　　　　2 800

后经查明，盘盈甲材料属计量不准造成的，经批准冲减管理费用，编制会计分录如下：

借：待处理财产损溢——待处理流动资产损溢　　　　　2 800
　　贷：管理费用　　　　　　　　　　　　　　　　　　　　2 800

2. 盘亏和毁损

审批前，借记"待处理财产损溢——待处理流动资产损溢"账户，贷记有关账户。审批后，属于应由过失人赔偿或保险公司赔偿的部分，应借记"其他应收款"账户；属于非正常损失造成的存货毁损，扣除保险公司赔偿的部分和残料价值，净损失经批准借记"营业外支出"账户；属于一般经营损失，借记"管理费用"账户；贷记"待处理财产损溢——待处理流动资产损溢"账户。

【任务示例9-5】 某企业在财产清查中发现A材料盘亏80公斤，每公斤20元。

审批前编制会计分录如下：

借：待处理财产损溢——待处理流动资产损溢　　　　　　　　　1 600
　　贷：原材料——A材料　　　　　　　　　　　　　　　　　　　　1 600

上述盘亏A材料，经查明，意外灾害造成的损失为45公斤，保险公司应赔偿600元；过失人造成的毁损25公斤，应由其赔偿；一般损耗为10公斤。

根据批准处理意见，编制会计分录如下：

借：管理费用　　　　　　　　　　　　　　　　　　　　　　　　　200
　　营业外支出　　　　　　　　　　　　　　　　　　　　　　　　　300
　　其他应收款——过失人　　　　　　　　　　　　　　　　　　　500
　　　　　　　——保险公司　　　　　　　　　　　　　　　　　　　600
　　贷：待处理财产损溢——待处理流动资产损溢　　　　　　　　　1 600

企业应当在期末对存货进行全面清查，如由于存货毁损、全部或部分陈旧过时或销售价格低于成本等原因，使存货成本高于可变现净值，应按可变现净值低于存货成本部分，计提存货跌价准备。提取存货跌价准备时，借记"资产减值损失"账户，贷记"存货跌价准备"账户。冲回时作相反的分录。

（三）固定资产清查结果的处理

1. 盘盈

企业在财产清查中盘盈的固定资产，作为前期差错处理，企业在财产清查中盘盈的固定资产，应按管理权限报经批准处理前先通过"以前年度损益调整"科目核算。

审批前，按同类或类似固定资产的市场价减去估计折旧后的余额，借记"固定资产"账户，贷记"以前年度损益调整"账户。

【任务示例9-6】 某企业在财产清查中发现账外设备一台，其市场价值为6 000元，估计已磨损价值为1 500元。

审批前编制会计分录如下：

借：固定资产　　　　　　　　　　　　　　　　　　　　　　　　4 500
　　贷：以前年度损益调整　　　　　　　　　　　　　　　　　　　4 500

2. 盘亏

审批前，按盘亏固定资产净值，借记"待处理财产损溢——待处理固定资产损溢"账户，按已计提折旧，借记"累计折旧"账户，按固定资产的账面原值贷记"固定资产"账户。审批后，借记"营业外支出"账户，贷记"待处理财产损溢——待处理固定资产损溢"账户。

【任务示例9-7】 某企业在财产清查中,发现盘亏设备一台,账面原价为7 000元,已计提折旧3 000元。

审批前编制会计分录如下:

借:待处理财产损溢——待处理固定资产损溢　　　　　　　　4 000
　　累计折旧　　　　　　　　　　　　　　　　　　　　　　3 000
　　　贷:固定资产　　　　　　　　　　　　　　　　　　　　7 000

审批后编制会计分录如下:

借:营业外支出　　　　　　　　　　　　　　　　　　　　　4 000
　　　贷:待处理财产损溢——待处理固定资产损溢　　　　　　4 000

由于固定资产发生损坏、技术陈旧或其他经济原因,导致其可收回金额低于其账面价值,期末企业应计提固定资产减值准备。计提时,按固定资产账面价值大于可收回金额的数额,借记"营业外支出"账户,贷记"固定资产减值准备"账户。固定资产减值损失一经确认,在以后会计期间不得转回。

(四)往来款项清查结果的处理

财产清查中查明确实无法收回的应收账款、其他应收款和无法支付的应付账款,不通过"待处理财产损溢"账户进行核算,而是在原来账面记录基础上,按规定程序报经批准后直接转账冲销。应收款项的转销方法通常采用备抵法,对无法收回的应收账款,即坏账损失,经批准后借记"坏账准备"账户,贷记"应收账款"账户。对无法支付的应付账款,经批准后转作营业外收入。

【任务示例9-8】 某企业长期无法收回的应收账款600元,按规定程序报经批准转销。

编制会计分录如下:

借:坏账准备　　　　　　　　　　　　　　　　　　　　　　600
　　　贷:应收账款　　　　　　　　　　　　　　　　　　　　600

【任务示例9-9】 某企业长期无法支付的应付账款2 000元,经查实对方单位已解散,经批准转销。

编制会计分录如下:

借:应付账款　　　　　　　　　　　　　　　　　　　　　2 000
　　　贷:营业外收入　　　　　　　　　　　　　　　　　　2 000

【拓展阅读】

财产清查的方法与处理　　　　　　　财产清查与盘点的区别

【项目化集中训练】

一、单项选择题

1. 清查的内容多、范围广，工作量很大的清查方式是（　　）。
　A. 全面清查　　　B. 局部清查　　　C. 定期清查　　　D. 不定期清查

2. 实存账存对比表是调整账簿记录的（　　）。
　A. 一次凭证　　　B. 累计凭证　　　C. 原始凭证　　　D. 记账凭证

3. 银行存款的清查，是指（　　）。
　A. 银行存款总账与明细账之间的核对
　B. 银行存款总账与银行对账单的核对
　C. 银行存款日记账与银行实存数额核对
　D. 银行存款日记账与银行存款对账单核对

4. 各种结算款项的清查，一般采用的方法是（　　）。
　A. 函证核对　　　B. 实地盘点　　　C. 技术推算法　　　D. 与银行核对账目

5. 采用永续盘存制，平时对财产物资账簿的登记方法应该是（　　）。
　A. 只登记增加数，不登记减少数
　B. 只登记增加数，随时倒挤出减少数
　C. 只登记增加数，月末倒挤算出减少数
　D. 既登记增加数，又登记减少数

6. 财产清查中，对库存现金的清查应采用的方法是（　　）。
　A. 实地盘存制　　B. 永续盘存制　　C. 技术推算法　　D. 实地盘点法

7. 下列（　　）属于财产清查按清查范围进行的分类。
　A. 全面清查　　　B. 内部清查　　　C. 定期清查　　　D. 不定期清查

8. 财产清查中发现的盘盈、盘亏，在报经批准处理前，应（　　）。
　A. 直接计入当期损益
　B. 直接调整相关资产账户
　C. 通过"待处理财产损溢"账户核算
　D. 不作任何处理

9. 存货清查中，盘亏的存货在报经批准后，可能计入的账户不包括（　　）。
　A. 管理费用　　　B. 营业外支出　　C. 其他应收款　　D. 生产成本

10. 财产清查中，对于往来款项的清查，一般采用的方法是（　　）。
　A. 实地盘点法　　B. 函证核对法　　C. 技术推算法　　D. 抽样盘存法

二、多项选择题

1. 下列属于企业与银行之间未达账项的有（　　）。
　A. 银行已收，企业未收　　　　B. 银行已付，企业未付
　C. 银行已收，企业已收　　　　D. 银行已付，企业已付

2. 下列各种财产损溢情况，经批准后在账务处理上可作增减"管理费用"处理的有（　　）。
　A. 固定资产丢失　B. 材料自然损耗　C. 出纳丢失现金　D. 材料盘盈

3. 财产按清查对象和范围分为（　　）。
   A. 全面清查　　　B. 定期清查　　　C. 局部清查　　　D. 实地清查
4. 采用实地盘存制，企业财产物资账簿的登记方法有（　　）。
   A. 平时登记增加数　　　　　　　B. 平时不登记增加数
   C. 平时登记减少数　　　　　　　D. 平时不登记减少数
5. "待处理财产损溢"账户借方登记的内容有（　　）。
   A. 待处理财产物资盘亏净值
   B. 待处理财产物资盘盈净值
   C. 结转已批准处理的固定资产盘盈数额
   D. 结转已批准处理的固定资产盘亏数额
6. 财产清查的意义包括（　　）。
   A. 保证会计资料的真实性　　　　B. 保护财产物资的安全完整
   C. 挖掘财产物资的潜力　　　　　D. 监督财产物资的合理使用
7. 财产清查中，发现账实不符的原因可能有（　　）。
   A. 财产物资的自然损耗　　　　　B. 财产物资收发计量有误
   C. 财产物资的毁损、被盗　　　　D. 账簿记录错误或漏记
8. 存货清查中，盘亏的存货在报经批准后，可能记入的账户有（　　）。
   A. 管理费用　　　B. 营业外支出　　　C. 其他应收款　　　D. 生产成本
9. 财产清查按清查的时间可分为（　　）。
   A. 全面清查　　　B. 定期清查　　　C. 局部清查　　　D. 不定期清查
10. 财产清查后，对于盘盈或盘亏的财产物资，正确的处理步骤包括（　　）。
    A. 及时调整账簿记录，保证账实相符
    B. 分析产生差异的原因，明确经济责任
    C. 编制记账凭证，登记有关账簿
    D. 根据管理权限，报经批准后进行相应的账务处理

三、判断题

1. 企业撤销或兼并时，要对企业的部分财产进行重点清查。（　　）
2. 不定期清查可以是全面清查，也可以是局部清查。（　　）
3. 坏账损失经批准后可直接冲减"坏账准备"账户，不需通过"待处理财产损溢"账户核算。（　　）
4. 未达账项只会在银行与企业之间发生，不会在企业与企业之间发生。（　　）
5. 局部清查一般适用于流动性较大的财产物资和货币资金的清查。（　　）
6. 财产清查是会计核算的一种专门方法，也是保证会计信息真实、可靠的重要手段。（　　）
7. 财产清查按清查的时间可分为全面清查和局部清查。（　　）
8. 现金清查时，出纳人员必须在场，但不得由出纳人员单独进行清查。（　　）
9. 存货盘盈通常是由于收发计量或核算上的差错所造成的，因此应计入营业外收入。（　　）

10. 往来款项的清查结果如果表明有无法支付的款项，应作为企业的营业外收入处理。
（ ）

四、实务训练

目的：练习编制银行存款余额调节表。

资料：乙公司 2024 年 3 月末企业银行存款日记账账面余额 45 600 元，银行对账单余额为 48 850 元，经核对发现有以下几笔未达账项：

（1）28 日，公司存入银行一张金额为 800 元的转账支票，银行尚未入账。

（2）29 日，委托银行支付供电公司的电费 7 550 元，银行已入账，公司尚未接到付款通知而未入账。

（3）30 日，委托银行代收的外埠货款 3 600 元，银行已入账，公司尚未接到收款通知而未入账。

（4）30 日，公司开出一张金额为 8 000 元的转账支票，持票人尚未到银行办理转账手续，银行尚未入账。

要求：编制银行存款余额调节表，调节未达账项。

【参考答案】

项目十

财务会计报告

素养目标

◇ 培养学生自觉维护国家利益、社会利益、集体利益的职业意识
◇ 通过财务报表的编制，让学生体验会计工作要求的"精准、精细、精确"，培养爱岗敬业、精益求精的工匠精神
◇ 树立诚信为本的意识，遵守国家法律法规，践行法治观念

知识目标

◇ 理解财务会计报告的定义
◇ 理解财务报表的构成
◇ 明确财务会计报告编报的基本要求
◇ 掌握资产负债表的列示要求与编制方法
◇ 掌握利润表的列示要求与编制方法
◇ 了解现金流量表的概念及编制方法

能力目标

◇ 能够明确财务报表的分类
◇ 能够编制资产负债表
◇ 能够编制利润表

案例导入

甲公司是一家上市公司，主要从事高科技产品的研发与销售。近年来，随着市场竞争加剧，公司管理层为了维持股价稳定并吸引投资者，开始对公司的财务会计报告进行不当调整。

甲公司的财务部门在编制年度财务会计报告时，应管理层要求，对部分收入提前确认，同时对一些潜在的坏账损失延迟计提。此外，公司还通过虚构交易、夸大利润等方式，人为地美化了财务报表。这些操作使公司的财务报告呈现出远高于实际经营状况的盈利能力和财务状况。然而，好景不长，随着市场对公司业绩真实性的质疑声四起，以及

监管机构的深入调查，甲公司的财务造假行为最终曝光。甲公司股价暴跌，投资者信心严重受挫，甲公司面临巨额罚款、高管被追责等一系列严重后果。甲公司不仅支付了高额的罚款，还因信誉受损导致客户流失、合作伙伴关系紧张。甲公司不得不进行大规模的业务重组和内部管理改革，以重建市场信任。

案例分析

请根据以上案例分析：
1. 财务会计报告包括哪些内容？
2. 如何确保财务会计报告的真实性和准确性，防止管理层干预或财务造假？
3. 财务报告造假的后果有哪些？

知识导航

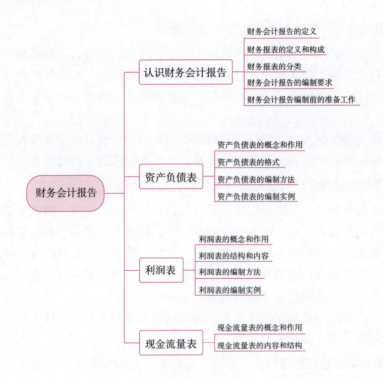

任务一 认识财务会计报告

【任务解析1】财务会计报告的定义

财务会计报告，简称财务报告，是指企业对外提供的反映企业某一特定日期的财务状况和某一会计期间经营成果、现金流量等会计信息的文件。财务报告包括财务报表和其他应当在财务报告中披露的相关信息和资料。

财务报告的目标,是向财务报告使用者提供与企业财务状况、经营成果和现金流量等有关的会计信息,反映企业管理层受托责任履行情况,有助于财务报告使用者作出经济决策。财务报告使用者通常包括投资者、债权人、政府及其有关部门和社会公众等。

【任务解析2】财务报表的定义和构成

财务报表是财务报告的主要部分。财务报表是对企业财务状况、经营成果和现金流量的结构性表述,是以货币为主要计量单位,以日常会计核算资料为主要依据,按照一定的格式加以汇总、整理,用来总括反映企业某特定日期财务状况和某特定期间经营成果、现金流量的信息载体。一套完整的财务报表包括资产负债表、利润表、现金流量表、所有者权益变动表(或股东权益变动表)、财务报表附注。

【任务解析3】财务报表的分类

(一)按服务对象,分为对外报表和内部报表

对外报表是企业必须定期编制、定期向上级主管部门、投资者、财税部门、债权人等报送或按规定向社会公布的财务报表。这是一种主要的、定期的、规范化的财务报表,它要求有统一的报表格式、指标体系和编制时间等,资产负债表、利润表和现金流量表等均属于对外报表。

内部报表是企业根据其内部经营管理的需要而编制的,供其内部管理人员使用的财务报表。它不要求统一格式,没有统一的指标体系,如成本报表属于内部报表。

(二)按报表所提供会计信息的重要性,分为主表和附表

主表即主要财务报表,是指所提供的会计信息比较全面、完整,能基本满足各种信息需要者不同要求的财务报表。现行的主表主要有三张,即资产负债表、利润表和现金流量表。

附表即从属报表,是指对主表中不能或难以详细反映的一些重要信息所做的补充说明的报表。现行的附表主要有:利润分配表和分部报表,是利润表的附表;应交增值税明细表和资产减值准备明细表,是资产负债表的附表。

主表与有关附表之间存在着钩稽关系,主表反映企业的主要财务状况、经营成果和现金流量,附表则对主表进一步补充说明。

(三)按编制和报送的时间分类,分为中期财务报表和年度财务报表

广义的中期财务报表包括月份、季度、半年期财务报表。狭义的中期财务报表仅指半年期财务报表。

年度财务报表是全面反映企业整个会计年度的经营成果、现金流量及年末财务状况的财务报表。企业每年年底必须编制并报送年度财务报表。

(四)按编报单位不同,分为基层财务报表和汇总财务报表

基层财务报表是指由独立核算的基层单位编制的财务报表,用以反映本单位财务状况和经营成果。

汇总报表是指上级和主管部门将本身的财务报表与其所属单位报送的基层报表汇总编制

而成的财务报表。

（五）按编报的会计主体不同，分为个别报表和合并报表

个别报表是指在以母公司和子公司组成的具有控股关系的企业集团中，由母公司和子公司各自为主体分别单独编制的财务报表，用以分别反映母公司和子公司本身各自的财务状况、经营成果和现金流量情况。

合并报表是以母公司和子公司组成的企业集团为一会计主体，以母公司和子公司单独编制的个别财务报表为基础，由母公司编制的综合反映企业集团经营成果、财务状况及其资金变动情况的财务报表。

（六）按照企业资金运动形态的不同，分为静态报表和动态报表

静态报表是指某一时点的报表。

动态报表是指某一时期的报表。

【任务解析4】财务会计报告的编制要求

为了确保企业财务会计报告的质量，企业编制财务会计报告时，应当以持续经营为基础，考虑报表项目的重要性和不同会计期间的一致性，报表中的资产项目和负债项目的金额、收入项目和费用项目的金额一般不得相互抵消，当期财务会计报告的列报，至少应当提供所有列报项目上一可比会计期间的比较数据。除以上基本列报要求外，在编报技术上应当符合以下几点要求：

（一）以持续经营假设为编制基础

企业应当在持续经营假设的前提下，根据实际发生的交易和事项，按照《企业会计准则——基本准则》和其他各项会计准则的规定进行确认和计量，以此为基础编制财务会计报告。当持续经营假设不再成立时，企业应当采用其他基础编制财务会计报告，并在附注中声明财务会计报告未以持续经营为基础编制的事实，披露未以持续经营为基础编制的原因和财务会计报告的编制基础。

（二）采用正确的会计基础

企业除现金流量表按照收付实现制编制外，其他财务会计报告应当按照权责发生制编制。

（三）至少按年编制财务会计报告

企业至少应当按年编制财务会计报告。年度财务会计报告涵盖的期间短于1年的，应当披露年度财务会计报告的涵盖期间、短于1年的原因以及财务会计报告数据不具可比性的事实。

（四）项目列报遵守重要性原则

在合理预期下，财务会计报告某项目的省略或错报会影响财务报告使用者据此作出经济决策的，该项目则具有重要性。重要性应当根据企业所处的具体环境，从项目的性质和金额两方面予以判断，且对各项目重要性的判断标准一经确定，不得随意变更。

（五）保持各个会计期间财务会计报告项目列报的一致性

财务会计报告项目的列报应当在各个会计期间保持一致，不得随意变更。但当出现下列情况时可以变更：

（1）会计准则要求改变财务会计报告项目的列报；

（2）企业经营业务的性质发生重大变化后，变更财务会计报告项目的列报能够提供更可靠、更相关的会计信息。

（六）各项目之间的金额不得互相抵消

财务会计报告中的资产项目和负债项目的金额、收入项目和费用项目的金额、直接计入当期利润的利得项目和损失项目的金额不得相互抵消，但其他会计准则另有规定的除外。如应付账款和应收账款不得抵消，当期的收入和费用不得抵消，若相互抵消，将降低信息的可比性。

（七）至少应提供所有列报项目上一个可比会计期间的比较数据

至少提供上一个可比会计期间的比较数据，这是为了向报表使用者提供可比数据，提高信息可比性，以反映财务状况、经营成果和现金流量的发展趋势，帮助报表使用者进行判断和决策。

（八）应当在财务会计报告的显著位置披露编报企业的名称等重要信息

企业应当在财务会计报告的显著位置（如表首）至少披露如下信息：

（1）编报企业的名称；

（2）资产负债表日或财务会计报告涵盖的会计期间；

（3）人民币金额单位等。

【任务解析5】 财务会计报告编制前的准备工作

编制财务会计报告前需完成下列工作：

（1）严格审核会计账簿的记录和有关资料；

（2）进行全面财产清查、核实债务，发现有关问题应及时查明，按规定程序报批后，进行相应的会计处理；

（3）按规定的结账日进行结账，结出有关会计账簿的余额和发生额，并核对各会计账簿之间的余额；

（4）检查相关的会计核算是否按照国家统一会计制度的规定进行；

（5）检查是否存在因会计差错、会计政策变更等原因需要调整前期或本期相关项目的情况等。

任务二　资产负债表

【任务解析1】 资产负债表的概念和作用

资产负债表是总括反映企业在某一特定日期（如月末、季末、半年末、年末）财务状况的报表。它反映企业在某一特定日期所拥有或控制的经济资源、所承担的现时义务和所有者对净资产的要求权。资产负债表是根据"资产 = 负债 + 所有者权益"这一会计恒等式，按照一定的分类标准和顺序，将企业在特定时点上的资产、负债和所有者权益各项目之间予以适当排列，并对日常核算中形成的会计数据进行加工、整理后编制而成的。它揭示了资产、负债和所有者权益这三个会计要素间的内在联系和平衡关系，是一种静态报表。

资产负债表的作用如下：
(1) 从整体上反映企业的资产总额以及这些资产的来源；
(2) 揭示企业资产构成和负债构成，通过资产和负债的对比，反映企业的偿债能力；
(3) 反映所有者在企业中拥有的权益以及权益的构成情况；
(4) 通过对资产负债表各项目前后期数据的比较分析，可以反映企业财务状况的变化趋势。

【任务解析2】资产负债表的格式

资产负债表主要由表首、表体两部分组成。表首部分应列明报表名称、编制单位名称、资产负债表日、报表编号和计量单位；表体部分是资产负债表的主体，列示了用以说明企业财务状况的各个项目。资产负债表有报告式和账户式两种基本格式。

（一）报告式资产负债表

报告式资产负债表是上下结构，上半部分列示资产各项目，下半部分列示负债和所有者权益各项目。报告式资产负债表的格式如表10-1所示。

表10-1　资产负债表（报告式）　　　　　　　　会企01表

编制单位：　　　　　　　　____年____月____日　　　　　　　　单位：元

资产	行次	年末数	年初数
资产			
流动资产			
长期股权投资			
固定资产			
无形资产			
其他资产			
资产合计			
负债			
流动负债			
长期负债			
负债合计			
所有者权益			
实收资本			

续表

资产	行次	年末数	年初数
资本公积			
盈余公积			
未分配利润			
所有者权益合计			

(二)账户式资产负债表

账户式资产负债表是左右结构,左边列示资产各项目,反映全部资产的分布及存在状态;右边列示负债和所有者权益各项目,反映全部负债和所有者权益的内容及构成情况。

左方资产项目大体按资产的流动性强弱排列,流动性强的资产如"货币资金""交易性金融资产"等排在前面,流动性弱的资产如"长期股权投资""固定资产"等排在后面。右方为负债及所有者权益项目,一般按要求清偿时间的先后顺序排列,"短期借款""应付票据""应付账款"等需要在一年以内或者长于一年的一个正常营业周期内偿还的流动负债排在前面,"长期借款"等在一年以上才需偿还的非流动负债排在中间,在企业清算之前不需要偿还的所有者权益项目排在后面。

账户式资产负债表中资产各项目的合计等于负债和所有者权益各项目的合计,即资产负债表左方和右方平衡。因此,通过账户式资产负债表,可以反映资产、负债、所有者权益之间的内在联系,即"资产=负债+所有者权益"。

我国《企业会计准则》规定,企业的资产负债表采用账户式的格式。账户式资产负债表的格式如表10-2所示。

表10-2 资产负债表(账户式)

编制单位: ___年___月___日   会企01表 单位:元

资产	期末余额	上年年末余额	负债和所有者权益(或股东权益)	期末余额	上年年末余额
流动资产:			流动负债:		
货币资金			短期借款		
交易性金融资产			交易性金融负债		
衍生金融资产			衍生金融负债		
应收票据			应付票据		
应收账款			应付账款		
应收款项融资			预收款项		
预付款项			合同负债		
其他应收款			应付职工薪酬		
存货			应交税费		

续表

资产	期末余额	上年年末余额	负债和所有者权益（或股东权益）	期末余额	上年年末余额
合同资产			其他应付款		
持有待售资产			持有待售负债		
一年内到期的非流动资产			一年内到期的非流动负债		
其他流动资产			其他流动负债		
流动资产合计			流动负债合计		
非流动资产：			非流动负债：		
债权投资			长期借款		
其他债权投资			应付债券		
长期应收款			其中：优先股		
长期股权投资			永续债		
其他权益工具投资			租赁负债		
其他非流动金融资产			长期应付款		
投资性房地产			预计负债		
固定资产			递延收益		
在建工程			递延所得税负债		
生产性生物资产			其他非流动负债		
油气资产			非流动负债合计		
使用权资产			负债合计		
无形资产			所有者权益（或股东权益）：		
开发支出			实收资本（或股本）		
商誉			其他权益工具		
长期待摊费用			其中：优先股		
递延所得税资产			永续债		
其他非流动资产			资本公积		
非流动资产合计			减：库存股		
			其他综合收益		
			专项储备		
			盈余公积		
			未分配利润		
			所有者权益（或股东权益）合计		
资产总计			负债和所有者权益（或股东权益）总计		

【任务解析3】资产负债表的编制方法

资产负债表各项目的数额主要根据有关资产、负债、所有者权益账户的期末余额填列。《企业会计准则》规定，会计报表至少应当反映相关两个期间的比较数据。也就是说，企业需要提供比较资产负债表，所以资产负债表各项目均需填列"年初余额"和"期末余额"两栏。

（一）"年初余额"的填列方法

"年初余额"栏内各项数字，应根据上年末资产负债表的"期末余额"栏内所列数字填列。如果本年度资产负债表规定的各个项目的名称和内容同上年度不一致，应对上年年末资产负债表各项目的名称和数字按照本年度的规定进行调整后，填入表中"年初余额"栏内。

（二）"期末余额"的填列方法

"期末余额"可为月末、季末、半年末或年末的数字，应根据资产、负债、所有者权益各账户总账、明细账期末余额及备查登记簿的记录填列，各项目填列方法如下：

1. 根据总账账户期末余额直接填列

资产负债表中大多数项目均可根据总账账户余额直接或计算填列，如"应收股利""应收利息""短期借款""应付票据""应交税费""应付利息""应付股利""其他应付款""实收资本""资本公积""盈余公积"等项目，可根据相关总账账户的期末借方余额或贷方余额直接填列。

2. 根据若干总账账户期末余额计算汇总填列

资产负债表中有些项目需根据几个总账科目的期末余额计算填列，如"货币资金"项目，根据"库存现金""银行存款""其他货币资金"三个总账科目的期末余额的合计数填列。

"货币资金"＝"库存现金"所属总账科目借方余额＋"银行存款"所属总账科目的借方余额＋"其他货币资金"所属总账科目借方余额

3. 根据相关明细账账户期末余额计算填列

由于"应收账款""预收账款""应付账款""预付账款"可能为双重性质账户，为了准确反映企业应收应付、预收预付项目的实际情况，应根据相关明细分类账的余额方向判断其账户性质，并按其性质分析填列。具体如下：

"应收账款"＝"应收账款"所属明细科目借方余额＋"预收账款"所属明细科目借方余额
"预收款项"＝"预收账款"所属明细科目贷方余额＋"应收账款"所属明细科目贷方余额
"应付账款"＝"应付账款"所属明细科目贷方余额＋"预付账款"所属明细科目贷方余额
"预付款项"＝"预付账款"所属明细科目借方余额＋"应付账款"所属明细科目借方余额

【任务示例10－1】诚景公司2024年6月30日结账后有关账户余额如表10－3所示。

表 10-3 有关账户余额   元

总账			明细账户		
科目名称	借方	贷方	科目名称	借方	贷方
应收账款	2 300 000		A公司	2 600 000	
			B公司		300 000
预付账款	480 000		C公司		120 000
			D公司	600 000	
应付账款		1 200 000	E公司	900 000	
			F公司		2 100 000
预收账款		800 000	G公司		800 000

诚景公司 2024 年 6 月 30 日资产负债表中相关项目的金额为：

"应收账款"项目金额为：2 600 000（元）。

"预收款项"项目金额为：

$$300\ 000 + 800\ 000 = 1\ 100\ 000（元）$$

"应付账款"项目金额为：

$$120\ 000 + 2\ 100\ 000 = 2\ 220\ 000（元）$$

"预付款项"项目金额为：

$$600\ 000 + 900\ 000 = 1\ 500\ 000（元）$$

4. 根据有关账户余额减去其备抵账户余额后的净额填列

资产负债表中的"应收票据""应收账款""长期股权投资""在建工程"等项目，应当根据"应收票据""应收账款""长期股权投资""在建工程"等账户的期末余额减去"坏账准备""长期股权投资减值准备""在建工程减值准备"等账户余额后的净额填列。

"固定资产"项目，应当根据"固定资产"账户的期末余额减去"累计折旧""固定资产减值准备"备抵账户余额后的净额填列。

"无形资产"项目，应当根据"无形资产"账户的期末余额，减去"累计摊销""无形资产减值准备"备抵账户余额后的净额填列。

【**任务示例 10-2**】诚景公司 2024 年 6 月 30 日结账后"应收账款"账户所辖各明细账户的期末借方余额合计 450 000 元，贷方余额合计 220 000 元，对应收账款计提的坏账准备为 50 000 元，假定"预收账款"科目所辖明细账户无借方余额。

诚景公司 2024 年 6 月 30 日资产负债表中的"应收账款"项目金额为：

$$450\ 000 - 50\ 000 = 400\ 000（元）$$

【**任务示例 10-3**】诚景公司 2024 年 6 月 30 日结账后的"固定资产"账户余额为 1 000 000 元，"累计折旧"账户余额为 90 000 元，"固定资产减值准备"账户余额为 200 000 元。

该企业 2024 年 6 月 30 日资产负债表中的"固定资产"项目金额为：

$$1\ 000\ 000 - 90\ 000 - 200\ 000 = 710\ 000（元）$$

5. 根据总账账户和明细账账户余额分析计算填列

这类项目如"长期应收款""长期待摊费用"等，需要根据"长期应收款""长期待摊费用"等总账账户余额扣除其所辖明细账户中将在一年内到期、且不准备延期变现或收回的非流动资产后的金额计算填列。将在一年内到期的非流动资产合计填列在"一年内到期的非流动资产"项目内。

如"长期借款""应付债券""长期应付款"等非流动负债项目，需根据"长期借款""应付债券""长期应付款"等总账账户余额扣除其所辖明细账户中将在一年内到期、且企业不能自主地将清偿义务延期的非流动负债后的金额计算填列。将在一年内到期的非流动负债合计填列在"一年内到期的非流动负债"项目中。

【任务示例10-4】 甲企业2024年9月30日"长期借款"账户余额为7 600 000元，其中包含2020年5月25日借入的期限为5年的长期借款1 800 000元。则2024年9月30日资产负债表中"长期借款"项目的金额为：

$$7\ 600\ 000 - 1\ 800\ 000 = 5\ 800\ 000（元）$$

将在一年内到期的长期借款1 800 000元，应当填列在流动负债下"一年内到期的非流动负债"项目中。

6. 综合运用上述填列方法分析填列

资产负债表中的"存货"项目，应根据"原材料""发出商品""库存商品""委托加工物资""周转材料""材料采购""在途物资""生产成本"等账户的期末余额，减去"存货跌价准备"等账户余额后的金额填列，若材料采用计划成本核算以及库存商品采用售价金额核算的企业，还应按加或减材料成本差异、商品进销差价后的金额填列。

资产负债表项目的填列说明

【任务解析4】 资产负债表的编制实例

【任务示例10-5】 诚景公司2024年6月30日的账户余额如表10-4所示。

表10-4　总账及有关明细账余额

2024年6月30日　　　　　　　　　　　　　　　　　元

资产账户	借或贷	余额	负债和所有者权益账户	借或贷	余额
库存现金	借	2 100.27	短期借款	贷	250 000.00
银行存款	借	803 770.00	应付票据	贷	19 800.00
其他货币资金	借	205 700.00	应付账款	贷	372 360.00
应收票据	借	23 000.00	——C公司	贷	73 000.00
应收账款	借	77 000.00	——D公司	借	1 600.00
——A公司	借	80 000.00	——F公司	贷	300 960.00
——B公司	贷	3 000.00	预收账款	贷	14 700.00
坏账准备	贷	2 000.00	——丙公司	贷	14 700.00

续表

资产账户	借或贷	余额	负债和所有者权益账户	借或贷	余额
——应收账款	贷	2 000.00	其他应付款	贷	5 000.00
预付账款	借	36 160.00	应付职工薪酬	贷	127 000.00
——甲公司	借	36 000.00	应交税费	贷	6 580.19
——乙公司	借	160.00	长期借款	贷	400 000.00
其他应收款	借	16 820.00	其中一年内到期的长期借款	贷	100 000.00
在途物资	借	3 500.00	实收资本	贷	2 600 000.00
原材料	借	898 450.80	资本公积	贷	93 114.00
生产成本	借	265 485.19	盈余公积	贷	217 700.80
库存商品	借	75 600.00	利润分配	贷	22 961.00
固定资产	借	2 887 800.00	——未分配利润	贷	22 961.00
累计折旧	贷	1 034 920.00	本年利润	贷	129 250.27

根据上述资料，编制 2024 年 6 月 30 日的资产负债表，如表 10-5 所示。

表 10-5　资产负债表　　　　　　　　　　　　会企 01 表

编制单位：诚景公司　　　　　　2024 年 6 月 30 日　　　　　　　　单位：元

资产	期末余额	负债和所有者权益（或股东权益）	期末余额
流动资产：		流动负债：	
货币资金	1 011 570.27	短期借款	250 000.00
交易性金融资产	0	交易性金融负债	0
衍生金融资产	0	衍生金融负债	0
应收票据	23 000.00	应付票据	19 800.00
应收账款	78 000.00	应付账款	373 960.00
应收款项融资	0	预收款项	17 700.00
预付款项	37 760.00	合同负债	0
其他应收款	16 820.00	应付职工薪酬	127 000.00
存货	1 243 035.99	应交税费	6 580.19
合同资产	0	其他应付款	5 000.00
持有待售资产	0	持有待售负债	0
一年内到期的非流动资产	0	一年内到期的非流动负债	100 000.00
其他流动资产	0	其他流动负债	0
流动资产合计	2 410 186.26	流动负债合计	900 040.19
非流动资产：		非流动负债：	

续表

资产	期末余额	负债和所有者权益（或股东权益）	期末余额
债权投资	0	长期借款	300 000.00
其他债权投资	0	应付债券	0
长期应收款	0	其中：优先股	0
长期股权投资	0	永续债	0
其他权益工具投资	0	租赁负债	0
其他非流动金融资产	0	长期应付款	0
投资性房地产	0	预计负债	0
固定资产	1 852 880.00	递延收益	0
在建工程	0	递延所得税负债	0
生产性生物资产	0	其他非流动负债	0
油气资产	0	非流动负债合计	300 000.00
使用权资产	0	负债合计	1 200 040.19
无形资产	0	所有者权益（或股东权益）：	
开发支出	0	实收资本（或股本）	2 600 000.00
商誉	0	其他权益工具	0
长期待摊费用	0	其中：优先股	0
递延所得税资产	0	永续债	0
其他非流动资产	0	资本公积	93 114.00
非流动资产合计	1 852 880.00	减：库存股	0
		其他综合收益	0
		专项储备	0
		盈余公积	217 700.80
		未分配利润	152 211.27
		所有者权益（股东权益）合计	3 063 026.07
资产总计	4 263 066.26	负债和所有者权益总计	4 263 066.26

注："年初余额"栏略。

任务三 利 润 表

【任务解析1】利润表的概念和作用

（一）利润表的概念

利润表，又称损益表，是指反映企业在一定会计期间（月份、季度、半年度、年度）经营成果的报表。它是根据"收入－费用＝利润"这一会计等式，依照一定的标准和次序，把企业一定时期内的收入、费用和利润项目予以适当排列编制而成的。利润表属于动态报表。

（二）利润表的作用

由于利润既是企业经营业绩的综合体现，又是企业进行利润分配的来源，所以利润表的作用主要如下：

（1）可以反映企业一定会计期间的收入实现情况、费用耗费情况及生产经营活动的成果，即净利润的实现情况，有助于报表使用者据以判断资本保值、增值能力。

（2）充分反映企业经营业绩的主要来源和构成，有助于报表使用者判断净利润的质量及风险，有助于报表使用者预测净利润的持续性。

（3）将利润表中的信息与资产负债表中的信息相结合，还可以提供进行财务分析的基本资料，可以反映企业资金周转情况及企业的盈利能力和水平，便于报表使用者判断企业未来的发展趋势，作出经济决策。

（4）对于费用按照其在企业所发挥的功能进行分类列报，提供的信息更为相关，有助于报表使用者了解费用发生的领域，掌握企业经营业绩的主要影响因素。

（5）反映综合收益和每股收益信息，全面揭示企业的收益情况。

【任务解析2】利润表的结构和内容

利润表主要由表首、表体两部分组成。表首部分应列明报表名称、编制单位名称、编制日期、报表编号和计量单位；表体部分是利润表的主体，列示了形成经营成果的各个项目和计算过程。利润表的表体结构有单步式和多步式两种。

（一）单步式利润表

单步式利润表是先将当期所有的收入列在一起，再将所有的费用列在一起，两者相减得出当期净损益，其格式如表10-6所示。

表10-6 利润表（单步式） 会企02表

编制单位： 年 月 单位：元

项目	行次	上年数	本月数	本年累计数
一、收入				
主营业务收入				
其他业务收入				
投资收益				
营业外收入				
收入合计				
二、费用				
主营业务成本				
税金及附加				
其他业务成本				

续表

项目	行次	上年数	本月数	本年累计数
管理费用				
销售费用				
财务费用				
投资损失				
营业外收入				
所得税费用				
费用合计				
三、净利润				

（二）多步式利润表

多步式利润表按照不同利润层次，逐步计算出营业利润、利润总额及净利润。多步式利润表揭示了企业利润的构成和来源，便于会计信息使用者更好地理解企业的经营成果。按照《企业会计准则》的规定，我国企业的利润表应采用多步式格式。多步式利润表的主要内容如下：

1. 以营业收入为基础，计算出营业利润

营业利润 = 营业收入 - 营业成本 - 税金及附加 - 销售费用 - 管理费用 - 财务费用 - 资产减值损失 + 公允价值变动收益（或"-"公允价值变动损失）+ 投资收益（或"-"投资损失）+ 资产处置收益（或"-"资产处置损失）+ 其他收益

2. 以营业利润为基础，计算利润总额

利润总额 = 营业利润 + 营业外收入 - 营业外支出

3. 以利润总额为基础，计算净利润（或净亏损）

净利润 = 利润总额 - 所得税费用

企业未在损益中确认的利得和损失，扣除所得税影响后的净额称为其他综合收益的税后净额，净利润与其他综合收益的税后净额合计称为综合收益总额，这两项数据也应当列示在利润表中。

普通股或潜在普通股已公开交易的企业，以及正处于公开发行普通股或潜在普通股过程中的企业，还应当在利润表中列示每股收益信息。多步式利润表的格式如表10-7所示。

表10-7 利润表（多步式）　　　　　　　　　会企02表

编制单位：　　　　　　　年　月　　　　　　　　单位：元

项目	本期金额	上期金额
一、营业收入		
减：营业成本		

续表

项目	本期金额	上期金额
税金及附加		
销售费用		
管理费用		
研发费用		
财务费用		
其中：利息费用		
利息收入		
加：其他收益		
投资收益（损失以"-"号填列）		
其中：对联营企业和合营企业的投资收益		
以摊余成本计量的金融资产终止确认收益（损失以"-"号填列）		
净敞口套期收益（损失以"-"号填列）		
公允价值变动收益（损失以"-"号填列）		
资产减值损失（损失以"-"号填列）		
信用减值损失（损失以"-"号填列）		
资产处置收益（损失以"-"号填列）		
二、营业利润（亏损以"-"号填列）		
加：营业外收入		
减：营业外支出		
三、利润总额（亏损总额以"-"号填列）		
减：所得税费用		
四、净利润（净亏损以"-"号填列）		
（一）持续经营净利润（净亏损以"-"号填列）		
（二）终止经营净利润（净亏损以"-"号填列）		
五、其他综合收益的税后净额		
（一）以后不能重分类进损益的其他综合收益		
1. 重新计量设定受益计划变动额		
2. 权益法下不能转损益的其他综合收益		
3. 其他权益工具投资公允价值变动		
4. 企业自身信用风险公允价值变动		

续表

项目	本期金额	上期金额
……		
（二）以后将重分类进损益的其他综合收益		
1. 权益法下可转损益的其他综合收益		
2. 其他债权投资公允价值变动		
3. 金融资产重分类计入其他综合收益的金额		
4. 其他债权投资信用减值准备		
5. 现金流量套期储备		
6. 外币财务报表折算差额		
……		
六、综合收益总额		
七、每股收益：		
（一）基本每股收益		
（二）稀释每股收益		

【任务解析3】利润表的编制方法

为了使财务报表使用者通过比较不同期间利润的实现情况，判断企业经营成果的未来发展趋势，企业需要提供比较利润表。为此，利润表金额栏分为"本期金额"和"上期金额"两栏分别填列。利润表中各项目均需填列"本期金额"和"上期金额"两栏。

（一）"上期金额"的填列方法

"上期金额"栏内各项数字，应根据上一年度同一报告期的"本期金额"栏内所列数字填列。如果是年度利润表，"上期金额"改为"上年金额"，根据上年利润表的"本年金额"数字填列。

（二）"本期金额"的填列方法

"本期金额"栏内各期数字，除"基本每股收益"和"稀释每股收益"项目外，应当按照相关科目的发生额分析填列。具体如下：

1. **根据有关账户的本期发生额直接填列**

利润表中的大多数项目均可直接根据各账户的发生额直接填列。如"税金及附加""销售费用""管理费用""财务费用""资产减值损失""公允价值变动收益（净损失为负）""投资收益（净损失为负）""营业外收入""营业外支出""所得税费用"等项目。

2. **根据有关账户本期发生额的合计数计算填列**

利润表中有些项目应根据有关账户发生额的合计金额填列。如"营业收入"应根据"主营业务收入"和"其他业务收入"账户本期发生额的合计金额填列。"营业成本"应根据"主营业务成本""其他业务成本"账户本期发生额的合计金额填列。

3. 根据表内项目计算填列

利润表中有些项目可根据表中相关项目计算填列。如"营业利润""利润总额"和"净利润"等。

【任务解析4】利润表的编制实例

【任务示例10-6】 诚景公司2024年度各损益类账户的发生额如表10-8所示。

表10-8 损益类账户本期发生额

2024年度 元

科目名称	借方发生额	贷方发生额
主营业务收入		800 000.00
其他业务收入		180 000.00
主营业务成本	560 000.00	
其他业务成本	120 000.00	
税金及附加	1 800.00	
销售费用	60 000.00	
管理费用	89 635.00	
财务费用	6 000.00	
资产减值损失	11 000.00	
投资收益		6 000.00
营业外收入		4 500.00
营业外支出	5 800.00	
所得税费用	34 400.00	

根据上述资料编制利润表,如表10-9所示。

表10-9 利润表 会企02表

编制单位:诚景公司　　　　　　　2024年度　　　　　　　单位:元

项目	本期金额	上期金额(略)
一、营业收入	980 000.00	
减:营业成本	680 000.00	
税金及附加	1 800.00	
销售费用	60 000.00	
管理费用	89 635.00	
研发费用		
财务费用	6 000.00	

续表

项目	本期金额	上期金额（略）
加：其他收益		
投资收益（损失以"-"号填列）	6 000.00	
其中：对联营企业和合营企业的投资收益		
以摊余成本计量的金融资产终止确认收益（损失以"-"号填列）		
净敞口套期收益（损失以"-"号填列）		
公允价值变动收益（损失以"-"号填列）		
资产减值损失（损失以"-"号填列）	-11 000.00	
信用减值损失（损失以"-"号填列）		
资产处置收益（损失以"-"号填列）		
二、营业利润（亏损以"-"号填列）	137 565.00	
加：营业外收入	4 500.00	
减：营业外支出	5 800.00	
三、利润总额（亏损总额以"-"号填列）	136 265.00	
减：所得税费用	34 400.00	
四、净利润（净亏损以"-"号填列）	101 865.00	
五、其他综合收益的税后净额		
六、综合收益总额		
七、每股收益		

任务四　现金流量表

【任务解析1】现金流量表的概念和作用

现金流量表是总括反映企业一定会计期间现金和现金等价物流入和流出的报表，是企业的主要财务会计报告之一。其中，现金是指企业的库存现金以及可以随时用于支付的存款，包括库存现金、银行存款和其他货币资金等，不能随时用于支付的存款不属于现金；现金等价物是指企业持有的期限短（一般指从购买日起3个月内到期）、流动性强、易于转换为已知金额现金、价值变动风险很小的投资。比如，企业购买的、从购买日起3个月或更短时间内可到期的以公允价值计量且其变动计入当期损益的金融资产。现金流量是指企业现金和现金等价物的流入和流出，流入流出间的差额为现金净流量。需要注意的是，现金和现金等价物之间的转换不属于现金流量。如企业从银行提取现金、将现金存入银行、用银行存款购买3个月内到期的国债等。

编制现金流量表的主要目的，是为报表使用者提供企业一定会计期间内现金和现金等价物流入、流出的信息，以便于财务报表使用者了解和评价企业获取现金和现金等价物的能力，并据以预测企业未来现金流量。现金流量表的作用主要体现在以下几个方面：

(1) 有助于评价企业支付能力、偿债能力。

(2) 有助于预测企业未来现金流量。

(3) 有助于分析企业收益质量及影响现金净流量的因素，掌握企业经营活动、投资活动和筹资活动的现金流量，为分析判断企业净利润的质量和财务前景提供信息。

【任务解析2】现金流量表的内容和结构

（一）现金流量表的内容

现金流量表包括以下三部分内容：

1. 经营活动产生的现金流量

经营活动是指企业投资活动和筹资活动以外的所有交易和事项。经营活动的现金流入主要是销售商品或提供劳务、税费返还等所收到的现金；经营活动的现金流出主要是指购买商品、接受劳务、支付给职工以及为职工支付的现金、支付的各项税费以及支付其他与经营活动有关的现金。通过经营活动产生的现金流量的计算，可以反映企业经营活动对现金流入和流出净额的影响程度。

2. 投资活动产生的现金流量

投资活动是指企业固定资产、无形资产和其他长期资产的购建和处置，以及不包括在现金等价物范围内的投资及其处置活动。投资活动的现金流入主要包括收回投资收到现金，分得股利、利润或取得债券利息收入收到的现金，以及处置固定资产、无形资产和其他长期资产收到的现金等；投资活动的现金流出则是指购建固定资产、无形资产和其他长期资产所支付的现金，以及进行投资所支付的现金。因为现金等价物已视同现金，所以投资活动产生的现金流量中不包括现金转换为现金等价物这类投资产生的现金流量。通过投资活动产生的现金流量的计算，可以分析企业经营投资获取现金流量的能力，以及投资产生的现金流量对企业现金流量净额的影响程度。

3. 筹资活动产生的现金流量

筹资活动是指导致企业资本及债务规模和构成发生变化的活动。筹资活动的现金流入主要包括吸收投资以及取得借款等所收到的现金；筹资活动的现金流出主要包括偿还债务或减少资本所支付的现金，发生筹资费用所支付的现金，分配股利、利润或偿付利息所支付的现金等。通过筹资活动产生的现金流量的计算，可以分析企业筹资的能力，以及筹资产生的现金流量对企业现金流量净额的影响程度。

对于企业日常活动之外特殊的、不经常发生的项目，如自然灾害损失、保险赔款、捐赠等，应当归并到相关类别中。比如对于自然灾害损失和保险赔款，如果能够确指，属于流动资产损失，应当列入经营活动产生的现金流量，属于固定资产损失，应当列入投资活动产生的现金流量；如果不能确指，则可以列入经营活动产生的现金流量；捐赠收入和支出，可以列入经营活动产生的现金流量。

（二）现金流量表的结构

我国企业现金流量表采用报告式结构，分类反映经营活动产生的现金流量、投资活动产生的现金流量和筹资活动产生的现金流量，最后汇总反映企业某一期间现金及现金等价物的净增加额。我国现金流量表的格式如表10-10所示。

表10-10　现金流量表　　　　　　　　　　　会企03表

编制单位：　　　　　　　　　　年　度　　　　　　　　　　　　单位：元

项目	本期金额	上期金额
一、经营活动产生的现金流量：		
销售商品、提供劳务收到的现金		
收到的税费返还		
收到的其他与经营活动有关的现金		
经营活动现金流入小计		
购买商品、接受劳务支付的现金		
支付给职工以及为职工支付的现金		
支付的各项税费		
支付的其他与经营活动有关的现金		
经营活动现金流出小计		
经营活动产生的现金流量净额		
二、投资活动产生的现金流量：		
收回投资所收到的现金		
取得投资收益所收到的现金		
处置固定资产、无形资产和其他长期资产收回的现金净额		
处置子公司及其他营业单位收到的现金净额		
收到的其他与投资活动有关的现金		
投资活动现金流入小计		
购建固定资产、无形资产和其他长期资产支付的现金		
投资支付的现金		
取得子公司及其他营业单位支付的现金净额		
支付的其他与投资活动有关的现金		
投资活动现金流出小计		
投资活动产生的现金流量净额		
三、筹资活动产生的现金流量		
吸收投资收到的现金		

续表

项目	本期金额	上期金额
取得借款收到的现金		
收到的其他与筹资活动有关的现金		
筹资活动现金流入小计		
偿还债务支付的现金		
分配股利、利润或偿付利息支付的现金		
支付的其他与筹资活动有关的现金		
筹资活动现金流出小计		
筹资活动产生的现金流量净额		
四、汇率变动对现金及现金等价物的影响		
五、现金及现金等价物净增加额		
加：期初现金及现金等价物余额		
六、期末现金及现金等价物余额		

【拓展阅读】

中期财务报告与年度财务报告有何区别

财务报告编制基础的核心原则有哪些

会计师如何与治理层沟通，以确保财务报告的准确性和可靠性

【项目化集中训练】

一、单项选择题

1. 反映企业某一特定日期财务状况的会计报表是（　　）。
   A. 资产负债表　　　　　　　　B. 利润表
   C. 所有者权益变动表　　　　　D. 现金流量表
2. 下列资产负债表项目，可直接根据某个总账余额填列的是（　　）。
   A. 货币资金　　B. 短期借款　　C. 存货　　D. 应收账款
3. 某企业 2020 年 4 月 1 日从银行借入期限为 5 年的长期借款 280 万元，编制 2024 年 12 月 31 日资产负债表时，此项借款应填入的报表项目是（　　）。

A. 一年内到期的非流动负债　　　　B. 长期借款
C. 其他长期负债　　　　　　　　　D. 短期借款

4. 以"资产＝负债＋所有者权益"这一会计等式作为编制依据的财务报表是（　　）。

A. 所有者权益变动表　　　　　　　B. 现金流量表
C. 资产负债表　　　　　　　　　　D. 利润表

5. 关于资产负债表的格式，下列说法不正确的是（　　）。

A. 资产负债表主要有账户式和报告式
B. 负债和所有者权益按照求偿权的先后顺序排列
C. 账户式资产负债表分为左右两方，左方为资产，右方为负债和所有者权益
D. 我国的资产负债表采用报告式

6. 资产负债表中资产项目的排列顺序是按（　　）强弱。

A. 重要性　　　B. 流动性　　　C. 金额大小　　　D. 损耗程度

7. 下列项目对企业利润总额没有影响的是（　　）。

A. 营业外支出　　　　　　　　　　B. 所得税费用
C. 投资收益　　　　　　　　　　　D. 资产减值损失

8. "原材料"账户借方余额300万元，"生产成本"账户借方余额200万元，"在途物资"账户借方余额50万元，"库存商品"账户借方余额100万元，该企业期末资产负债表中"存货"项目应填列的金额为（　　）万元。

A. 650　　　B. 500　　　C. 550　　　D. 520

9. 某日，某公司的负债为7 455万元，非流动资产合计为4 899万元，所有者权益合计为3 000万元，则当日该公司的流动资产合计应当为（　　）万元。

A. 2 556　　　B. 5 556　　　C. 4 456　　　D. 1 899

10. 某公司本会计期间的主营业务收入为1 700万元，主营业务成本为1 190万元，税金及附加为179万元，销售费用为110万元，管理费用为100万元，财务费用为19万元，营业外收入为16万元，营业外支出为25万元，其他业务收入为200万元，其他业务成本为100万元，应交所得税按照利润总额的25%计算，其营业利润、利润总额、企业净利润分别为（　　）。

A. 111万元　202万元　151.50万元　　B. 202万元　193万元　144.75万元
C. 211万元　202万元　151.5万元　　　D. 356万元　232万元　74万元

二、多项选择题

1. 按照我国《企业会计准则》的规定，会计报表应当包括（　　）。

A. 资产负债表　　　　　　　　　　B. 利润表
C. 现金流量表　　　　　　　　　　D. 所有者权益变动表
E. 附注

2. 下列资产负债表各项目中，属于流动资产项目的是（　　）。

A. 交易性金融资产　　　　　　　　B. 预付款项
C. 债权投资　　　　　　　　　　　D. 一年内到期的非流动资产

3. 下列各项中，属于非流动负债的有（　　）。

A. 应付债券　　　　B. 其他应付款　　　C. 长期借款　　　D. 应付职工薪酬
4. 资产负债表中"存货"项目的金额，应根据（　　）账户的余额分析填列。
A. 在途物资　　　　B. 原材料　　　　C. 周转材料　　　D. 生产成本
5. 下列账户中，可能影响资产负债表中"预付款项"项目金额的有（　　）。
A. 预收账款　　　　B. 应收账款　　　　C. 预付账款　　　D. 应付账款
6. 下列属于资产负债表中所有者权益项目的有（　　）。
A. 实收资本　　　　B. 资本公积　　　　C. 盈余公积　　　D. 未分配利润
7. 利润表中，"营业成本"项目的"本期金额"，应根据（　　）账户的本期发生额计算填列。
A. 主营业务成本　　B. 营业外支出　　　C. 劳务成本　　　D. 其他业务成本
8. 下列项目中，影响营业利润的账户有（　　）。
A. 主营业务收入　　B. 税金及附加　　　C. 营业外收入　　D. 其他业务收入
9. 财务会计报告的使用者有（　　）。
A. 投资者　　　　　B. 债权人　　　　　C. 政府　　　　　D. 企业所有者
10. 下列属于经营活动产生的现金流量是（　　）。
A. 销售商品、提供劳务收到的现金　　B. 偿还债务所支付的现金
C. 支付给职工以及为职工支付的现金　　D. 支付的各项税费

三、判断题

1. 编制财务报表的主要目的是为企业内部生产经营管理提供信息。（　　）
2. 资产负债表和利润表都是主要的静态报表。（　　）
3. 资产负债表是反映企业一定时期财务状况的报表。（　　）
4. 企业应定期根据会计凭证汇总编制财务报表。（　　）
5. 企业的利润总额减去所得税费用即为净利润。（　　）
6. 年末资产负债表中"未分配利润"项目的金额可以根据"利润分配"账户的余额直接填列。（　　）
7. 资产负债表和利润表的结构以及项目的排列方式是一致的。（　　）
8. 资产负债表中的"应收账款"项目应根据"应收账款"和"预收账款"账户所属各明细科目的期末借方余额合计数填列。（　　）
9. 根据重要性要求，资产负债表中资产项目必须将价值大的项目排列在最前面。（　　）
10. 现金流量表是以现金为基础编制的，也包括现金等价物在内，但对于仅涉及非现金项目之间增减变动的业务，一般不予反映。（　　）

四、实务训练

1. 某公司 2024 年 8 月 31 日有关账户余额如表 10 – 11 所示。

表 10-11 有关账户余额

2024 年 8 月 31 日   元

账户名称	借方余额	贷方余额	账户名称	借方余额	贷方余额
应收账款	73 000		短期借款		38 000
——A 公司	48 000		应付账款		72 500
——B 公司	66 000		——甲公司		42 000
——C 公司		41 000	——乙公司		53 000
坏账准备		580	——丙公司	29 000	
预付账款	35 000		——丁公司		6 500
——D 公司	52 000		预收账款		7 000
——E 公司		17 000	——F 公司		6 000
原材料	22 000		——G 公司		3 000
库存商品	19 000		——H 公司	2 000	
固定资产	286 000		实收资本		48 000
累计折旧		34 000	利润分配（未分配利润）		21 000

要求：根据上述资料，计算该公司 2024 年 8 月 31 日资产负债表中下列项目的填列金额。

（1）应收账款 =

（2）预付账款 =

（3）存货 =

（4）固定资产净值 =

（5）短期借款 =

（6）应付账款 =

（7）预收账款 =

（8）未分配利润 =

2. 某企业 2024 年 10 月 31 日有关总账账户余额如表 10-12 所示。

表 10-12 总账账户余额

元

账户名称	借方余额	账户名称	贷方余额
库存现金	500	短期借款	200 000
银行存款	520 000	应付票据	80 000
应收票据	75 000	应付账款	800 000
应收账款	600 000	应交税费	176 000
其他应收款	5 000	长期借款	1 000 000

续表

账户名称	借方余额	账户名称	贷方余额
原材料	450 000	应付债券	500 000
库存商品	300 000	实收资本	2 500 000
生产成本	350 000	盈余公积	300 000
长期股权投资	400 000	本年利润	485 000
固定资产	3 600 000	坏账准备	2 500
无形资产	350 000	累计折旧	250 000
利润分配	273 000	固定资产减值准备	600 000
		无形资产减值准备	30 000
合计	6 923 500	合计	6 923 500

要求：编制该企业 2024 年 10 月 31 日的资产负债表。

3. 某公司 2024 年度有关损益类账户本年累计发生额如表 10-13 所示。

表 10-13　2024 年度有关损益类账户本年累计发生额　　　　　　　　元

账户名称	借方发生额	贷方发生额
主营业务收入		150 000
其他业务收入		50 000
主营业务成本	80 000	
其他业务成本	30 000	
税金及附加	32 000	
销售费用	11 000	
管理费用	9 000	
财务费用	5 000	
资产减值损失	8 000	
投资收益		16 000
营业外收入		2 000
营业外支出	3 000	
所得税费用	6 000	

要求：根据上述资料编制该公司 2024 年度利润表。

【参考答案】

项目十一

会计工作组织与管理

素养目标

◇ 结合案例强调依法保管会计档案的重要性，培养遵规守法的意识
◇ 培养学生认真细致、严谨敬业的工作作风和良好的职业习惯
◇ 培养学生廉洁自律的会计品格

知识目标

◇ 了解会计工作组织的定义及意义
◇ 了解会计工作的组织形式
◇ 了解会计机构设置及会计人员主要职责
◇ 了解会计档案管理规定
◇ 了解会计工作交接程序
◇ 了解内部会计管理制度

能力目标

◇ 能按照会计职业道德标准进行会计工作
◇ 能熟悉会计档案管理内容
◇ 能熟悉会计人员的专业职务
◇ 能按要求完成会计工作交接

案例导入

某公司会计档案保管不规范引发的审计风险

甲公司是一家中型制造企业，近年来业务快速发展，但内部管理尤其是会计档案管理方面存在明显不足。公司的会计档案包括纸质账簿、凭证、报表、合同及电子会计数据等，均存放在公司财务部门的一个老旧储物间内，未采取任何专业的防潮、防火、防盗措施，且电子数据也未进行定期备份和加密存储。近期，甲公司接受了一次财务检查。检查人员发现，部分纸质会计档案因受潮严重，已无法清晰辨认，电子会计数据也因系统老旧

未及时更新，导致无法直接访问，部分关键数据丢失。这不仅延误了财务检查的进度，还使检查人员对公司财务状况的准确评估产生了质疑，最终检查人员对该公司提出了多项关于会计档案保管不当的问题和建议。甲公司因此被迫投入大量时间和资金进行会计档案的补救工作，同时对甲公司的声誉造成了不良影响。此外，甲公司管理层也意识到内部管理漏洞，决定全面加强会计档案保管制度。

案例分析

根据以上案例，请分析以下问题：
1. 如何建立有效的会计档案保管制度以确保档案的完整性和安全性？
2. 如何定期进行会计档案的盘点与检查，以及时发现问题并解决潜在问题？

知识导航

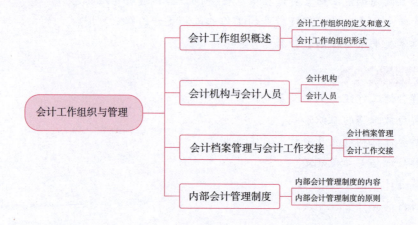

任务一　会计工作组织概述

【任务解析1】会计工作组织的定义和意义

（一）会计工作组织的定义

所谓会计工作组织，就是根据国家制定的会计法规，结合本单位的特点，制定本单位会计制度与执行制度，设置本单位会计机构，配备本单位会计人员，以保证有效地进行会计工作的活动。

（二）会计工作组织的意义

正确地组织会计工作对于会计单位经营活动的良好运行具有十分重要的意义。这是因为会计单位发生的所有经济业务都要通过会计这个经济信息系统加以反映和控制，良好的会计工作组织，可以让会计单位的财务状况和经营成果及时而准确地通过会计这个经济信息系统反映给决策者。就会计工作本身来讲，它也是非常严密细致的，若会计信息系统在任何一个环节出现错误、遗漏，都会使全部核算结果发生差错，从而可能导致错误的经济决策。具体体现为以下三点：

1. 科学地组织会计工作，有利于保证会计工作的质量，提高会计工作的效率

会计的对象是资金运动，会计工作需要将循环往复的资金运动从凭证到账簿再到报表，连续地进行收集、记录、分类、汇总和分析。这不但涉及复杂的计算，还包括一系列的程序和手续，各个程序之间、各种手续之间密切联系，任何一个环节的会计信息都将影响会计核算结果。如果没有一套工作制度和程序，就不能科学地组织会计工作，更谈不上会计信息质量及工作效率。

2. 科学地组织会计工作，可以保证会计工作与其他经济管理工作协调一致

会计工作不但与宏观经济如国家财政、税收、金融等密切相关，而且与各单位内部的计划、统计等工作密切相关。会计工作一方面能够促进其他经济管理工作，另一方面也需要其他管理工作的配合。

3. 科学地组织会计工作，可以加强各单位内部的经济责任制

经济责任制是各经营单位实行内部控制和管理的重要手段，会计是经济管理的重要组成部分，必须在贯彻经济责任制方面发挥重要作用，实行内部经济控制离不开会计。科学地组织会计工作，可以促进单位有效利用资金，提高管理水平，从而提高经济效益，为企业尽可能地创造利润。

【任务解析2】会计工作的组织形式

由于企业会计工作的组织形式不同，企业财务会计机构的具体工作范围也有所不同。企业会计工作的组织形式有独立核算和非独立核算、集中核算和非集中核算、专业核算和群众核算几种组织形式。

（一）独立核算与非独立核算

独立核算是指对本单位的业务经营过程及其结果，进行全面的、系统的会计核算。实行独立核算的单位称为独立核算单位，它的特点是具有一定的资金，在银行单独开户，独立经营、计算盈亏，具有完整的账簿系统，定期编制报表。独立核算单位应单独设置会计机构，配备必要的会计人员，如果会计业务不多，也可只设专职会计人员。

非独立核算又称报账制，实行非独立核算的单位称为报账单位。它是由上级拨给一定的备用金和物资，平时进行原始凭证的填制和整理，以及备用金账和实物账的登记，定期将收入、支出向上级报销，由上级汇总，它本身不独立计算盈亏，也不编制报表。如商业企业所属的分销店就属于非独立核算单位。非独立核算单位一般不设置专门的会计机构，但需配备专职会计人员，负责处理日常的会计事务。

（二）集中核算与非集中核算

实行独立核算的单位，其记账工作的组织形式可以分为集中核算和非集中核算两种。

集中核算就是将企业的主要会计工作都集中在企业会计机构内进行。企业内部的各部门、各单位一般不进行单独核算，只是对所发生的经济业务进行原始记录，办理原始凭证的

取得、填制、审核和汇总工作，并定期将这些资料报送企业会计部门进行总分类核算和明细分类核算。实行集中核算，可以减少核算层次，精减会计人员，但是企业各部门和各单位不便于及时利用核算资料进行日常的考核和分析。

非集中核算又称为分散核算，是指企业的内部单位要对本身所发生的经济业务进行比较全面的会计核算。如在工业企业里，车间设置成本明细账，登记本车间发生的生产成本并计算出所完成产品的车间成本，厂部会计部门只根据车间报送的资料进行产品成本的总分类核算。

（三）专业核算与群众核算

我国有些企业除实行专业核算外，还开展群众核算。专业核算是由专职会计人员进行核算。群众核算是由职工群众参加进行的经济核算，如工业企业的班组核算和商业企业的柜组核算等。群众核算可以使群众及时了解班组或柜组完成的业绩，激发广大职工（群众）的生产积极性和主动性。

任务二　会计机构与会计人员

【任务解析1】会计机构

（一）会计机构设置

会计机构，是指各单位办理会计事务的职能部门。根据《会计法》的规定，各单位应当根据会计业务的需要，设置会计机构，或者在有关机构中设置会计人员并指定会计主管人员；不具备设置条件的，应当委托经批准从事会计代理记账业务的中介机构代理记账。

（二）会计工作岗位设置

各单位应当根据会计业务的需要设置会计机构；不具备单独设置会计机构条件的，应当在有关机构中配备人员。事业行政单位会计机构的设置和会计人员的配备，应当符合国家统一行政事业单位会计制度的规定。设置会计机构，应当配备会计机构负责人；在有关机构中配备专职会计人员，应当在专职会计人员中指定会计主管人员。会计机构负责人、会计主管人员的任免，应当符合《中华人民共和国会计法》和有关法律的规定。

建立和健全会计机构，是加强会计工作，保证会计工作顺利进行的前提。尽管任何单位都需要设立会计机构，但在具体设立时，除了遵守相关法规的要求外，还要遵循一个基本原则：量体裁衣，如单位规模小、会计业务简单，可不单独设置会计机构，但应在有关机构中配备会计人员并指定会计主管人员，或根据《代理记账管理暂行办法》委托会计师事务所或者持有代理记账许可证书的其他代理记账机构进行代理记账，以保证会计工作的正常进行。

【任务解析2】会计人员

（一）会计人员的主要职责

会计人员是指根据《会计法》的规定，在国家机关、社会团体、企业、事业单位和其他组织中进行会计核算、实行会计监督等会计工作的人员。会计人员的主要职责如下：

1. 进行会计核算

会计人员必须按照会计制度的规定，切实做好会计工作。会计人员必须以实际发生的经济业务为原始依据，做好记账、算账、报账工作，做到手续齐全、内容真实、数字准确、账目清楚、日清月结，并按规定及时地向单位内外有关各方提供会计信息。

2. 实行会计监督

会计人员对会计实务中不真实、不合法的事件有反映和处理的责任。会计人员必须以国家财经法纪为准绳，对本单位经济活动实行会计监督，维护国家财经法纪。对于不真实，不合法的原始凭证，应当拒绝受理；对于违反国家财经法纪的收支，应当制止或拒绝办理；对于贪污舞弊、行贿受贿、偷税漏税等犯罪行为和严重损失浪费行为，应当制止、揭露和斗争，并向单位领导、上级主管部门或审计机关报告。会计人员还必须监督本单位各项规章制度和计划的贯彻执行情况。

3. 拟定本单位办理会计事务的具体办法

国家统一的会计法规、制度是各单位处理会计事务的基本依据。会计单位应根据国家统一的会计法规和制度结合本单位的具体情况，建立、健全本单位内部适用的会计规章制度，拟定办理会计事务的具体办法。例如，制定会计人员岗位责任制、内部牵制制度、稽核制度、费用开支和报销制度等。

4. 参与拟定经济计划和业务计划

参与拟定经济计划和业务计划，编制并考核、分析财务预算或财务计划的执行情况。

经济计划和业务计划是会计单位从事经济活动和业务活动的重要依据，也是会计人员编制各种财务预算或财务计划的重要依据。会计人员参与拟定经济计划、业务计划，不仅可以起到参谋作用，而且有利于编制各种财务预算或财务计划。

会计人员不仅要根据经济计划和业务计划编制切实可行的财务预算或财务计划，而且应当考核、分析财务预算或财务计划的执行情况，提出改善经营管理、提高经济效益的建议和措施。

5. 办理其他会计事务，如会计档案的保管等

《会计法》从法律上保护并鼓励会计人员为维护国家利益和社会公众利益坚持原则，履行自己的职责。其中规定："单位领导和其他人员对依照本法履行职责的会计人员进行打击报复的，给予行政处分；构成犯罪的，依法追究刑事责任。"

（二）会计专业职务

根据2019年1月11日财政部、人力资源社会保障部《关于深化会计人员职称制度改革的指导意见》（人社部发〔2019〕8号），会计人员职称层级分为初级、中级、副高级和正高级，其对应的职称名称依次为助理会计师、会计师、高级会计师和正高级会计师。

（三）会计专业技术资格

会计专业技术资格是指担任会计专业职务的任职资格，是从事会计专业技术工作的必备条件，分为初级资格、中级资格和高级资格三个级别，分别对应初级、中级、副高级会计职称的任职资格。目前，初级、中级资格实行全国统一考试制度，高级资格实行考试与评审相

结合制度。

会计专业技术资格考试实行全国统一组织、统一考试时间、统一考试大纲、统一考试命题、统一合格标准的考试制度。会计专业技术资格考试采用无纸化考试方式，原则上每年举行一次。

1. 报名参加初级资格考试的人员，应具备的条件

（1）坚持原则，具备良好的职业道德品质。

（2）认真执行《会计法》和国家统一的会计制度，以及有关财经法律、法规、规章制度，无严重违反财经纪律的行为。

（3）履行岗位职责，热爱本职工作。

（4）具备国家教育部门认可的高中毕业（含高中、中专、职高和技校）及以上学历。

初级资格考试的科目为初级会计实务和经济法基础，参加考试的人员必须在一个考试年度内通过全部科目的考试。

2. 报名参加中级资格考试的人员应具备的条件

报名参加中级资格考试的人员，其报考条件除具备初级资格考试报考的前三个条件外，还应具备下列条件之一：

（1）取得大学专科学历，从事会计工作满5年。

（2）取得大学本科学历或学士学位，从事会计工作满4年。

（3）取得第二学士学位或研究生毕业，从事会计工作满2年。

（4）取得硕士学位，从事会计工作满1年。

（5）取得博士学位。

（6）通过全国统一考试，取得经济、统计、审计专业技术中级资格。

中级资格考试的科目为中级会计实务、财务管理和经济法，会计专业中级资格考试以2年为1个周期，参加中级资格考试的人员必须在2个考试年度内通过全部科目。

（四）会计人员继续教育

根据《会计专业技术人员继续教育规定》，国家机关、企业、事业单位以及社会团体等组织具有会计专业技术资格的人员，或不具有会计专业技术资格但从事会计工作的人员享有参加继续教育的权利和接受继续教育的义务。用人单位应当保障本单位会计专业技术人员参加继续教育的权利。

具有会计专业技术资格的人员应当自取得会计专业技术资格的次年开始参加继续教育，并在规定时间内取得规定学分。不具有会计专业技术资格但从事会计工作的人员应当自从事会计工作的次年开始参加继续教育，并在规定时间内取得规定学分。

继续教育的内容包括公需科目和专业科目。公需科目包括专业技术人员应当普遍掌握的法律法规、政策理论、职业道德、技术信息等基本知识，专业科目包括会计专业技术人员从事会计工作应当掌握的财务会计、管理会计、财务管理、内部控制与风险管理、会计信息化、会计职业道德、财税金融、会计法律法规等相关专业知识。

会计专业技术人员参加继续教育实行学分制管理，每年参加继续教育取得的学分不少于90学分。其中，专业科目一般不少于总学分的三分之二。会计专业技术人员参加继续教育取得的学分，在全国范围内当年度有效，不得结转以后年度。其学分计量标准如下：

(1) 参加全国会计专业技术资格考试等会计相关考试，每通过一科考试或被录取的，折算为90学分；

(2) 参加会计类专业会议，每天折算为10学分；

(3) 参加国家教育行政主管部门承认的中专以上会计类专业学历（学位）教育，通过当年度一门学习课程考试或考核的，折算为90学分；

(4) 独立承担继续教育管理部门或行业组织（团体）的会计类研究课题，课题结项的，每项研究课题折算为90学分；与他人合作完成的，每项研究课题的课题主持人折算为90学分，其他参与人每人折算为60学分；

(5) 独立在有国内统一刊号（CN）的经济、管理类报刊上发表会计类论文的，每篇论文折算为30学分；与他人合作发表的，每篇论文的第一作者折算为30学分，其他作者每人折算为10学分；

(6) 独立公开出版会计类书籍的，每本会计类书籍折算为90学分；与他人合作出版的，每本会计类书籍的第一作者折算为90学分，其他作者每人折算为60学分；

(7) 参加其他形式的继续教育，学分计量标准由各省、自治区、直辖市、计划单列市财政厅（局）、新疆生产建设兵团财政局会同本地区人力资源社会保障部门、中央主管单位制定。

（五）会计人员职业道德

会计人员在会计工作中应当遵守职业道德，树立良好的职业品质、严谨的工作作风，严守工作纪律，努力提高工作效率和工作质量；应当热爱本职工作，努力钻研业务，使自己的知识和技能适应所从事工作的要求；应当熟悉财经法律、法规、规章和国家统一会计制度，并结合会计工作进行广泛宣传；应当按照会计法律、法规和国家统一会计制度规定的程序和要求进行会计工作，保证所提供的会计信息合法、真实、准确、及时、完整；办理会计事务应当实事求是、客观公正；应当熟悉本单位的生产经营和业务管理情况，运用掌握的会计信息和会计方法，为改善单位内部管理、提高经济效益服务；应当保守本单位的商业秘密。除法律规定和单位领导人同意外，不能私自向外界提供或者泄露单位的会计信息；财政部门、业务主管部门和各单位应当定期检查会计人员遵守职业道德的情况，并作为会计人员晋升、晋级、聘任专业职务、表彰奖励的重要考核依据；会计人员违反职业道德的，由所在单位处理。

任务三　会计档案管理与会计工作交接

【任务解析1】会计档案管理

（一）会计档案的内容

会计档案是指单位在进行会计核算等过程中接收或形成的，记录和反映单位经济业务事项的，具有保存价值的文字、图表等各种形式的会计资料，包括通过计算机等电子设备形成、传输和存储的电子会计档案。

应当归档的会计资料包括以下几项：

1. 会计凭证

包括原始凭证、记账凭证。

2. 会计账簿

包括总账、明细账、日记账、固定资产卡片及其他辅助性账簿。

3. 财务会计报告

包括月度、季度、半年度、年度会计报告。

4. 其他会计资料

包括银行存款余额调节表、银行对账单、纳税申报表、会计档案移交清册、会计档案保管清册、会计档案销毁清册、会计档案鉴定意见书及其他具有保存价值的会计资料。

5. 电子会计档案

满足下列条件的，单位内部形成的属于归档范围的电子会计资料可仅以电子形式保存，形成电子会计档案：

（1）形成的电子会计资料来源真实有效，由计算机等电子设备形成和传输；

（2）使用的会计核算系统能够准确、完整、有效地接收和读取电子会计资料，能够输出符合国家标准归档格式的会计凭证、会计账簿、财务会计报表等会计资料，设定了经办、审核、审批等必要的审签程序；

（3）使用的电子档案管理系统能够有效接收、管理、利用电子会计档案，符合电子档案的长期保管要求，并建立了电子会计档案与相关联的其他纸质会计档案的检索关系；

（4）采取有效措施，防止电子会计档案被篡改；

（5）建立电子会计档案备份制度，能够有效防范自然灾害、意外事故和人为破坏的影响；

（6）形成的电子会计资料不属于具有永久保存价值或者其他重要保存价值的会计档案。

（二）会计档案的管理规定

1. 保管

各单位每年形成的会计档案，应当由会计机构按照归档要求，负责整理立卷，装订成册，编制会计档案保管清册。

当年形成的会计档案，在会计年度终了后，可由单位会计管理机构临时保管一年，再移交单位档案管理机构保管。因工作需要确需推迟移交的，应当经单位档案管理机构同意。

单位会计管理机构临时保管会计档案最长不超过三年。临时保管期间，会计档案的保管应当符合国家档案管理的有关规定，且出纳人员不得兼管会计档案。单位委托中介机构代理记账的，应当在签订的书面委托合同中明确会计档案的管理要求及相应责任。

2. 移交

单位会计管理机构在办理会计档案移交时，应当编制会计档案移交清册，并按照国家档案管理的有关规定办理移交手续。

纸质会计档案移交时应当保持原卷的封装。电子会计档案移交时应当将电子会计档案及其元数据一并移交，且文件格式应当符合国家档案管理的有关规定。特殊格式的电子会计档案应当与其读取平台一并移交。

单位档案管理机构接收电子会计档案时，应当对电子会计档案的准确性、完整性、可用性、安全性进行检测，符合要求的才能接收。

3. 借阅

会计档案为本单位提供利用，原则上不得借出，有特殊需要须经上级主管单位或单位领导、会计主管人员批准。

外部借阅会计档案时，应持有单位正式介绍信，经会计主管人员或单位领导人批准后，方可办理借阅手续；单位内部人员借阅会计档案时，应经会计主管人员或单位领导人批准后，办理借阅手续。借阅人应认真填写档案借阅登记簿，将借阅人姓名、单位、日期、数量、内容、归期等情况登记清楚。

借阅会计档案人员不得在案卷上乱画、标记，拆散原卷册，也不得涂改抽换、携带外出或复制原件（如有特殊情况，须经领导批准后方能携带外出或复制原件）。

借出的会计档案，会计档案管理人员要按期如数收回，并办理注销借阅手续。

4. 保管期限

各种会计档案的保管期限，按其特点可分为永久和定期两类。

凡是在立档单位会计核算中形成的，记录和反映会计核算的，对工作总结、查考和研究经济活动具有长远利用价值的会计档案，应永久保存。企业年度财务报告（决算）、会计档案保管清册、会计档案销毁清册及会计档案鉴定意见书永久保存。

定期保管期限一般分为10年和30年（这里的会计档案保管期限是指最低保管期限）。会计档案的保管期限，从会计年度终了后的第一天算起。需要定期保管的企业和其他组织的会计档案中，原始凭证、记账凭证、总账、明细账、日记账、固定资产卡片（固定资产报废清理后可保管5年）、其他辅助性账簿及会计档案移交清册保管期限为30年；银行对账单、纳税申报表、银行存款余额调节表及月度、季度、半年度财务会计报告保管期限为10年。

5. 销毁

经鉴定可以销毁的会计档案，应当按照以下程序销毁：

（1）单位档案管理机构编制会计档案销毁清册，列明拟销毁会计档案的名称、卷号、册数、起止年度、档案编号、应保管期限、已保管期限和销毁时间等内容。

（2）单位负责人、档案管理机构负责人、会计管理机构负责人、档案管理机构经办人、会计管理机构经办人在会计档案销毁清册上签署意见。

（3）单位档案管理机构负责组织会计档案销毁工作，并与会计管理机构共同派员监销。监销人在会计档案销毁前，应当按照会计档案销毁清册所列内容进行清点核对；在会计档案销毁后，应当在会计档案销毁清册上签名或盖章。

（4）电子会计档案的销毁还应当符合国家有关电子档案的规定，并由单位档案管理机构、会计管理机构和信息系统管理机构共同派员监销。

【任务解析2】会计工作交接

会计人员工作调动或者因故离职，必须将本人所经管的会计工作全部移交给接替人员。

没有办清交接手续的，不得调动或者离职。

办理会计工作交接的基本程序如下：

（一）交接前的准备工作

会计人员在办理会计工作交接前，必须做好以下准备工作：

（1）已经受理的经济业务尚未填制会计凭证的应当填制完毕。

（2）尚未登记的账目应当登记完毕，结出余额，并在最后一笔余额后加盖经办人印章。

（3）整理好应该移交的各项资料，对未了事项和遗留问题要写出书面说明材料。

（4）编制移交清册，列明应该移交的会计凭证、会计账簿、财务会计报告、公章、现金、有价证券、支票簿、发票、文件、会计软件及密码、会计软件数据盘、其他会计资料和物品等内容。

（5）会计机构负责人（会计主管人员）移交时，应将财务会计工作、重大财务收支问题和会计人员的情况等向接替人员介绍清楚。对需要移交的遗留问题，应当写出书面材料。

（二）移交点收

移交人员离职前，必须将本人经管的会计工作，在规定的期限内，全部向接管人员移交清楚。接管人员应认真按照移交清册逐项点收。具体要求如下：

（1）现金要根据会计账簿记录余额进行当面点交，不得短缺，接替人员发现不一致或"白条抵库"现象时，移交人员在规定期限内负责查清处理。

（2）有价证券的数量要与会计账簿记录一致，有价证券面额与发行价不一致时，按照会计账簿余额交接。

（3）会计凭证、会计账簿、财务会计报告和其他会计资料必须完整无缺，不得遗漏。如有短缺，必须查清原因，并在移交清册中加以说明，由移交人负责。

（4）银行存款账户余额要与银行对账单核对相符，如有未达账项，应编制银行存款余额调节表调节相符；各种财产物资和债权债务的明细账户余额，要与总账有关账户的余额核对相符；对重要实物要实地盘点，对余额较大的往来账户要与往来单位、个人核对。

（5）公章、收据、空白支票、发票、科目、印章以及其他物品等必须交接清楚。

（6）实行会计电算化的单位，交接双方应在电子计算机上对有关数据进行实际操作，确认有关数字正确无误后，方可交接。

（三）专人负责监交

为了明确责任，会计人员办理工作交接时，必须有专人负责监交。通过监交，保证双方都按照国家有关规定认真办理交接手续，防止流于形式，保证会计工作不因人员变动而受影响。一般会计人员交接，由单位会计机构负责人、会计主管人员负责监交；会计机构负责人、会计主管人员交接，由单位领导人负责监交，必要时可由上级主管部门派人会同监交。

（四）交接后的有关事宜

（1）会计工作交接完毕后，交接双方和监交人在移交清册上签名或盖章，并应在移交清册上注明：单位名称，交接日期，交接双方和监交人的职务、姓名，移交清册页数以及需要说明的问题和意见等。

（2）接替人员应继续使用移交的会计账簿，不得自行另立新账，以保持会计记录的连续性。

（3）移交清册一般应填制一式三份，交接双方各执一份，存档一份。

（4）移交人员对所移交的会计凭证、会计账簿、会计报表和有关资料的合法性、真实性承担法律责任，不能因为会计资料已移交而推脱责任。

任务四　内部会计管理制度

各单位应当根据《中华人民共和国会计法》和国家统一会计制度的规定，结合单位类型和内容管理的需要，建立健全相应的内部会计管理制度。

【任务解析1】 内部会计管理制度的内容

1. 内部会计管理体系

主要内容包括：单位领导人、总会计师对会计工作的领导职责；会计部门及其会计机构负责人、会计主管人员的职责、权限；会计部门与其他职能部门的关系；会计核算的组织形式等。

2. 会计人员岗位责任制度

主要内容包括：会计人员的工作岗位设置；备会计工作岗位的职责和标准；各会计工作岗位的人员和具体分工；会计工作岗位轮换办法；对各会计工作岗位的考核办法。

3. 账务处理程序制度

主要内容包括：会计科目及其明细科目的设置和使用；会计凭证的格式、审核要求和传递程序；会计核算方法；会计账簿的设置；编制会计报表的种类和要求；单位会计指标体系。

4. 内部牵制制度

主要内容包括：内部牵制制度的原则；组织分工；出纳岗位的职责和限制条件；有关岗位的职责和权限。

5. 稽核制度

主要内容包括：稽核工作的组织形式和具体分工；稽核工作的职责、权限；审核会计凭证和复核会计账簿、会计报表的方法。

6. 原始记录管理制度

主要内容包括：原始记录的内容和填制方法；原始记录的格式；原始记录的审核；原始记录填制人的责任；原始记录签署；原始记录传递、汇集的要求。

7. 定额管理制度

主要内容包括：定额管理的范围；制定和修订定额的依据、程序和方法；定额的执行；定额考核和奖惩办法等。

8. 计量验收制度

主要内容包括：计量检测手段和方法；计量验收管理的要求；计量验收人员的责任和奖惩办法。

9. 财产清查制度

主要内容包括：财产清查的范围；财产清查的组织；财产清查的期限和方法；对财产清

查中发现问题的处理办法；对财产管理人员的奖惩办法。

10. **财务收支审批制度**

主要内容包括：财务收支审批人员和审批权限；财务收支审批程序；财务收支审批人员的责任。

11. **实行成本核算的单位应当建立成本核算制度**

主要内容包括：成本核算的对象；成本核算的方法和程序；成本分析等。

12. **财务会计分析制度**

主要内容包括：财务会计分析的主要内容；财务会计分析的基本要求和组织程序；财务会计分析的具体方法；财务会计分析报告的编写要求等。

【任务解析2】内部会计管理制度的原则

各单位制定内部会计管理制度需遵循下列原则：

（1）应当执行法律、法规和国家统一的财务会计制度；
（2）应当体现本单位的生产经营、业务管理的特点和要求；
（3）应当全面规范本单位的各项会计工作，建立健全会计基础，保证会计工作的有序进行；
（4）应当科学、合理，便于操作和执行；
（5）应当定期检查执行情况；
（6）应当根据管理需要和执行中的问题不断完善。

【拓展阅读】

会计档案管理办法2016

会计工作交接的风险如何预防和控制

会计工作交接的实施需要哪些技能和能力支持

【项目化集中训练】

一、单项选择题

1. 进行会计核算，实行会计监督，属于会计人员的（　　）。
   A. 权限　　　　　　　　　　B. 职责
   C. 职业道德　　　　　　　　D. 任务
2. 在一些规模小、会计业务简单的单位，应（　　）。
   A. 单独设置会计机构　　　　B. 在有关机构中配备专职会计人员
   C. 在单位领导机构中设置会计人员　　D. 不设专职的会计人员

3. 下列各项中，不属于会计工作岗位的是（　　）。
   A. 会计机构　　　B. 会计人员　　　C. 会计法规　　　D. 总会计师
4. 直接从事和组织领导会计工作的职能部门是（　　）。
   A. 会计机构　　　B. 会计人员　　　C. 会计法规　　　D. 总会计师
5. 会计人员对于违反制度、法令的事项，不拒绝执行又不向领导或上级机关、财政部门报告的，应（　　）。
   A. 不负任何责任　　　　　　　　　B. 单独承担责任
   C. 同有关人员一起负连带责任　　　D. 承担全部责任
6. 银行存款余额调节表的保管期限为（　　）年。
   A. 5　　　　　B. 10　　　　　C. 15　　　　　D. 30
7. 下列不属于会计人员专业技术职务（职称）的是（　　）。
   A. 助理会计师　　　　　　　　　B. 会计师
   C. 高级会计师　　　　　　　　　D. 注册会计师
8. 会计工作组织的内容不包括（　　）。
   A. 会计机构的设置　　　　　　　B. 会计人员的配备
   C. 会计档案的保管　　　　　　　D. 会计规范的制定与执行
9. 下列各项中，属于会计人员中级专业技术职务（职称）的是（　　）。
   A. 助理会计师　　　　　　　　　B. 会计师
   C. 高级会计师　　　　　　　　　D. 注册会计师
10. 根据《会计档案管理办法》的规定，库存现金日记账和银行存款日记账的保管年限为（　　）年。
    A. 10　　　　　B. 15　　　　　C. 25　　　　　D. 30

二、多项选择题

1. 合理地组织企业的会计工作，能够（　　）。
   A. 提高会计工作的效率
   B. 提高会计工作的质量
   C. 确保会计工作与其他经济管理工作协调一致
   D. 加强各单位内部的经济责任制
2. 我国会计专业技术职务分别规定为（　　）。
   A. 高级会计师　　B. 会计师　　　C. 注册会计师　　D. 助理会计师
3. 会计档案的定期保管期限有（　　）年。
   A. 30　　　　　B. 6　　　　　C. 10　　　　　D. 15
4. 会计人员和会计机构的主要职责有（　　）。
   A. 进行会计核算
   B. 实行会计监督
   C. 拟定本单位的会计工作实施办法和制度
   D. 编制预算和财务计划，并考核分析执行情况
5. 各单位制定内部会计管理制度应当遵循下列（　　）原则。

A. 应当执行法律、法规和国家统一的财务会计制度
B. 应当体现本单位的生产经营、业务管理的特点和要求
C. 应当全面规范本单位的会计工作，建立健全会计基础，保证会计工作的有序进行
D. 应当科学、合理，便于操作和执行

6. 按照会计基础工作规范的要求，国家机关、国有企业、事业单位任用会计人员应当实行回避制度，包括（　　）。
A. 单位领导人的直系亲属不得担任本单位的会计机构负责人
B. 单位领导人的直系亲属不得担任本单位的会计主管人员
C. 会计主管人员的直系亲属不得在本单位会计机构中担任出纳工作
D. 会计机构负责人的直系亲属不得在本单位会计机构中担任出纳工作

7. 合理地组织会计工作，应遵循以下（　　）基本原则。
A. 必须符合国家对会计工作的统一要求
B. 必须适应本单位的特点
C. 必须符合精简节约的原则
D. 必须有利于贯彻单位的经济责任制度

8. 需要永久保管的会计档案有（　　）。
A. 总账　　　　　　　　　　B. 年度财务报告
C. 会计档案保管清册　　　　D. 会计档案销毁清册

9. 下列内容属于会计档案的有（　　）。
A. 会计凭证　　　　　　　　B. 会计档案保管清册
C. 生产计划　　　　　　　　D. 银行存款余额调节表

10. 出纳人员不得兼管（　　）工作。
A. 稽核　　　　　　　　　　B. 会计档案保管
C. 收入账目的登记　　　　　D. 费用账目的登记

三、判断题

1. 银行存款余额调节表和银行对账单不属于会计凭证，因而也就不属于会计档案。（　　）

2. 《会计法》规定，任何企业单位都必须设置总会计师，其任职资格、任免程序、职责权限由国务院统一规定。（　　）

3. 出纳人员不得兼管会计档案。（　　）

4. 企业会计工作的组织形式是统一领导，分级管理。（　　）

5. 会计档案的保管期限分为永久保管和定期保管两种，其中定期保管又分为3年、5年、10年、15年和25年。（　　）

6. 企业单位采用非集中核算，财会部门掌握的资料比较完整、详细。（　　）

7. 会计岗位的设置可以一人一岗、多人多岗、一人多岗、一岗多人。（　　）

8. 制定内部会计管理制度既要执行法律、法规和国家统一会计制度的规定，又要体现本单位生产经营、业务管理的特点和要求。（　　）

9. 会计记录和财产保管职务属于不相容职务。（　　）

10.《会计法》规定，不具备条件设置会计机构，或者不具备在有关机构中设置会计人员的单位，应当委托经批准设立的从事会计代理记账业务的中介机构代理记账。（   ）

四、实务训练

根据学习到的知识制定一份诚景公司财务部组织结构图及各岗位说明书。

【参考答案】